岳麓年鉴

2020

长沙市岳麓区档案馆 编

方志出版社
Publishing House of Local Records

图书在版编目（CIP）数据

岳麓年鉴. 2020 / 长沙市岳麓区档案馆编. ——
北京：方志出版社，2020.9
ISBN 978-7-5144-4477-3

Ⅰ. ①岳… Ⅱ. ①长… Ⅲ. ①区（城市）—长沙—
2020—年鉴 Ⅳ. ① Z526.44

中国版本图书馆 CIP 数据核字（2020）第 250244 号

岳麓年鉴（2020）

编　　者：长沙市岳麓区档案馆
责任编辑：梅中英
出 版 者：方志出版社
地址　北京市朝阳区潘家园东里 9 号（国家方志馆 4 层）
邮编　100021
网址　http://www.zgfzcb.cn
发　　行：方志出版社图书经销中心
电话（010）67110500
经　　销：各地新华书店
印　　刷：长沙市雅捷印务有限公司

开　　本：889 × 1194　1/16
印　　张：19.5
字　　数：585 千字
版　　次：2020 年 9 月第 1 版　2020 年 9 月第 1 次印刷
印　　数：0001 ~ 1000 册

ISBN 978-7-5144-4477-3　定价：200.00 元

岳麓年鉴编辑委员会

岳麓年鉴编辑部

《岳麓年鉴（2020）》组稿人员

唐　浩　李　科　石绍祥　谢　思　朱梦靓　李世雷　禹　德

欧阳鑫　雷　航　朱　雍　李　平　吴御罡　张　杰　虞蓓蓓

黄　靖　刘　星　吴向杰　蒋　娟　梁子君　康利民　董彦宏

黄力栎　蒋　博　齐　金　余　祥　王　澄　张　康　邓　敏

彭波静　王吉平　王　俐　梁伟谊　曾　婕　周　杰　童大纲

王建伟　林千又　黄松杰　陈新喆　彭开恺　袁　祎　金　奥

扶　岚　陈　雯　霍荣军　彭　鹏　文双红　邓　佳　胡　趆

周　汇　刘　卓　伍玉平　欧阳佳　王　朵　熊志远　张　骄

张　祥　陈志柏　左　乐　周　硕　易媛悦　毛世栋　余　南

黄凌晨　王思怡　毛　竹　谭　楚　赵小丹　谭超婷　张　峥

杨　灿　钟　祎　张文峰　张小龙　刘仲谋　欧阳萍　孙培健

骆　青　陈禹蒙　肖微洛　陈慧婷　陈　灿　刘　好　汤文青

段存权　李洪波　孙　萍　陈　瑾　孙思杨　王　丹　廖俊康

陈思斯　陈　旋　许京京　彭金龙

10月22日，湖南省委书记杜家毫（前排右三）到湖南东映碳材料科技有限公司调研“产学研”工作

11月7日，湖南省委常委、长沙市委书记胡衡华（前排右二）调研湖南湘江新区智能网联汽车产业

2月13日，长沙市市长胡忠雄（前排左三）率队到岳麓高新区开展进园区促发展专题调研

12月26日，湖南省省长许达哲（左一）为中国工程科技联合创新中心—湖南工业创新中心揭牌

11月2日，湖南省委常委、常务副省长谢建辉（右）到岳麓山国家大学科技城考察智能机器人研究院研发项目

4月17日，AECOM湖南区域总部在洋湖总部经济区启航

9月6日，岳麓高新区举办2019年全国检验检测机构开放日活动

① 9月7日，中西创投岳麓中心投入运行

② 10月17日，岳麓山国家大学科技城科创产业项目举办集中签约仪式

③ 10月25日，湘江智谷·人工智能科技城项目集中签约暨开工动员

④ 11月28日，宜家长沙商场正式开业

12月13日，举办全球初创企业奖（GSA）2019长沙颁奖盛典暨产业对接活动

12月30日，岳麓区与湖南大学举行天马图书城项目签约仪式

11月20日，湖南金融中心政务服务超市举行揭牌仪式

11月11日，“璀璨新岳麓，最美夜长沙”活动开幕

9月10日，长沙市人民政府、华为技术有限公司、湖南湘江新区管委会鲲鹏计算产业、智能网联产业示范合作区项目签约仪式举行

11月11日，湘江智谷·人工智能科技城项目开工动员

1月26日，中央电视台“我和我的祖国”快闪活动在橘子洲头举行

2月4日，区委书记周志凯（左二）慰问全国道德模范廖月娥（右一）

2月19日，岳麓区雨敞坪镇新时代文明实践所揭牌

3月15日，岳麓区人民检察院在岳麓区奥克斯广场开展扫黑除恶宣传活动

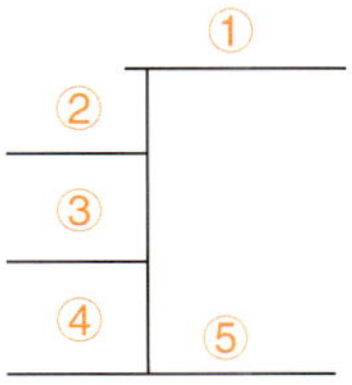

①4月2日，纪念五四运动100周年火炬传递活动在橘子洲头举行

②4月21日，湘江马拉松赛开跑

③5月27日，少年儿童防爆公益服务中心授牌暨启动仪式举行

④5月28日，咸嘉湖街道在河西王府井前坪举办“万人巡逻点亮星城”启动仪式

⑤7月1日，举办“不忘初心、牢记使命”红色文化宣讲暨“红色橘洲，薪火相传”讲解员大赛

9月30日，湖南财政经济学院在体育场开展新生“安全教育”主题系列活动

10月22日，朝鲜、南苏丹、马拉维、埃塞俄比亚的专家代表到荷叶塘社区参观社区建设

12月4日，岳麓区银盆岭司法所开展国家宪法日宣传活动

一圈两场三道

提质“15分钟生活圈”69个

建成停车场39个

建成农贸市场17个

人行道63.2千米

自行车道163.9千米

历史文化步道10.5千米

居家养老中心配套设施设备齐全

居家养老中心居家养老手工室

6月19日，星湖社区党支部举行党员家庭户授牌仪式

10月11日，洋湖街道“吴建新书记工作室”首次书记沙龙

58小镇基层党建工作

创建“美丽楼道”

荣华社区“美丽楼道”

恒晟湘江中心

民生银行总部

楷林国际

地铁4号线正式运营

岳宁大道

湘府路快速化改造

长沙西中心

湖南美术馆

中国电信磐云数据中心

莲花镇民居

中南大学科技园（研发）总部

施家港水上公园

编辑说明

一、《岳麓年鉴（2020）》以马克思列宁主义、毛泽东思想、邓小平理论、“三个代表”重要思想、科学发展观、习近平新时代中国特色社会主义思想为指导，坚持辩证唯物主义和历史唯物主义的立场、观点和方法。

二、《岳麓年鉴（2020）》是记述岳麓区自然、政治、经济、文化、社会等方面情况的年度资料。采用分类编辑法，设类目、分目、条目等层次，主要记载 2019 年岳麓区各部门、各行业、各地区的主要工作、重要事件，收录若干文献和统计资料。

三、《岳麓年鉴（2020）》所载内容均由各部门各单位专人撰写、领导审核，岳麓年鉴编辑部整理编辑，经区领导审查。岳麓区领导班子成员及各单位副科级以上领导名单，由各单位办公室提供，并经区委组织部审定。

四、本年鉴彩页由区委宣传部提供，文内图片由各单位提供。

五、本年鉴中有关全区国民经济和社会发展的主要数据由区统计局提供，行业数据由各部门提供。由于统计口径不同，引用数据时请读者以岳麓区统计公报为准。

目　录

长沙市岳麓区人民代表大会

军　事

经济管理

农 业

城乡建设

环境保护

楼、岳麓科创港正式运营，构建科技金融、知识产权、场景应用、活动展示等全方位服务链。国家产教融合试点加速实施，集聚各方资源，注入源头活水。社会各界看好，开展“中美创投之星”大赛总决赛、2019年全球GSA大赛、“岳麓·创讲堂”等各类活动116场，26所一流大学湖南校友会进驻，1.2万双创人才加盟，“创业在岳麓”品牌更加唱响。省委常委会、省政府常务会议专题研究，省市部门、客商企业密集调研，高校师生、市民群众、外来游客打卡点赞，尤其是省委家毫书记带着情怀和喜悦，两次轻车简行、视察指导、把脉出方，令我们倍增信心、倍感振奋、倍添干劲。

这一年，我们聚焦“产业发展、社会治理”主线，服务效能越调越优化。立足“三期叠加”的现实区情，落实市委“产业项目建设年”“营商环境优化年”要求，坚持两手抓、两手硬，产业发展和社会治理同步提升。突出“扩大总量、调优增量、提升质量”并重，高技术服务业发展持续向好。岳麓高新区获批国家技术标准创新基地，人工智能科技城、中国计量院长沙基地相继落地开工，智能网联汽车“两个100公里”基本建成，累计入驻检验检测企业123家，成功引进人工智能关联企业30家。楼宇招商去化面积达21.6万平方米，引进企业750家、区域性总部30家，税收过亿元楼宇达9栋，位居全市前列，从大到强的态势加速呈现。湖南金融中心获批省级服务业示范集聚区，宜家家居、阳光100凤凰街陆续开业，湘江欢乐城冰雪世界即将开园，城市的吸引力越来越大，项目的集聚力越来越强。突出“底线民生、基本民生、品质民生”并进，社会治理“五篇文章”落地见效。深入实施城市特殊困难群体帮扶，24项省市民生实事全部完成，新增中小学校4所、公立及普惠幼儿园30所，生活垃圾分类实现城区128个社区全覆盖，城乡公共服务更加优质均衡。注重以文化人，组织开展首届“岳麓楷模”评选表彰、“百人千场大宣讲”等活动，汇聚正能量。社区“坐班制”转“值班制”全面实施，广大干部进小区、进楼栋、进企业，实现“干部沉下去、问题带上来、感情浓起来”，群众满意率9个月位居长沙中心城区首位。深化区域化党建和小区党建，建设“美丽楼道”187个，得到国家和省市媒体宣传推介。

这一年，我们落实省委巡视、主题教育问题整改主责，党的建设越抓越过硬。发挥党委总揽全局、协调各方的领导作用，在省委巡视、主题教育中体现更高站位、彰显更大担当。全力抓好省委巡视整改，将巡视整改作为检视自身问题、推动高质量发展的重要契机，贯彻全面从严治党要求，落实中央八项规定精神及其实施细则，围绕巡视反馈、自身查摆、群众反映强烈的问题，以小切口入手开展集中整治，48个具体问题均已整改到位，全区政治生态、经济生态、社会生态同步纯化。扎实开展“不忘初心、牢记使命”主题教育，围绕“为发展找差距、为百姓解难题、为基层减负担”，示范带动全区上下“守初心、担使命，找差距、抓落实”，开展“四种教育”近300次，形成高质量调研成果25篇，完成问题整改287个，有力打通了制约发展的痛点堵点，有效破解了阻碍发展的瓶颈障碍，岳麓干群的凝聚力、向心力、战斗力不断增强。

事非经过不知难，成如容易却艰辛。2019年，我们过得很充实、走得很坚定。一年来的成绩归功人民群众，一年来的经验必须继续坚持。我们更加真切地感受到：发展决定未来，必须始终坚持任尔东西南北风、咬定发展不放松。我们在“四个三”高质量发展战略的指引下，坚持发展第一要务不动摇。无论是打好“三大攻坚战”，还是落实市委“两个年”，无论是做大做强“四大经济”，还是市场主体的培育，只要是定下来的目标、看准了的事情，就义无反顾做、狠抓落实干，做到定一件、干一件、成一件，把岳麓推向新的发展高地。实践证明，大发展小困难，小发展大困难，不发展难上加难，唯有坚持正确方向久久为功，方能成就美好未来。我们更加深刻地体会到：创新引领发展，必须始终坚持改革创新迈大步、推动发展上台阶。我们以建设大科城为抓手，打造全省高质量发展引擎，使之成为全区上下共同的奋斗目标。从创新政策供给、发展平台经济，到汇聚科创资源、突出场景应用，搭建了大科城科创生态体系“四梁八柱”，推动科技与产业、文化、资本有机结合，催生出创新创业、自立自强的激情，促进各类资源要素加速集聚。实践提醒我们，只有不断改革创新，岳麓的发展之路才能行稳致远。我们更加清醒地认识到：民生高于一切，必须始终坚持发展不忘民生、发展为了民生。我们始终坚持真心为民、造福群众，从重大片区征地拆迁到老城区有机更新，从打通断头路到架设便民桥，从“一圈两场三道”加快建设到城市综合体纷纷开业，在办好实事中创造岳麓“幸福时光”，让群众感受幸福的“真实温度”。实践启迪我们，维护民利、必得民心，改善民生、必聚民力，民生是最不可偏离的发展基点。我们更加鲜明地领悟到：实干成就梦想，必须始终坚持脚踏实地、自觉肩负责任担当。一年来的转型升级，我们从一个个大项目、新项目、好项目的落地见效中，从一个个产业平台的加快崛起中，从一件件矛盾难题的有力化解中，看到了岳麓面貌的重大变化和发展的喜人态势。实践告诉我们，实干兴业兴邦，空谈误事误国，只要我们坚持干中拼、拼中进，就一定能创造出更多“岳麓精彩”，书写更多“岳麓辉煌”。

同时，我们也要清醒地看到，在宏观经济环境不确定因素增多的情况下，保持全区经济稳定健康发展仍是我们的主要任务；岳麓城市发展正处于新的起点，顺应群众期盼、提升城乡品质是我们的重大责任；人民群众对美好生活需求越来越强烈，对我们提升基层治理能力提出了更高要求；维护社会安全稳定面临着许多新情况，迫切需要我们牢固树立底线思维，妥善应对各种风险和挑战；个别党员干部精神不振、能力不足、作风不实，全面从严治党仍需进一步抓细抓实。这些问题需要我们高度重视并切实加以解决。

二、在准确研判形势中把握明年经济工作的总体要求

2020 年是全面建成小康社会和“十三五”规划收官之年，做好经济工作意义重大。我们要善于观大势、识大局，深刻分析当前面临的形势，从中发现机遇、为我所用，做到因势而谋、顺势而为。

放眼宏观大势，岳麓要在时代变局中保持战略定力。习近平总书记强调，领导干部要胸怀两个大局，一个是中华民族伟大复兴的战略全局，一个是世界百年未有之大变局，这是我们谋划工作的基本出发点。置身“两个大局”，我们既要看到，外部环境复杂严峻，不确定因素增加，危与机并存。但我们更要看到，我国经济发展稳中向好、长期向好的基本趋势没有变。特别是国家政策走势呈现“两大取向”，一方面是稳定性和连续性，继续坚持稳中求进工作总基调，坚持供给侧结构性改革主线，“六稳”要求一以贯之，全面推进市场化改革。这为我们开展“产业发展年”活动，提升市场微观主体活力，持续扩大社会投资，提供了新的空间；另一方面是针对性和灵活性，强化逆周期调节，积极的财政政策大力提质增效，减税降费巩固拓展、专项债券增加发行、财政支出结构优化等政策叠加发力；稳健的货币政策灵活适度，保持流动性合理充裕，政策组合将更优、整体效果将更好。这些政策为我们盘活地方财力、化解政府债务，提供了强有力的支持。不谋全局者，不足谋一域。我们要主动识变、应变、求变，推动岳麓发展朝着质量更好、效率更高、动力更强的方向阔步挺进。

审视竞争态势，岳麓要在区域变化中坚定发展信心。区域之间、兄弟城区之间，无论是资源、产业还是人才方面的竞争都在不断升温，岳麓不进则退、非进不可。我们既要看到，对标省市高质量发展要求，对比周边县区发展，仍有一定差距。但我们更要看到，自 2008 年以来，尤其是“十三五”规划实施以来，地区生产总值、固定资产投资总量及增速、社会消费品零售总额增速、税收质量和进度均位居中心城区首位或前列，岳麓发展势头更加强劲；地铁 2、3、4 号线的相继通车，岳宁大道、学士路南延线、西二环拓改等干道的建成，潇湘大道南延线、含浦大道、麓景路南延线等道路加快推进，新城、旧城、农村三大板块加速融合，岳麓发展承载更加宏大；一大批重大项目相继落户、加速推进，一大批改革事项落地生根、开花结果，一大批实干先锋迅速成长、脱颖而出，岳麓发展基础更加坚实。可以说，稳中向好的基本趋势、持续优化的产业结构、政企同心的营商环境等有利条件，为做好 2020 年工作增添了底气。信心比黄金更重要，办法总比困难多。我们要始终保持对发展的信心，全力把自己的事情做好，牢牢把握发展主动权。

顺应发展趋势，岳麓要在动力变革中抢抓重大机遇。新一轮动力变革与我国加快转变经济发展方式形成历史性交汇，释放区域发展更大活力。中央经济工作会议指出，“要发挥消费的基础作用和投资的关键作用，促进产业和消费双升级”。这些发展导向在岳麓得到充分体现，必将迎来新一轮爆发期。从创新驱动来看，岳麓山国家大学科技城建设加快推进，中南大学科技园（研发）总部、岳麓中建智慧谷等科技园区渐次崛起，一批标志性平台和企业纷纷入驻，“四新经济”在岳麓落地生根。人工智能科技城开工建设，百度、湘江鲲鹏等互联网巨头纷至沓来，科技创新正成为推动产业升级的强大动能。从投资拉动来看，在经济发展阶段的深度转换下，投资增速下降符合经济规律，但其作用仍不能轻视，尤其是岳麓正处于大开发、大建设的时期，无论是满足发展需要，还是补齐短板弱项，投资对于我区仍然潜力可观。从消费促动来看，随着实物消费趋于稳定，医疗、教育、文化、娱乐等服务消费日益扩大，尤其是文旅消费快速发展，这与岳麓聚焦现代服务业高度契合，消费潜力必将进一步释放，对经济增长的贡献率不断增大。站位决定境界，视野影响格局。我们要把握发展趋势、主动担当作为，找准发力点、形成突破点、催生引爆点。

做好明年经济工作，要以习近平新时代中国特色社会主义思想为指导，全面贯彻党的十九大和十九届二中、三中、四中全会及中央、省委、市委经济工作会议精神，增强“四个意识”、坚定“四个自信”、做到“两个维护”，坚持稳中求进工作总基调，坚持新发展理念，以省委“全面小康决胜年”为引领，深入实施创新引领开放崛起战略，加快建设现代化经济体系，坚决打好三大攻坚战，全面做好“六稳”工作，持续开展“产业发展年”活动，更加聚焦创新治理、经济治理、城乡治理、社会治理，统筹推进稳增长、促改革、调结构、惠民生、防风险、保稳定各项工作，确保“十三五”规划圆满收官，奋力建设“知识岳麓”“创新岳麓”。

区委提出：地区生产总值增长8%左右；地方一般公共预算收入增长6.5%，税收占财政收入比重完成市定目标；固定资产投资增长9%；规模工业增加值增长8.5%；单位地区生产总值能耗下降2%；空气质量优良天数比例达80%。确定这样的预期目标和约束性指标，主要是贯彻新发展理念，体现高质量发展要求，既提振发展信心，又做到切实可行。

党的十九届四中全会，是我们党在“两个一百年”奋斗目标历史交汇点上召开的一次具有开创性、里程碑意义的重要会议。全会作出了坚持和完善中国特色社会主义制度、推进国家治理体系和治理能力现代化的重要决定。前不久，省委十一届九次全会以决议形式提出了贯彻落实党的十九届四中全会精神的意见，为我们提供了有力指导。纵观岳麓发展史，也是一部治理史，每一次跨越都是治理能力的飞跃。做好2020年经济工作，我们要深入贯彻落实党的十九届四中全会精神，不断健全完善治理体系。立足岳麓实际，就是坚持“四个不变”，着力推进“四个治理”，不提新口号、不提新理念，坚定不移将过去行之有效的思路、举措落地生根、开花结果。具体来讲：“四个不变”就是坚持高质量发展的战略定力不变，坚持建设“知识岳麓”“创新岳麓”的奋斗目标不变，坚持区域协同发展的工作理念不变，坚持民生为本的价值取向不变。“四个治理”就是着力推进创新治理，以家毫书记提出的“教育兴城、打破‘围墙’、创新创业、久久为功”四组关键词为引领，围绕“最美大学城、领先科技城、一流创业城”的定位，切实做美市容环境、做强科创经济、做优创新生态；着力推进经济治理，以“前人栽树、后人乘凉”的干劲，继续开展“产业发展年”活动，做强“六大主导产业”“四大经济”，持续扩大有效投资、优化营商环境，不断强化岳麓经济的带动力、辐射度；着力推进城乡治理，坚持文化铸魂、品质至上、城乡融合，推动城区精明增长、乡村全面振兴，打造有内涵、有活力、有温度的省会都市新区；着力推进社会治理，切实发挥党建引领作用，推动各方力量有效聚合，积极回应群众对美好生活的向往，走出一条具有岳麓特色的社会治理创新之路。

三、在聚焦关键领域中开创岳麓现代治理新格局

未来一个时期，能不能保持良好的发展势头，在现有基础上推动岳麓高质量发展迈上更高台阶，是对我们的现实考验。我们要坚定不移贯彻新发展理念，着力推进创新治理、经济治理、城乡治理、社会治理，不断提高省会中心城区现代化水平。

（一）要推动岳麓山国家大学科技城内涵发展，让创新治理更有贡献度。大科城建设是省委、省政府实施创新引领、开放崛起战略的示范工程，是市委、市政府聚力打造的六大片区之一。作为大科城建设的主战场，岳麓区始终是主力、主角，我们要认真贯彻省市决策部署，举全区之力推进，一年接着一年干，在建设“最美大学城、领先科技城、一流创业城”中作出新的贡献。

一是围绕最美大学城，做美市容环境。千年文脉看岳麓，岳麓历史文化的精髓集中在大科城，古建老宅、古街小巷不仅是文化符号，更是世人看岳麓、品岳麓的重要窗口。要注重历史风貌传承，持续巩固麓山南路、后湖等区域环境治理成果，推进阜埠河路、天马路等道路两厢微改造，升级一批教育书店、生活门店，让大科城充满书香韵味。要珍惜大科城存量资源，推行保护性施工，高质高效推进湖大德智园、科创服务区等项目征拆，加快科技创意园、二里半科技文化广场等项目建设，切实增强片区承载功能。要持续开展大科城市容秩序整治行动，有序加快人行过街天桥、节点交通改造等建设，完善以地铁、巴士、骑行、步行互为补充的交通体系，全面巩固和提升宜学、宜居、宜创、宜游的优美环境，让大科城保持独特气质。

二是围绕领先科技城，做强科创经济。大学科技城，不在于有大楼，而在于有名家、名企，集聚一批标志性平台、标志性企业、标志性人才，真正成为自主创新策源地、科技成果转化地、高端人才集聚地。要把握湖南作为首批国家产教融合型城市的试点省这一契机，充分发挥大科城产教融合、产城融合的基础和优势，以更高使命承担国家产教融合建设试点工作。要以“城”为主统筹各方资源，加强与高校、平台及企业合作，争取一批“国字号”品牌落户，推动政产学研用协同创新。要立足全省、全市产业链发展，聚焦“四新经济”领域，充分利用中南大学科技园（研发）总部、岳麓中建智慧谷、后湖艺术园等空间载体，培育和引进一批成长型企业、研发型总部企业，确保全年新增科创企业1000家以上。

三是围绕一流创业城，做优创新生态。大科城不仅是一座融合共享之城，也是一座开放创新之城。要着力推动体制机制创新，优化顶层设计，健全服务体系，高效运营管理岳麓科创港，加强知识产权保护与运用，创建全国知识产权强区，推进全省创新示范区建设。要主动融入全市制造业高质量发展大局，加大“八大应用场景”打造力度，努力为“长沙智造”提供创新引擎。要搭建高水平、多层次的学术交流平台，举办更具影响力的主题路演、学术研讨、高层峰会等活动，提升大科城美誉度、知名度。要深化校地合作，务实推进高位对接、深度对接和跟踪对接，积极支持驻区高校“双一流”建设，实现优势互补、共赢共利。

（二）要聚力产业项目升级，让经济治理更有含金量。经济治理是国家治理体系和治理能力的关键体现。在供给侧结构性改革的背景下，省市高度重视现代服务业的创新发展。岳麓区拥有科教、平台、生态、空间“四大优势”，聚焦发展高技术服务业，既没有去产能的阵痛，也没有去库存的压力，可以说是有基础、有潜力、有资源。要抢抓省委、省政府实施“服务业高质量发展三年行动”机遇，进一步强产业、稳投资、优环境，推动岳麓经济高质量发展。

一是高技术服务业要集聚突破。要聚焦园区产业链建设，树立“亩产论英雄”导向，瞄准“一主一特”产业定位，实现集约化、专业化、特色化发展。依托湖南省检验检测特色产业园，积极发挥“双国家级”牌子优势，提速中国计量院长沙基地、智能重卡等项目建设，引进检验检测企业30家以上，更加唱响“岳麓检测”品牌；紧盯“三智一自主”，发挥国家智能网联汽车（长沙）测试区平台的集聚作用，促成人工智能科技城开园和湘江鲲鹏硬件产线投产，加快重点意向企业的对接落地，努力培育形成一批新的增长点。要聚焦楼宇品牌化发展，坚持底子清、目标明、措施严，巩固发扬“楼长制”做法，做细做实楼宇工作站，突出深度服务、专业服务，着力招引区域总部企业、中小企业，打造更多的税收亿元楼宇、5000万元楼宇；突出市场主体培育，持续抓好企业“入规、升高、上市、扩面”工作，扶持一批成长性好、税收贡献度高的企业，支持引导企业走创新驱动、品牌引领、质量振兴的发展道路，力争全年新增“四上”企业95家以上、高新技术企业60家以上。要发挥现代金融对高技术服务业的促进作用，聚力湘江基金小镇，紧扣金融科技定位，加快导入互联网金融、消费金融等新兴金融业态，推动金融“活水”流向主导产业、科技创新等领域，充分激发创新创业活力。要抢抓新一轮消费升级机遇，繁荣商贸消费，巩固城市综合体、汽车4S店等传统业态，做大做强文旅市场，推进恒大童世界、华谊电影小镇二期等项目建设，打造河西高品质消费新地标。

二是项目建设要持续发力。投资是发展经济的重要引擎，项目是拉动投资的主要载体。要分类施策推进，对于省市重点工程，特别是列入省市年度考核的项目，相关部门和项目指挥部要盯紧看牢、压实责任，确保按时全面开工；对于湘江新区项目，各指挥部和相关街（镇）要对照任务，分解责任，扎实做好征拆腾地、环境维护，推动资金到位率、项目开工率、投产达效率“三率”齐升。要强化要素保障，加快国网电科院等“5个100”项目和舍弗勒、卓伯根、满帮华中物联港等项目建设，不断释放投资的拉动力。要突出项目谋划，以研究和编制“十四五”规划为契机，聚焦重点产业发展、城市功能配套、乡村振兴等重点领域，策划包装一批打基础、利长远、强支撑的重大项目，增强区域发展后劲。

三是营商环境要便捷高效。市场经济是“候鸟经济”，哪里营商环境好，企业就飞往哪里。要贯彻落实习近平总书记在民营企业座谈会上的讲话精神，坚持“两个毫不动摇”，充分保护和激发企业家精神，营造“亲商、安商、富商”的浓厚氛围。要深化“放管服”改革，提高服务效能，落实好国家各项减税降费政策，推进企业和群众办事提速升级。要熟悉政策、运用政策，持续开展“千人帮千企”活动，坚持送政策进楼宇、进园区、进企业，用好用足芙蓉人才计划、“人才新政22条”等政策，将中央、省市的政策红利转化为区域发展的动力。

（三）要全面提升省会城区形象，让城乡治理更加精细化。推进城乡治理，是提升城市竞争力的重要举措。要坚持城乡融合发展，加速提升城乡功能品质、内涵形象，实现“精致城市”与“田园乡村”交相辉映，让岳麓更有底蕴、更有灵魂、更具魅力。

一是城市发展要精明增长。要突出新城精致建设，有序推进岳麓高新区、望岳、观沙岭等区域征拆，着力实施品质工程，实现城市空间的有效利用。要深化区域互联互通，推进地铁6号线建设，促成3号线正式运营，实现潇湘大道南延线、麓景路南延线等干线通车，加快潭州大道快速化改造、梅浦联络线等路网建设，打通一批断头路和瓶颈路，不断提升城市能级。要坚持因地制宜，统筹街区风貌、整体色彩等要素，高标准完成白沙液百年老街有机更新，彰显岳麓品味、体现岳麓特色。

二是乡村振兴要全面进步。农村面貌要漂漂亮亮，以农村“五治”为抓手，深入推进“厕所革命”，推进长韶娄、岳宁大道、黄桥大道、莲善公路等美路行动，整合资源集中打造一批省市示范村，分类抓好农村房屋治理，重视传统村落、民居和老旧院落的保护修缮，展现乡味乡韵乡愁。农业发展要欣欣向荣，以“四型”经济为统领，坚持规模适度、融合发展，盘活村（社区）的资产资源，大力发展休闲观光、体验教育、乡村民宿等产业，提高都市农业的市场竞争力。农民风气要清清爽爽，强化党员示范、榜样带动，深入挖掘一批新乡贤，大力倡导文明新风，真正实现既塑形、更铸魂。

三是管理服务要提质提效。要严格监管执法，推进环线周边、城乡接合部等重点区域秩序整顿，深入开展老旧城区和农安小区雨污分流改造，让城市既有“面子”，更有“里子”。要坚持人性化思维，寓管理于服务之中，切实解决好交通拥堵、停车难等群众反映强烈的问题，让城市既有“高度”，更有“温度”。要彰显历史文化底蕴，积极塑造新时代的城市精神，充分展现岳麓人杰地灵、开放包容的魅力风范，让城市既有“颜值”，更有“内涵”。

（四）要促进民生福祉大幅改善，让社会治理更有实效性。加强和创新社会治理，是更好满足人民美好生活需要的重要保障。省委提出，2020年在全省开展“全面小康决胜年”。要坚持以人民为中心的发展思想，既尽力而为又量力而行，让人民群众的获得感、幸福感、安全感更加充实、更有保障、更可持续。

一是坚决打好三大攻坚战。污染防治要标本兼治，坚决打赢蓝天保卫战，严格落实“六控十严禁”要求，聚焦工地扬尘、餐饮油烟、露天烧烤等重点领域，强化源头治理、常态治理、协同治理，让市民畅享蓝天白云。全力打好碧水保卫战，以落实“河长制”“湖长制”为抓手，积极推进龙王港流域综合整治，让岳麓江河湖泊水清岸美。脱贫攻坚要精准帮扶，紧盯全面建成小康社会目标，聚焦产业扶持、就业培训等领域，巩固对口帮扶脱贫成果，确保共同富裕路上一个都不掉队。防范化解重大风险要稳步推进，牢固树立过“紧日子”思想，稳妥化解政府隐性债务，完成麓山控股、岳麓高新区平台公司市场化转型。持续推进盘活“三资”工作，进一步管严资金、管好资产、管活资源，实现效益最大化。坚持“房住不炒”定位，维护房地产市场正常秩序，加快提升住宅小区物业管理服务水平，让高楼林立的社区更有归属感。

二是打造基层治理升级版。以“五篇文章、十项举措”为统领，更好满足不同群体对品质生活的需求。要突出常态化沟通，以区域化党建和小区党建为载体，以“坐班”转“值班”为抓手，充分调动区、街镇、社区和社会组织各方力量，抓实矛盾纠纷化解、困难群众帮扶等工作，实现社会治理“一盘棋”。要突出清单化对接，针对群众反映的难题，全面梳理汇总资源清单、需求清单，双向互动、精准匹配，打通服务群众“最后一米”，持续提升满意率。要突出项目化管理，围绕群众身边的烦心事、揪心事，明确服务内容、服务标准、服务时限，确保可执行、好操作、能落地，扩大基层治理工作的影响力。

三是切实筑牢民生保障线。牢固树立“教育兴城”的理念，增加普惠性学前教育供给，提质建设一批中小学校，全力办好人民满意的教育。深化“一圈两场三道”建设，积极创建全国健康促进区，实现区公卫中心投入使用，统筹推进医疗健康事业。实施文化惠民工程，提质一批示范性公共文化阵地，高标准完成区文化馆、区图书馆建设。强化社会保障，做好民生兜底特别是特殊困难群体的帮扶工作，兜牢群众基本生活底线。严格落实安全生产责任制，确保群众生命财产安全。依法依规化解信访积案，做好初信初访，狠抓源头预防，切实做到去存量、控增量。扎实开展扫黑除恶专项斗争和禁毒工作，建设更高水准的“平安岳麓”。

四、在奋勇争先中提高新时代干部治理能力和水平

要贯彻落实十九届四中全会对党的建设提出的新要求，切实提高领导水平和执政能力，为各项目标任务落实提供根本保证。

（一）加强政治建设，对党绝对忠诚。党的十八大以来，我们党之所以解决了许多长期想解决而没有解决的难题，办成了许多过去想办而没有办成的大事，推动党和国家事业取得历史性成就，就是坚持和加强党的全面领导。党的政治建设是统领党的其他方面建设的灵魂，深刻体现在政治立场、政治纪律、政治规矩等各方面，有着实实在在的要求。作为基层党员干部，讲政治最根本、最基础的就是严守党的政治纪律，绝对忠诚可靠。要始终在思想上政治上行动上同党中央保持高度一致，树牢“四个意识”，增强“四个自信”，切实做到“两个维护”。要严格落实请示报告制度，涉及重大问题、重要事项，按规定及时请示报告。总之，全区所有党员干部必须确立这样一种意识：不论党龄长短、职务高低，都要自觉地严守政治纪律，既不能因为是普通党员而放松要求，更不能因为地位特殊而无视纪律约束。

（二）坚持政治标准，锻造坚强队伍。精神力量对当前的岳麓尤为重要。应该说，我们岳麓干部始终有一股不服气不服输、敢拼敢抢敢干的精气神。意志消沉不是岳麓干部应有的风格，萎靡不振更不配当岳麓干部。我希望看到岳麓每一个党员干部有这样的境界：牢记肩负的使命责任，时时与过去取得的成绩比一比，处处与国内外先进地区比一比，把每一件事都作为不负众望、不留遗憾的精彩一笔，在位一天、赶考一天，以“建功必须有我、功成不必在我”的情怀，奉献岳麓发展，造福人民群众，实现人生价值。区委用人的导向始终突出：重德才、重实绩、重用实干者，在制度设计上进一步优化，让各级干部干事有奔头、干好有出路，使岳麓成为既出发展、出成果，又出干部、出人才的热土。

（三）突出政治担当，狠抓工作落实。新的一年，任务艰巨、责任重大。大科城建设、产业发展、基层治理、乡村振兴等各项工作，都有各自的不容易。但我始终认为，事多，不能作为不了了之的托词；事难，不能作为逃避现实的借口。顺境要干，逆境也要干；已知的要干，未知的也要干；掌声中要干，批评声中也要干。少谈不行的千般理由，多想能行的万般办法，这才叫撸起袖子加油干。各级领导干部要站高一步想问题、下沉一级抓落实，在一线了解情况、解决问题，决不让问题和矛盾在自己手上“过夜”。要坚决破除形式主义、官僚主义，一些同志为了免于追责，开会、讲话、发文、检查，所有流程一项不少，唯独对矛盾问题“避、拖、压”。产业发展的政策、安全生产的制度，如果各级只是文件到文件，那叫“发出”，不叫“出发”。凡是区委定下来的事，就要按照分工执行到位；凡是看准了的事，就要敢于拍板推进到位，确保取得实效。

（四）永葆政治本色，彰显优良作风。要压实管党治党政治责任，牵住主体责任“牛鼻子”，用大力度、强措施、硬手段，用好省委巡视成果，持续抓好整改“回头看”，维护风清气正的政治生态。要更加注重制度的刚性执行，确保大家按规矩办事、按规章用权。要更加注重严格问责，特别是对影响和破坏投资环境的人和事，在招商引资、项目建设中推诿扯皮、吃拿卡要的人和事，对人民群众切身利益不闻不问、久拖不办的人和事，发现一起、查处一起、问责一起，决不姑息、决不手软。每一名党员干部必须认识到，投资环境是岳麓发展的生命线，服务项目、服务企业是天职，要以良好的作风形象，不断擦亮岳麓品牌。

种植大户、龙头企业，携手省现代农业控股集团共建农业新经济总部岳麓基地，推动一二三产业有机融合。促进农民致富增收。鼓励各类人才下乡创新创业，促进博士（硕士、学士）家庭农场有序发展，培育和引进一批“农秀才”“田专家”。实施发展壮大新型村级集体经济三年行动计划，引导基层践行“四型”模式，多渠道促进农民增加收入，力争实现收入100万元以上示范村超20个。新创一批农村文明品牌，持续治陋习、扬正气、树新风。促成4个市级乡村振兴示范村达标验收。

（四）突出优质与均衡，全心全意践行为人民服务宗旨。顺应人民群众日益增长的美好生活需要，扎实办好民生实事，让改革发展的成果惠及全区人民。

强化民生基础保障。高标准完成省、市涉及我区的重点民生实事。深度推进“一圈两场三道”建设，提质“15分钟生活圈”26个，建成停车场16个、农贸市场2个、人行道11.2公里、自行车道24.3公里、历史文化步道1.3公里，稳步推进既有多层住宅电梯加装。筹集保障性房源，新增市场租赁房2500套以上，加强公租房管理，重点保障城市困难群众住房需求。坚持“房住不炒”，加强建筑质量监管，引导提升房产开发品质，保持房价相对稳定。开展职业技能提升行动，新增城镇就业7300人以上、失业人员再就业5000人以上，实现农民工工资无拖欠。完善慢性病防控与医疗应急救援体系，提升老弱妇孺群体疾病筛查与诊治水平，争创全国健康促进区。实现城乡低保应保尽保，开展城市特殊困难群体精准帮扶，关爱残疾人，托住民生保障底线。

优化公共服务供给。改扩建五峰中学等中小学校13所，建成西江小学等学校3所，新增中小学学位6000个以上，开办公办幼儿园10所，促进城乡教育均衡发展，办好人民满意教育。实现区公卫中心投入使用，建设学士社区卫生服务中心，实施基层中医药服务能力提升工程，提质农村医疗阵地，完善智慧医疗体系，提升城乡医疗保障水平。完成区文化馆、图书馆新建，建好一批新时代文明实践所（站），建成市级标准化村级综合文化服务中心5个，丰富群众文化生活。建成区养老中心（社会福利中心），新增居家养老服务中心6家以上，完善特困供养老人服务设施体系，打造市级以上示范性“儿童之家”6家，让老年人幸福开心、孩子们快乐成长，着力解决“一老一小”难题。

深化基层社会治理。推进全区二维码标准地址建设，完善网格问题快速反应解决机制，巩固社区（村）值班制改革成效，及时受理、高效办结群众身边事，做到民有所呼、政有所应。加强市场监管，强化“双随机一公开”监督抽检，充分保障群众饮食用药安全，扎实做好国家食品安全示范城市创建工作。发挥基层组织作用，坚持“三社”联动，争创省级城乡社区治理创新服务实验区。坚持依法治访，及时解决初信初访问题，稳妥化解一批信访积案。加强消防、建筑、校车、森林防火、自然灾害、危险化学品、道路交通顽瘴痼疾等安全风险隐患排查整治，健全网络化、智能化、交互化公共安全网，坚决遏制较大以上事故发生，积极创建全省安全生产示范城区。推进“天网工程”“雪亮工程”建设，提升群防群治参与率，铁腕开展禁毒和扫黑除恶专项斗争，铸就守护平安的金色盾牌，维护社会大局和谐稳定。组织开展全区“第七次全国人口普查”工作。深入开展民兵调整改革与双拥共建活动，加强退役军人管理服务，浓厚军民“鱼水情”。

（五）坚持廉洁与高效，依法依规加强政府自身建设。坚持人民政府为人民服务，对人民负责，接受人民监督，推进治理体系和治理能力现代化，建设人民满意的服务型政府。

坚持依法行政。以制度管人、依制度办事，切实强化制度意识，带头维护制度权威，做制度执行的表率，涵养自觉尊崇制度、严格执行制度、坚决维护制度的良好风尚。坚持民主集中制，落实“三重一大”决策制度，履行合法性审查、风险评估等程序，开展事关群众切身利益重点事项的社会听证，提升政府决策科学化、民主化、法治化水平。深入开展“七五”普法，全面推行政府法律顾问、公职律师制度。加强跨领域跨部门综合执法，推进行政执法信息互通共享，规范执法自由裁量权，做好行政复议工作。持续推进行政决策、执行、管理、服务、结果“五公开”，提高政务透明度。主动接受区人大及其常委会法律监督、工作监督和区政协民主监督，广泛听取各民主党派、工商联、无党派和新的社会阶层人士、人民团体意见，高质量办理人大代表建议和政协提案。主动接受监察、司法、群众和舆论监督。

坚持实干兴政。不驰于空想、不骛于虚声，抓紧每一天、干好每件事，让改革发展更有“含金量”。紧盯中心工作、重点领域、民生实事，构建更加科学有效的考核机制，建立责任明晰、衔接高效的闭环体系，确保中央、省、市和区委的工作部署落实落地。注重培养干部的斗争精神，增强斗争本领，敢于、善于与历史遗留问题斗争、与发展新难题斗争，推动改革、发展、稳定各项工作走深走实。推动政府数字化转型，加强档案数字化建设，切实增强干部运用数据推进工作的本领。科学谋划和编制“十四五”规划。加强督促检查，整顿慵懒散行为，保持工作的拼劲、干劲、实劲、韧劲，坚决摒弃形式主义、官僚主义，做到善始善终、善作善成。坚持严管和厚爱相结合，完善容错纠错机制，鼓励基层在社会治理、民生改善方面作出更多有益探索，不断激发基层队伍干事创业、比学赶超的内生动力。

坚持廉洁从政。政治清明、政府清廉、干部清正，方能赢得人民信任。我们将推进不敢腐、不能腐、不想腐机制建设，巩固提升“不忘初心、牢记使命”主题教育成效。以更大决心、更严态度，开展违反中央八项规定精神突出问题专项整治、群众身边腐败和不正之风问题专项整治，让“打牌子”“提篮子”无法成事，让办事不求人成为常态。牢固树立“过紧日子”的思想，严控“三公”经费支出。增强预算执行刚性，强化“经济责任”审计，加强公共权力、公共资产、公共资源和公共工程廉政风险防控，维护公平公正，确保财政资金高效用于民生福祉改善。

名词解释

1.“四个三”高质量发展路径：三个服务的理念，牢固树立服务湘江新区就是服务岳麓发展的理念、牢固树立服务驻区高校就是服务岳麓发展的理念、牢固树立服务长沙高新区就是服务岳麓发展的理念；三融共进的战略路径，产业融合、产城融合、城乡融合；三个在岳麓的奋斗目标，读书在岳麓、宜居在岳麓、创业在岳麓；三大奋斗状态，保持定力、精准发力、持续用力。

2.“四大经济”“六大主导产业”：四大经济，即楼宇经济、园区经济、科创经济、开放经济；六大主导产业，即高端商贸业、现代金融业、健康养老业、文化旅游业、检验检测业、都市农业。

3.“四上”企业：规模以上工业企业、资质等级建筑业企业、限额以上批零住餐企业、规模以上服务业企业。

4.长株潭“一体化”：通过包括资源、市场在内的经济要素的一体化，促进长沙、株洲、湘潭集群经济发展，提高以长沙为核心的长株潭城市群的核心竞争力和综合实力以及区域辐射力，进而促进长沙、株洲和湘潭社会生活的融合。

5.电力“6·30攻坚”：《长沙市电网供电能力提升三年行动计划（2018—2020年）》明确的电网“主干网架”提质、“骨干网架”补短、“城乡配网”升级三大工程建设，确保到2020年，长沙电网建设改造投资规模约150亿元，满足1000万千瓦负荷下安全供用电需求。

6.“六控十严禁”：六控，即控尘、控煤、控车、控油、控排、控烧；十严禁，即严禁渣土车、混凝土搅拌车、运砂车等各类车辆带泥上路，严禁违法倾倒渣土，严禁工地裸露黄土，严禁重污染天气下土石方施工，严禁燃烧散煤，严禁燃放烟花爆竹，严禁露天焚烧垃圾，严禁露天烧烤，严禁露天焚烧秸秆，严禁拖拉机等高排放车辆进城。

7.渣土运输“两点一线”：渣土车从工地装载至消纳场卸载。

8.“散乱污”企业：不符合产业政策，不符合当地布局规划，未办理相关审批手续，不能稳定达标排放或不具备治理价值的企业。

9.“一江两河”：湘江、龙王港、靳江河。

10.“三贷”：套路贷、校园贷、高利贷。

11.GSA大赛：全球初创企业创新创业大赛。

12.“5个100”项目：100个重大产业项目、100个重大科技创新项目、100个重大产品创新，引进100个500强企业、100个科技创新人才。

13.“两个100公里”：100公里高速开放道路，100平方公里城市范围的开放道路。

14.岳麓高新区“一主一特”产业：以检验检测产业为主导，以新一代信息技术产业为特色。

15.“四个一”“四个办”：四个一，即只上一张网、只看一张表、只进一个厅、最多跑一次；四个办，即网上办、一次办、就近办、帮代办。

16.“放管服”改革：简政放权，放管结合，优化服务。

17.“三印一照一递”：三印，即打印、复印、印章刻制；一照，即照相；一递，即快递。

18.“三品一标”：无公害农

参加调研活动。

8日　区委书记周志凯率队调研望岳街道经济社会发展情况，扫黑除恶等工作。蔡锋、杨利成、江南等参加调研活动。

是日　区委书记周志凯率队调研天顶街道经济社会发展情况，并对街道扫黑除恶工作进行督导。杨利成、黄军其、曾跃平、谢勇及相关部门主要负责人参加调研。

是日　岳麓区税务局举行“第28个全国税收宣传月——税收体验日”活动，邀请湖南商学院创客中心10余名创业学子到办税服务大厅学习税收知识，体验新办企业纳税人事项。

是日　福建省福鼎市政协到岳麓区学习考察，参观岳麓书院，区政协副主席喻英姿等陪同。

9日　湘潭高新区党工委副书记戴铁钢一行16人到岳麓区住建局学习考察交流物业管理经验。

是日　区政协组织政协委员视察街（镇）卫生院（社区服务中心）建设工作。区政协主席袁精华，区政府副区长潘旺明，区政协副主席喻英姿、彭首志，区政协秘书长杨国春参加。

10日　区委书记周志凯率队到咸嘉湖街道调研经济社会发展情况，对街道扫黑除恶工作进行督导。区领导彭利芝、杨利成、陈茂学、李建军，以及相关区直部门主要负责人参加调研。

是日　区长周凡、副区长刘雄辉率区政府办、农业农村局、人社局、教育局等相关部门负责人，到湘西土家族苗族自治州龙山县洗洛镇调研对口帮扶工作。

14日　区委书记周志凯率队调研梅溪湖街道工作，实地参观亿达科技健康城、润龙社区公共服务中心等地，并详细听取情况介绍。

15日　区委书记周志凯率队调研望月湖街道社会经济发展情况，罗予武、杨利成等参加调研活动。

是日　区委中心组学习暨党员领导干部廉洁从政警示教育活动。

16日　区政协重点调研课题组组织委员到辖区街道调研基层社会治理工作。袁精华、刘平、彭首志、杨国春参加调研。

18日　长沙市市长胡忠雄调度大科城建设有关工作。岳麓区区长周凡参加调度会。

是日　区委书记周志凯率队到学士街道调研社会经济发展等工作。区领导刘亮、杨利成参加调研活动。

18—19日　“2019长沙橘洲音乐节”在橘子洲沙滩公园举行，岳麓公安分局抓好安保措施落实，圆满完成音乐节安保任务。

20日　区委召开书记专题会议，研究全区街镇机构改革工作和棚改工作。

21日　长沙市副市长李蔚到岳麓区督查防汛抗旱工作。

是日　区委书记周志凯率队到岳麓街道调研街道工作，张铁炎、杨利成、张淳等参加调研活动。

22日　岳麓区举办全区第三次全国国土调查工作推进活动。

是日　区委书记周志凯率队到桔子洲街道调研街道工作，区领导吴江、杨利成等参加调研活动。

23日　区人大常委会主任胡杰夫率区人大常委会主任会议成员视察全区促进就业工作。区人民政府常务副区长蔡锋、副区长张永久等陪同视察。

24日　区委书记周志凯率队到洋湖街道调研街道工作，区委办公室主任杨利成等参加调研活动。

是日　湖南省民政厅办公室党支部和法规处党支部与岳麓区坪塘街道太平村党总支部联合开展结对共建活动。

27日　岳麓区召开全区生活垃圾分类全覆盖工作推进会。

是日　区委书记周志凯主持召开岳麓山国家大学科技城建设工作推进会。

29日　美国驻华大使泰里·布兰斯塔德一行14人到湖南师范大学参观访问，美国驻武汉总领事馆总领事傅杰明等陪同。

是日　区人大常委会主任会议成员视察全区公共文化建设工作。区人民政府副区长潘旺明等陪同视察。

30日　湖南好人榜2019年一季度入选名单发布仪式暨中国好人与身边好人（长沙·岳麓）现场交流活动在中南大学中南讲堂举行。湖南省14个州市中国好人、湖南好人代表，全省各市州文明办负责人，岳麓区区委中心组全体成员，大学生代表、中小学生代表，省市主流媒体代表等700余人参加活动。

是日　长沙市政协党组书记、主席文树勋率主席会议成员到岳麓区视察龙王港流域综合治理工作。

是日　区政协副主席曾高杰带队调研岳麓区梅溪湖街道阳明山庄社区提质提档后续维护工作情况，区直相关部门负责人参加。调研团实地考察社区公共服务中心、党群服务站、小区公共区域硬件提质、软件提档情况，听取社区负责人关于提质提档后续维护工作介绍。

31 日　昆明市官渡区工商联组团到岳麓区学习考察工商联工作。

是日　区委书记周志凯率队到坪塘街道，就经济社会发展、扫黑除恶专项工作进行调研督导。杨利成、王剑、刘祖建、汪世震及区直有关部门负责人参加。

是日　“六一”儿童节，区长周凡率队慰问师生。

是日　副区长、河长办主任刘雄辉组织召开河长制工作推进会。

6月

2 日　岳麓区举行首届全民运动会开幕式暨工间操大赛。区直部门、街道（镇）、企业 80 余个单位、52 支代表队 500 余名运动员参加开幕式。

4 日　岳麓区委审计委员会召开第一次会议，会议审议通过《中共长沙市岳麓区委审计委员会工作规则》《中共长沙市岳麓区委审计委员会办公室工作细则》《2019 年审计项目计划》《2018 年度区本预算执行和其他财政收支审计报告》。

是日　岳麓区委网络安全和信息化委员会召开第一次会议，传达学习中央及省委、市委网信会议精神，听取全区网信工作情况汇报，审议《区委网络安全和信息化委员会工作规则》《区委网络安全和信息化委员会办公室工作细则》《岳麓区党委（党组）网络安全工作责任制实施细则》《2019 年全区网信工作要点》，研究部署全区网络安全和信息化工作。

是日　区委书记周志凯率队调研含浦街道经济社会发展情况。杨利成、潘旺明、刘雄辉、吴运国及区直部主要负责人参加。

是日　区政协主席袁精华率队视察全区水利建设工程。实地视察含浦街道牛王庙涵闸新建工程、靳江河二期治理工程、学士街道东山湾泵站新建工程。

是日　山东省济宁市兖州区政协副主席张贵民率队到岳麓区咸嘉湖街道考察学习政协委员履职活动开展情况，岳麓区政协党组副书记、副主席曾高杰等陪同考察。

5 日　区委书记周志凯率队调研观沙岭街道工作，就街道经济社会发展情况、扫黑除恶专项斗争工作进行督导。杨利成、张永久、张帅及区直有关部门负责人等参加调研。

是日　区委召开议事协调机构第一次会议。

6 日　2019 年全国“文化和自然遗产日”，岳麓区在岳麓山爱晚亭后坪举办“保护革命文物 传承红色基因”、“中国文化和自然遗产日”暨文明旅游宣传活动。

8 日　区长周凡召开防汛紧急会议，部署强降雨应对工作。

10 日　岳麓区主办“培根铸魂 明德引领——2019 长沙市社会科学普及主题活动岳麓区启动仪式暨湖中社区专场活动”。湖南省社科联副主席丁宇，长沙市社科联副主席吴昌伟，岳麓区委常委、宣传部部长罗予武出席活动并讲话。

是日　区委书记周志凯带队督查全区防汛工作，召开防汛调度会议。

11 日　中央扫黑除恶第 16 督导组召开督导湖南省情况反馈会议。

12—13 日　岳麓区召开第五届第五次人民代表大会。

14 日　区委书记周志凯率队调研市场监管工作。蔡锋、杨利成、潘旺明、唐士秀等参加调研。

16 日　岳麓山风景名胜区管理局与湖南龙骧桔子洲旅游服务开发有限责任公司签订橘子洲景区观光车经营权项目特许经营协议。

18 日　区委书记周志凯率队到岳麓区税务局调研全区税收和减税降费工作，蔡锋、杨利成参加调研。

是日　长沙恒大文化旅游城与博才教育集团举行签约仪式，区委书记周志凯等出席仪式。

是日　人大常委会副主任林俐俐率队到花垣县边城高级中学开展“民族团结进步行”扶贫助学捐赠活动。花垣县人大常委会副主任贺力健出席捐赠仪式。

19 日　岳麓区组织应急救援队伍（防汛）集中演练。

是日　区委书记周志凯率队调研区应急管理局工作，蔡锋、杨利成等参加调研活动。

是日　区长周凡率队到坪塘街道白泉村调研乡村振兴示范村创建工作。副区长刘雄辉和区直相关部门及坪塘街道主要负责人参加调研。

是日　山东省济宁高新区投资促进分局局长孙启迪、产业服务处处长杨超、综合处处长王昌善一行到岳麓区天顶街道金茂

ICC（北塔）写字楼参观考察。岳麓区现代服务业发展中心、天顶街道、银盆岭街道相关负责人陪同考察。

是日　东营市樟木头镇考察团一行50余人，到咸嘉湖街道学习交流基层社会治理工作经验。

20—26日　区政协主席袁精华率50名区政协委员到清华大学学习。

21日　区委书记周志凯率队调研区市场监管局工作，杨利成、潘旺明等参加调研。

24日　区长周凡率队到观沙岭街道调研，长沙市政府北片道路建设工作。张永久、王剑，区政府办、区发改局等相关部门，观沙岭街道主要负责人陪同调研。

是日　区委常委、组织部部长彭利芝走访天顶街道川塘社区，就社区如何做好基层党建，充分利用社区资源服务居民等议题提出建设性建议和要求。

26日　岳麓区举行庆祝建党98周年暨“践行我们的誓言”主题活动。

是日　岳麓区开展“6·26”查缉毒品行动。

是日　岳麓区禁毒委员会在湖南商务职业技术学院组织禁毒公益宣传活动，邀请中南大学、湖南大学、湖南师范大学等高校留学生参加百万市民禁毒签名活动。

是日　区委书记周志凯率队调研全区重大项目建设，蔡锋、杨利成等参加调研。

26—29日　第一届中国—非洲经贸博览会在长沙举行。有53个非洲国家和国际组织代表，28个省市区代表团参加活动，大会设欢迎晚宴、橘子洲焰火燃放、领导巡馆和开幕式4个主题活动，35个专题活动和19个考察现场。

27日　区委书记周志凯率队调研城管工作。

7月

1日　区委举行理论中心组学习暨庆“七一”红色主题教育活动，全体区委常委、区人大常委会主任、区政协主席参加活动。

是日　区委书记周志凯在岳麓山风景名胜区管理局主持召开区委常委会议，会议听取岳麓山风景名胜区工作情况汇报，研究有关问题。

是日　区人大常委会主任胡杰夫走访慰问梅溪湖街道中塘村党总支书记刘文胜，送去节日祝福。

2日　区领导周志凯、周凡、杨利成、张永久、谢德良、陈茂学调研全区城市管理工作。实地查看望岳街道大件垃圾和园林垃圾处置场、八方小区，区市政设施、市容环境卫生、园林绿化维护中心，了解全区城市管理工作情况及存在的困难和问题，并就一些具体问题进行现场研究和交办。

3日　区委、人大、政府、政协召开工作联席会议，区领导周志凯、周凡、刘亮、胡杰夫、袁精华、蔡锋、杨利民、屈志峰等出席会议。

4日　岳麓区生态环境保护委员会召开第二次全体会议，区委副书记、区人民政府区长、区环委会主任周凡主持，副区长张永久、区政府办二级调研员谢德良、区政府办二级调研员陈茂学及区环委会成员单位主要负责人参加会议。

是日　区人大常委会主任胡杰夫率区人大常委会评议工作领导小组成员、部分区人大代表、法律及财经专家视察全区中小微企业服务工作。区领导林俐俐、江南、张淳、刘雄辉等参加视察。

是日　区长周凡率队调研区市场监督管理工作。

是日　湘西土家族、苗族自治州委副秘书长张远周，民政局局长彭图瑜一行6人，到咸嘉湖街道荷叶塘社区考察城市社区治理工作。长沙市民政局副局长伍仁华等参加考察。

5日　岳麓区召开全区重点楼宇经济工作推进会，全区22个重点楼宇“楼长”参加会议。

是日　区人大常委会主任胡杰夫率队视察全区物业管理工作，王剑鸣、林俐俐、曾跃平、江南、张淳，副区长王剑、肖志贤、宁伟豪、汪世震等参加视察。

9—18日　岳麓区防洪3级响应，全区各级各部门投身抗洪抢险。

是日　区委书记周志凯率队调研全区630电力攻坚工作，并在岳麓高新区管委会召开汇报会议。

10日　区人大常委会主任胡杰夫率队到梅溪湖街道石咀子泵站、坪塘街道湘江大堤坪塘双湖段等防汛一线视察指导工作。

是日　岳麓区召开街道（镇）开展住房保障申请审批系统运行情况答疑会，全区17个街道（镇）住房保障负责人参加会议。

11日　区委书记周志凯、区长周凡组织召开防汛调度会议。

是日　安徽省淮北市房产处遗联席办公室组队到岳麓区住建局学习考察，交流房产办证处遗工作经验。

是日　南京市鼓楼区政协副主席陶顺生率队到岳麓区，学习考察政协服务委员提升履职成效的经验做法。岳麓区政协副主席曾高杰，学习联格委主任徐平、副主任陈正文，高新区人大政协联络工作办公室处长杨莉娟、麓谷街道政协联络工作负责人胡建军陪同考察。

12日　湖南省税务局党委书记、局长刘明权一行到岳麓区税务局桔洲分局调研、走访纳税服务大厅办税情况，了解企业减税降费政策享受情况。长沙市税务局党委书记、局长文延风，岳麓区税务局党委书记、局长杨军等人陪同调研。

是日　区人大常委会主任胡杰夫率队到雨花区考察学习预算联网监督工作，江南、张淳参加考察。

13日　区长周凡组织召开防汛调度会。

15日　国务委员、国家防汛抗旱总指挥部指挥长王勇到长沙督导防汛抗旱工作，现场视察岳麓区洋湖街道柏家洲防汛抗旱应急值守情况，湖南省委副书记、省长许达哲，省委常委、市委书记胡衡华，市长胡忠雄参加督导，岳麓区委书记周志凯、区长周凡等陪同督导。

是日　全国妇联书记处书记蔡淑敏到咸嘉湖街道荷叶塘社区调研妇女儿童工作，湖南省妇联党组书记、主席姜欣，长沙市委副书记朱建等参加调研。

是日　全国妇联书记处书记蔡淑敏一行到岳麓区阳明山庄社区调研长沙市“家家幸福安康工程”实施情况。省妇联党组书记、主席姜欣，长沙市委副书记朱健，长沙市妇联党组书记、主席文方，岳麓区委副书记刘亮等陪同调研。

是日　副区长刘雄辉主持召开防汛会商会。

7月15日至8月　岳麓区开展“书香岳麓”爱国主义经典阅读系列活动宣传，收集广大少年儿童读者爱国诗词诵读、爱国主题绘画、爱国诗词书法作品。

17日　岳麓区召开中央督导扫黑除恶整改工作推进会，会议由区委常委、政法委书记张铁炎主持，副区长、区公安分局局长谭应林、区法院院长张帅、区检查察检察长谢勇出席会议，区纪委监委、区委组织部、区公安分局等20多个部门主要负责人参加会议。

是日　湖南省纪委监委驻省检察院纪检监察组组长、省检察院党组成员邹小俊一行到岳麓区检察院调研工作。

是日　岳麓区委召开专题会议，听取麓山城市建设投资、岳麓高新区平台转型工作情况汇报。

是日　广西壮族自治区柳州市柳南区一行60人，到岳麓区行政审批服务局交流学习行政审批制度改革、窗口管理服务等工作。

18日　山西省阳城县政协副主席白明星一行，到岳麓区考察人才回流及人才引进工作情况。岳麓区政协副主席曾高杰，办公室主任范璐陪同考察。

19日　湖南省市场监督管理局组织专家对岳麓区国家级农业标准化示范区、国家水果综合标准化示范区圣峰果业有限公司进行考核验收，圣峰果业示范项目以90.71高分通过验收。

是日　区人大常委会主任胡杰夫率执法检查组视察《中华人民共和国公路法》贯彻落实情况。王剑鸣、曾跃平、江南、刘雄辉、肖志贤、宁伟豪等参加视察。

20日　岳麓区召开拆迁征收工作推进会，区领导周志凯、周凡、刘亮、彭利芝、蔡锋、吴江、罗予武、张铁炎、杨利成、屈志峰、王剑鸣、江南、张淳、潘旺明、刘雄辉、张永久、王剑、刘祖建、彭首志、彭又沙等出席会议。

是日　岳麓区召开蓝天保卫战第二季度讲评会，区委书记周志凯、区长周凡等出席会议。

22日　岳麓区政协围绕加快推进乡村振兴战略，对农村人居环境整治工作开展专题协商。区领导袁精华、刘雄辉、曾高杰、喻英姿、刘平、卜茂荣、彭首志、戴德泉、杨国春出席会议。实地考察莲花镇上官冲组美丽村落和农村人居环境整治情况、雨敞坪镇画皮塘乡村公园建设和垃圾分类情况。

23日　岳麓区召开2019年上半年经济形势分析会议，全体区级领导参加会议。

是日　区政协主席袁精华带队调研全区物业管理“四大责任”落实情况，现场视察八方小区、钰龙佳园小区，并召开座谈会。副区长王剑、区住房和城乡建设局局长杨军陪同。

24日　湖南省商务厅厅长徐湘平率队到岳麓区调研“湖南—非洲企业合作中心”工作，实地踏勘项目现场，召开会议，区委书记周志凯、副书记刘亮等陪同调研。

29 日　岳麓区召开政情通报会。区领导周凡、袁精华、曾高杰、喻英姿、刘平、卜茂荣、彭首志、杨国春出席会议。

31 日　区人大常委会主任胡杰夫率队视察全区“七五”普法决议执行情况。区领导王剑鸣、林俐俐、江南、谭应林、肖志贤、宁伟豪等参加视察。

是日　区人大常委会主任胡杰夫率队到湖南省军区第五离休退休干休所溁湾镇服务站、武警长沙支队执勤十中队开展“八一”拥军慰问活动，向全体驻区部队官兵致以节日问候。

8月

1 日　“八一”建军节，区长周凡率队慰问现役部队军人。

是日　区人大常委会组织召开预算联网监督系统建设部署暨管理培训会。胡杰夫、蔡锋、张淳、肖志贤参加会议。

7 日　岳麓区召开社区矫正特赦评审工作会。

13 日　长沙市市长胡忠雄视察岳麓区龙王港。

15 日　湖南省政协常委、社法委主任李微，省政协社法委副主任、司法厅党组书记、副厅长肖迪明，省政协社法委驻会副主任刘强玉一行到岳麓区法院调研基层法院司法改革工作、为民营经济提供司法保障情况，实地走访视察岳麓区法院立案大厅、诉调对接中心，并召开专题座谈会。

16 日　河南省巩义市财政局、卫健局组团到岳麓区咨询和学习基层公共卫生服务专项资金管理和项目开展工作。

19 日　长沙市委副书记、市长胡忠雄到岳麓区调研科技和知识产权工作。区长周凡、副区长蔡锋陪同调研。

20 日　长沙市委副书记、市长胡忠雄到岳麓区调研“12345”市民服务热线和市长信箱管理工作。

是日　区委书记周志凯率队调研观沙岭街道公共文化广场建设及相关工作，了解市委书记胡衡华批示件办理工作进程和相关项目征拆进展情况。区领导杨利成、潘旺明、张永久、王剑、彭又沙、吴运国、陈茂学、刘丽、彭浩等参加调研或座谈。

是日　区人大常委会主任胡杰夫率队调研岳麓区人民法院民商事审判工作。区领导王剑鸣、林俐俐、曾跃平、江南、肖志贤、宁伟豪参加调研。

是日　岳麓区人大常委会主任会议成员 12 人，到岳麓区检察院视察调研认罪认罚从宽制度工作。

21 日　区委书记周志凯实地走访调研金茂 ICC（北塔）企业毫米创业服务有限公司，了解企业需求，为企业排忧解难。天顶街道、区商务局、总经办、市场监督局、金融办等单位负责人参加调研。

是日　区人大常委会主任胡杰夫率队视察全区公共卫生服务暨“三湘农民健康行”工作。区领导林俐俐、曾跃平、江南、肖志贤、宁伟豪参加视察。

是日　区长周凡调研大气污染防治工作，先后查看九城汽车 4S 店挥发性有机物治理设施运行情况、中医药大学食堂油烟治理以及玉赤河南延线道路工程扬尘治理情况，并召开工作调度会，屈志峰、张永久、陈藏学陪同。

25 日　广东省肇庆市党政代表团到岳麓区后湖国际文化艺术区考察学习。湖南省委常委、长沙市委书记胡衡华陪同考察，岳麓区委书记周志凯等参加活动。

27 日　岳麓区召开绩效考核推进会。

是日　区人大常委会主任胡杰夫率队调研岳麓公安分局扫黑除恶专项斗争工作。区领导王剑鸣、林俐俐、曾跃平、江南、张淳、谭应林、肖志贤、宁伟豪等参加调研。

是日　广东省佛山市南海区九江镇考察团一行 30 余人到岳麓区梅溪湖街道，学习交流社会治理、网格化平台监管和服务创新工作，实地考察金茂社区中海梅溪湖壹号小区党群服务站、街道政务中心和网格化综合服务中心。

28 日　长沙市委书记胡衡华到岳麓区调研检验检测产业链。

29 日　岳麓区召开燃气锅炉（设施）低氮改造工作动员大会。区蓝天办、环保局、市场监督局、应急管理局相关负责人，全区燃气锅炉业主单位和改造技术单位主要负责人共 80 余人参加会议。

是日　湖南省委第二巡视组召开向岳麓区反馈巡视问题通报会。省委第二巡视组全体成员，长沙市委常委、市纪委书记蔡亭英出席会议。全体区级领导参加会议。

是日　长沙市政府副市长、靳江河河长刘明理带队巡查靳江河，并召开靳江河流域综合治理工作推进会。

是日　广东省佛山市禅城区住房城乡建设和水利局一行18人到岳麓区银盆岭街道银星社区绿地时代广场小区，调研考察物业管理工作。

31日　岳麓山国家大学科技城建设领导小组召开会议，研究科技城项目建设工作。区领导周志凯、周凡、刘亮、蔡锋、吴江、罗予武、张铁炎、杨利成、屈志峰、李舜、张永久、王剑等出席会议。

9月

2日　长沙市委副书记朱健一行到岳麓区调研湖南师范大学附属滨江学校开学工作。

是日　岳麓区召开防汛抗旱工作总结会。

3日　岳麓区召开区农业农村工作会议。

4日　岳麓区召开教育工作会议，区教育局局长李鸿汇报全区教育工作情况，湖南师大附中博才实验中学校长许小平等10位教师代表发言，区委书记周志凯出席会议。

5日　岳麓区政协主席会议成员视察区社会福利中心建设工作。区政府副区长刘雄辉、副调研员宋德雄陪同视察。

是日　岳麓区召开后湖艺术家座谈会，区领导周志凯、周凡、刘亮、吴江、杨利成等出席会议。

是日　全国水产技术推广总站组织相关单位和专家到岳麓区调研水产养殖规范用药等相关情况，湖南省畜牧水产技术推广站及长沙市农业农村局、长沙市水产科技推广站等单位负责人陪同调研。

6日　岳麓区召开打击传销工作推进会。长沙市市场监督管理局副局长陈明南出席会议。区相关部门和单位负责人参加会议。

是日　在岳麓高新区，举办“2019年全国检验检测机构开放日”活动启动仪式，国家市场监督管理总局认可与检验检测监督管理司司长许新建、湖南省市场监督管理局局长向曙光、长沙市常务副市长夏建平等出席活动，岳麓区委书记周志凯参加活动。

是日　岳麓区召开巡视整改工作动员会。

7日　区委书记周志凯率队调研城市管理品质工作。

9日　岳麓区委、区政府召开庆祝第35个教师节暨教育工作会议。

是日　区委、人大、政府、政协四大家领导到新民学会开展革命传统教育活动。

是日　岳麓区召开大科城科创产业招商工作调度会议。

10日　岳麓区人大常委会组织科创经济调研座谈会，认真听取全区众创空间孵化器等创新平台负责人和区直相关部门、街道负责人建议意见。

是日　浏阳市审计局一行13人到岳麓区考察学习自然资源资产离任（任中）审计和领导干部经济责任审计工作经验。

11日　岳麓区人大常委会主任胡杰夫率常委会成员到辖内湖泊、河流、排口、泵站，就全区《中华人民共和国水污染防治法》及其相关法律贯彻执行、主体责任落实、监督管理体制机制落实等情况进行专项视察。

12日　区人民政府副区长、区河长办主任、靳江河岳麓段区级河长刘雄辉巡查靳江河，组织召开岳麓区靳江河流域综合治理调度会。

16日　区政府召开区长专题会议，研究违建别墅清查整治工作、雨敞坪镇信访相关问题。

16—22日　第六届国家网络安全宣传周。岳麓区委网络信息办公室多措并举开展网络安全宣传周活动。

17日　岳麓区人大常委会召集驻区相关高校校长、人大代表、专家学者及科研院所负责人，在中南大学科技园（研发）总部召开做强科创经济工作调研座谈会，为发展全区科创经济建言献策。

是日　岳麓区政协召开主席会议，就2019年重点提案办理工作进行协商。区领导袁精华、潘旺明、曾高杰、刘平出席会议。

18日　岳麓区文化产业专题培训班开班，150家文创企业负责人参加培训，北京大学文化产业研究专家陈少峰教授、湖南大学互联网经济研究专家刘征驰教授授课。

是日　区委举办常委班子“不忘初心、牢记使命”主题教育读书班，区委书记周志凯作辅导报告。

22日　岳麓区举办后湖国际艺术园·首届大学生音乐节。中南大学、湖南大学、湖南师范大学多组校园乐队及独立音乐人为观众们奉上一场精彩的视听盛宴。

23日　区人大常委会主任胡杰夫率区人大常委会主任会议成员、相关委室负责人、部分街道负责人到衡阳市衡南县考察学习。衡南县委书记胡果雄、衡南县人大常委会主任邱清燕等陪同考察。

24日　湖南省文化旅游厅副

厅长张帆率队到岳麓区检查麓山景区安全生产工作。

是日　区委书记周志凯率队调研洋湖街道经济社会发展情况。

是日　岳麓区政法委组织召开扫黑除恶迎接中央督导回头看暨“整治充当黄赌毒和黑恶势力保护伞方面突出问题”专项整治调度会，对扫黑除恶迎接回头看和主题教育专项整治工作进行再部署。

25日　国家税务总局主题教育第七巡回指导组组长蒋焕民一行，到岳麓区税务局实地指导调研第二批“不忘初心、牢记使命”主题教育工作，并召开座谈会听取基层税务干部意见建议。

是日　区人大常委会主任胡杰夫率队到梅溪湖街道阳明山庄社区就软弱涣散村（社区）党组织进行走访排查，梅溪湖街道工委书记罗勇刚陪同。

26日　岳麓区召开国庆期间农业农村工作调度会议。区直相关部门、相关街道（镇）农业、治厕、治垃圾分管负责人及相关工作人员参加会议。

是日　区委书记周志凯率队到观沙岭街道调研“不忘初心、牢记使命”主题教育工作，督查街道安全生产工作情况。

是日　区人大常委会主任胡杰夫率队访问农户，查看水库、污水处理厂，就全区农村饮水安全及水污染防治工作进行视察。王剑鸣、江南、刘雄辉、肖志贤、宁伟豪等区领导参加视察。

是日　区人大常委会副主任曾跃平、委员张智余及区委相关部门负责人到川塘社区，就基层党组织整改和党员主题教育学习情况提出指导意见，天顶街道党工委书记王军、党工委委员伏灿参加。

27日　岳麓区召开物业小区垃圾分类百日劳动竞赛动员暨行业培训会议。

是日　区长周凡带队检查全区安全生产工作。

28日　岳麓区退役军人事务局向桔子洲街道师大社区老军人代表颁发“庆祝中华人民共和国成立70周年纪念章”，并送去慰问金和节日祝福。

30日　岳麓区召开庆祝人民政协成立70周年暨区委政协工作会议。

是日　湖南省市场监督管理局副局长丁珍良率省市场监督管理局扫黑除恶督导组到岳麓区督导扫黑除恶工作。长沙市市场监督管理局党组副书记、副局长潘虹，副局长肖志杰等陪同督导。岳麓区副区长王海潮，区市场监督管理局党组书记李季，局长晏应龙，学士街道、学士市场监督管理所、含浦街道派出所、学安社区相关人员参与督导。

10月

1日　区委、人大、政府、政协、纪委领导集中观看庆祝中华人民共和国成立70周年大会、阅兵和群众游行。

8日　岳麓区区直机关举行升国旗仪式。

是日　区长周凡率队调研“不忘初心、牢记使命”主题教育营商环境。

9日　区人大常委会主任胡杰夫率队到雨敞坪镇，同雨敞坪镇、学士街道、含浦街道、莲花镇人大工作负责人，座谈街道人大工作和建设情况。

是日　区长周凡主持召开区政协重点提案办理协商会，区政府副区长王海潮，区政协副主席刘平参加。

是日　副区长王海潮一行调研岳麓区教育工作情况，听取区教育局局长李鸿的工作汇报。

10日　区政府召开区长专题会，研究大科城核心区PPP项目、桐梓坡地块项目招商等相关工作。

11日　岳麓区委召开政协工作会议。区委书记周志凯参加会议并讲话，区长周凡主持会议。区领导刘亮、胡杰夫、袁精华、李雪龙、彭利芝、吴芝、罗予武、张铁炎、杨利成、潘旺明出席会议，赵翔远、李平坤、胡利群受邀出席会议。

是日　区委常委、政法委书记张铁炎率队到梅溪湖街道网格化服务中心召开“不忘初心、牢记使命”调研会。

12日　岳麓区召开全区城乡居民“两险”工作推进会。岳麓区税务局社保科全体干部、各乡镇街道“两保站”站长、专干及村、社区“两险”经办人员共230余人参加会议。

15日　岳麓区召开垃圾分类全覆盖工作调度会。

是日　区政府召开“产业发展年”“营商环境年”活动推进会。

16日　由湖南省委网信办、湖南日报社共同主办的“峥嵘七十载·湖湘万人舞”——庆祝中华人民共和国成立70周年大型网络文化展演在橘子洲景区启动。

17日　岳麓区召开2019年度城市体检工作动员大会。区直相关部门党组书记、15个街道及10个试点社区负责人参加会议。

是日　区人大常委会主任胡

杰夫率队视察全区学前教育工作。区领导王剑鸣、林俐俐、曾跃平、王海潮、肖志贤、宁伟豪等参加视察。

是日　岳麓区举行岳麓山国家大学科技城科创产业项目集中签约仪式。

是日　岳麓区政协主席袁精华率区政协主席会议成员视察区智能化交通管理工作。副区长、区公安分局局长谭应林陪同，区领导曾高杰、刘平、彭首志参加视察。

18日　区委理论学习中心组（扩大）学习，全体区委常委参加学习。

是日　湖南航天管理局书记唐应伟一行到岳麓区考察。

20—23日　长沙市第三届“同心杯”篮球赛在长沙市麓山滨江实验学校举行。

21日　区委召开“不忘初心、牢记使命”主题教育第二次学习研讨交流暨对照党章党规找差距专题会议，传达贯彻湖南省委书记杜家毫调研大科城指示精神。

22日　区委召开2019年三季度经济形势分析会。

是日　山东省平阴县检察院党组书记、检察长刘爱国，副检察长张云峰一行5人，到岳麓区检察院学习交流民事行政检察、服务民营经济发展等工作。

23日　湖南省政协十一届副主席袁新华率队到岳麓区调研督导、宣讲中央政协工作会议精神，听取岳麓区政协对省政协《关于新时代加强和改进人民政协工作的实施意见（建议稿）》的意见建议，了解岳麓区政协“政协云”应用、协商活动开展、领导班子建设等情况。岳麓区政协主席袁精华，副区长李舜，区政协副主席曾高杰、刘平、卜茂荣、彭首志，秘书长杨国春等参加调研会议。

是日　岳麓区委常委、区纪委书记、监委主任李雪龙带队到梅溪湖街道调研纪检监察工作，了解街道纪检监察干部配备和专职专责情况，听取街道负责人关于党工委、纪工委履职情况汇报，查询“两个责任”落实情况等相关资料。

24日　最高人民法院立案庭庭长、诉讼服务中心主任钱晓晨一行调研督导岳麓区法院“一站式多元解纷机制、一站式诉讼服务中心”建设工作。

是日　第三届岳麓区人大“健康杯”气排球、迷你马拉松比赛在岳麓区西湖文化园举行，区人大常委会主任胡杰夫宣布比赛开幕，区领导王剑鸣、林俐俐、曾跃平、江南、张淳、肖志坚、宁伟豪出席开幕式。

25日　岳麓区举行湘江智谷·人工智能科技城项目集中签约暨开工动员仪式，湖南省委常委、市委书记胡衡华出席活动并宣布开工。区领导周志凯、周凡、杨利成、屈志峰等参加活动。

是日　湖南省委常委、统战部部长黄兰香率队调研岳麓区后湖科创文创产业园建设，走访民主党派成员和无党派人士开办企业和平台，对统一战线参与和服务大科城建设给予肯定。

是日　岳麓区召开棚改、城市有机更新工作调度会，区相关责任部门和责任街道以及四个项目指挥部主要负责人参加会议。

26日　在上海举行的十三届全国菊花展览会上，麓山景区代表队获得2金4银1铜。

27日　2019长沙国际马拉松开赛。有2.4万余名选手参加全马、半马、欢乐跑3个项目比赛。岳麓区完成辖区内11千米线路及31个主要路口安保工作。

30日　岳麓区人大常委会召开评议学前教育及中小微企业服务工作会议，对全区学前教育及中小微企业服务工作进行现场评议，并对区教育局、区工业和信息化局局长履职情况进行测评。区领导周志凯、胡杰夫、王剑鸣、林俐俐、曾跃平、江南、张淳出席会议，领导李舜、王海潮等列席会议。

是日　区政协主席袁精华率队视察全区重大产业项目建设工作。区领导蔡锋、李建军、曾高杰、喻英姿、刘平、卜茂荣、杨国春，部分政协委员及区发改局、相关街道、湘新投公司等单位主要负责人参加视察。

是日　中国残联组联部二级巡视员朱春林、湖南省残联组织人事部二级调研员黄征兵、长沙市残联副理事长左锡涛、长沙市残联组宣部部长李梅到岳麓区调研基层残疾人组织建设情况和协会工作。区残联理事长毛远志陪同。

是日　区政法委组织召开岳麓区平安建设领导小组全会，总结全年平安建设及扫黑除恶等工作。

31日　岳麓区市场监管局与深圳市通量检测科技有限公司举行食品快检外包服务签约仪式，岳麓区食用农产品快检室建设和快检外包服务项目正式启动。

是日　湖南省税务系统全国道德模范——90岁高龄肖光盛到岳麓区税务局参加先进事迹宣讲报告会，分享30年慈善之路的心得体会。

是日　岳麓区委常委、区纪

委书记、监委主任李雪龙率队到岳麓区对口帮扶的浏阳田溪村工作进行调研，实地考察产业脱贫基地、走访贫困群众、电话抽查询问帮扶干部入户情况、召开座谈会。

11月

1—6日　岳麓区住房服务中心围绕“预防火灾隐患，构建平安小区”这一主题，分别在全区麓谷锦和、谷山乐园等9个公租房小区开展消防安全宣传培训演练活动。

3日　第二届全国肢残人轮椅马拉松健身赛在橘子洲景区举行。

4日　岳麓区组织收看全省党员领导干部专题警示教育大会视频会议。

5日　湖南省财政厅、湖南师范大学组队到岳麓区调研王家湾项目。

6日　吉林省人大常委会副主任彭永林一行到岳麓区法院考察调研涉家庭暴力案件审理及维护妇女权益情况。湖南省妇联权益部部长李凯辉，长沙市妇联副主席石莉波，岳麓区法院党组副书记、副院长胡忠等参与调研。

是日　区委书记周志凯率队到莲花镇、雨敞坪镇，实地调研农村人居环境整治和新型村级集体经济发展推进情况。区领导刘雄辉、戴德泉及相关区直部门主要负责人参加。

是日　区长周凡率队开展“不忘初心、牢记使命”主题教育城市特殊困难群体走访帮扶。

是日　区政协主席袁精华率主席会议成员对全区民办教育发展工作开展专题视察，区领导王海潮、曾高杰、喻英姿、刘平、卜茂荣、杨国春，部分政协委员参加视察。

是日　区政协副主席喻英姿、秘书长杨国春一行到咸嘉湖街道政协联络组走访调研，针对街道2019年工作开展情况、2020年工作计划，听取街道及政协委员在工作中遇到的困难和问题。

7日　科技部成果转化与区域创新司副司长陈宏生一行到岳麓山国家大学科技城考察调研。

10日　特步·2019长沙橘子洲“辣么美”女子跑在橘子洲景区开赛，来自全国各地近2000名选手参赛。

11日　岳麓区召开航天枫林农贸市场关停清退工作调度会议。

是日　岳麓区举办2019“璀璨新岳麓　最美夜长沙”首届夜经济消费节活动。

12日　长沙市人大代表、党代表，桔子洲人大代表、政协委员一行40余人专题调研长沙文化产业发展情况，实地调研桔子洲景区，谋划桔子洲文化产业。

是日　岳麓区召开打击传销工作调度会议。会议由区政府副区长、公安局局长谭应林主持，区委政法委、区公安分局、区市场监管局、17个街道（镇）相关负责人参加会议。

是日　区纪委书记李雪龙一行到银盆岭街道银星社区调研文明创建工作和绿地中央广场楼宇工作。

14日　岳麓区召开长沙市“不忘初心、牢记使命”主题教育先进典型巡回报告会岳麓专场。

是日　长沙市邵阳商会考察岳麓区湖南晚安家访企业。

15日　区委书记周志凯率队到浏阳市考察农村人居环境整治工作。

16日　长沙市司法局与岳麓区司法局在岳麓区咸嘉花园广场开展“12·4”宪法宣传快闪活动。

17日　岳麓区委召开全区统一战线工作会议，区委书记周志凯做专题报告。

19日　副区长刘雄辉率队到含浦街道调研乡村振兴战略实施情况。全区涉农街镇负责人、示范创建村支部书记参加调研。

20日　湖南省禁毒委员会在桔子洲街道石门楼社区麓山宾馆组织开展“我是答题王”禁毒知识竞赛活动。

是日　岳麓区召开第四次妇女代表大会第一次会议。

是日　岳麓区举行2019年度“12·4”国家宪法宣传日宣传活动。

21日　岳麓区人大常委会视察组对岳麓区贯彻落实《中华人民共和国消防法》情况和消防体制改革情况进行专项视察。林俐俐、曾跃平、肖志贤、宁伟豪、张国安等参加视察活动。

22日　岳麓区举行“不忘初心、牢记使命”主题教育暨首届“岳麓楷模”先进典型事迹展演，聆听楷模故事，学习身边典型，践行初心使命。

是日　长沙市委副书记、市长胡忠雄到岳麓区走访湖南中医药大学。

是日　国家市场监督管理总局价格监督检查和反不正当竞争局副局长陈志江、处长职向阳一行到岳麓区学士街道，督查打击传销工作，并召开打击传销工作调研会。湖南省市场监督局副局长丁珍良、省市场监管局反垄断局局长韦翔、长沙市人民政府副市长谭勇、长沙市市场监管局党组书记陈旭等相关单位负责人参加。

26 日　岳麓区人大常委会主任会议成员视察湘江西岸灯光和建筑物天际线规划工作。

27 日　区长周凡率队调研丰泰花园小区公共文化广场建设。

是日　山东诸城市公安局副局长王昌黎一行到岳麓区考察交流公安工作。

28 日　内蒙古包头市委政法委副书记杨永强一行 7 人到咸嘉湖街道考察学习“雪亮工程”建设工作。长沙市委政法委副书记闵文，岳麓区委常委、政法委书记张铁炎等参加考察。

12月

1 日　2019 年“全民健身挑战日 健康湖南动起来”总决赛在岳麓区橘子洲景区举行，数千名跑者参赛。

2 日　岳麓区举办 2019 首届“湘智论坛”启动仪式暨中德人工智能学术交流会。

是日　欧洲科学院院士汉斯教授一行到岳麓区参观交流。

3 日　岳麓区召开全区农村人居环境整治、“四冬”工作和道路交通秩序整治会议。

是日　湖南省科学技术厅直属机关党委副书记邵波一行到结对共建单位岳麓区梅溪湖街道社区，捐赠 1000 余本爱心图书给社区阅读室。

4 日　副区长张永久一行到梅溪湖街道金茂梅溪湖小区，实地调研生活垃圾分类工作。

5 日　岳麓区食品安全委员会召开全体会议。区食品安全委员会成员单位相关负责人、各街道（镇）分管食品安全食安办主任和区市场监管局班子成员、各市场监管所所长参加会议。

是日　贵州省贵阳市云岩区信访局考察团 100 余人到岳麓区梅溪湖街道智慧中心，学习交流共建共治共享的社会治理格局等工作。岳麓区信访局副局长鲁爱华、岳麓区网格化服务中心副主任李益红、梅溪湖街道工委副书记彭波陪同。

是日　区政府召开大科城北片区和龙王港流域岳麓区段水环境污染综合治理工作调度会。

是日　区政府召开政府系统绩效考核工作调度会议。

是日　区政府召开“营商环境再优化，大力推动高质量发展”全区民营企业家座谈会。

是日　岳麓区残联与长沙市上善助残服务中心举办“残健相融 携手同行”为主题的第 28 次国际残疾人日活动，区残联负责人、残疾人协会代表、各街（镇）残联、残疾人代表共 120 人参加活动。

7 日　湖南师大附中博才实验中学开展办学十周年成果展示活动。

11—13 日　岳麓区举办司法行政系统业务素质提升培训班，区司法局全体干职员工、省派干警、各街（镇）司法所长、区属律师事务所主任、法律服务所主任参加培训。

12 日　长沙市重大项目现场观摩会与会人员到岳麓区中建智慧谷项目现场观摩。岳麓区委书记周志凯、区长周凡参加观摩并现场讲解。

是日　区人大常委会主任胡杰夫率队开展农产品质量安全行暨新型村级集体经济发展视察工作。区领导林俐俐、曾跃平、江南、刘雄辉、肖志贤、宁伟豪、宋德雄参加视察。

19 日　湖南省、长沙市人大代表岳麓联组集中视察岳麓工作。区领导周志凯、周凡、刘亮、胡杰夫、袁精华参加活动。

是日　中共长沙市岳麓区委审计委员会召开第二次会议，会议审定《岳麓区 2020 年审计项目计划》，审议通过《岳麓区 2018 年度区级财政预算执行和其他财政收支审计指出问题整改情况报告》和《岳麓区 2019 年度区管领导干部经济责任审计综合报告》。

是日　岳麓区工商联（商会）召开 2019 推进优化营商环境年暨执委大会。

20 日　区人大常委会主任胡杰夫率队开展“项目建设岳麓行”视察活动，了解全区重点项目进展情况。

24 日　共青团长沙市岳麓区召开第五次代表大会第一次会议。

26 日　2019 长沙红色半程马拉松赛在橘子洲景区举办，来自全国各地近 5000 名运动员参赛。

是日　岳麓区工会召开第五次代表大会。

是日　区人大常委会主任胡杰夫率队视察全区产业招商项目。

27 日　岳麓区召开住宅小区生活垃圾分类集中攻坚行动部署大会。全区 13 个街道物管办主任及垃圾分类办公室、136 个物业小区负责人参加会议。

30 日　岳麓区与湖南大学举行天马图书城签约仪式。湖南大学党委书记邓卫、校长段献忠、岳麓区委书记周志凯、区长周凡等参加仪式。

31 日　岳麓区委召开五届九次全体会议暨经济工作会议。

是日　区委书记周志凯率队调研全区财税工作。

区情概览

建置区划

【建置沿革】 岳麓区境域，春秋时期属楚地。秦始皇时期属长沙郡。自汉至民国初期属长沙、荆州、潭州等地域。民国23年（1934年）设区，民国26年（1937年）撤区设太平、黄兴两镇。民国33年（1944年）撤镇改区。1949年10月成立城西区人民区公所，1951年9月撤区公所设西区人民政府。1956年水上区并入西区。1975年原岳麓区并入西区。1996年撤西区设岳麓区。2008年原望城县坪塘镇、含浦镇、莲花镇、雨敞坪镇划归岳麓区。

【行政区划】 2019年，岳麓区辖岳麓、橘子洲、望月湖、银盆岭、观沙岭、西湖、望城坡、望岳、咸嘉湖、梅溪湖、天顶、坪塘、洋湖、学士、含浦15个街道办事处，莲花、雨敞坪2个镇，共17个乡级政区；有117个社区居民委员会、49个村民委员会（不含二三管区）。

自然地理

【区域位置】 岳麓区因境内国家AAAAA级旅游景区岳麓山而得名，位于长沙市湘江西滨，北纬27° 58′30″～28° 27′65″，东经112° 36′17″～112° 57′21″。东与长沙市开福区、天心区隔湘江相望，南与湘潭县九华乡、龟头镇相连，西与宁乡县道林镇、花明楼镇、夏铎镇相接，北与望城区白箬铺镇、黄金镇、星城镇毗邻。辖区东西最大直线距离35.3千米，南北最大直线距离33.5千米，总面积558平方千米，其中陆地480.9平方千米，占86.2%；水域77.1平方千米，占13.8%。区治位于金星北路一段517号。

【地形地貌】 境内大部分为岗地丘陵区，地势略为西高东低、南高北低，地面高程一般在海拔60～80米，最高点位于雨敞坪镇稽家山海拔474.9米，最低点位于洋湖街道洋湖垸海拔21.6米。

【自然资源】 境内已探明地下矿藏资源有灰岩、花岗岩、硅石、磷矿、矽沙、玻璃沙、石英岩、砂岩、黏土、铁矿、锰矿、煤矿，主要分布在含浦、学士、坪塘街道及莲花、雨敞坪镇。境内森林植被主要为常绿阔叶混交林、针叶林及毛竹林，主要树种为马尾松、杉木、湿地松、毛竹、樟树、栎类等；经济林主要有油茶、柑橘、梨、核桃、板栗、桃等；药用植物有杜仲、厚朴、黄檗等。

【水文气候】 境内有四条主要河流：湘江、靳江、龙王港、八曲河。湘江是湖南省最大河流，为长沙主要支流之一。发源于广西兴安县南部白石乡境内海洋山脉的近峰岭，干流全长856千米，流域面积9.47万平方千米，流经岳麓区境内34.2千米。靳江为湘江下游一级支流，发源于宁乡县白鹤山寨子冲，于岳麓区柏家洲注入湘江。干流全长85千米，平均坡降0.55‰，全流域面积781平方千米，流经岳麓区全境内长26.5千米，流域面积320平方千米。龙王港为湘江下游一级支流，发源于望城区南角岭，流经岳麓区溁银桥汇入湘江。全流域面积17.3平方千米，河长31.0千米，主河道坡降0.84‰，岳麓区境内长11千米，流域面积75平方千米。八曲河是一条防洪排涝的骨干河道，属湘江二级支流，发源于岳麓区雨敞坪镇甑皮岭，于望城县高塘岭胜利村与沩水河汇合后流入湘江，流域总面积331平方千米，干流全长53千米，岳麓区境内长12.7千米。岳麓区属亚热带季风性湿润气候，特点是：气候温和，四季分明，热量充足，雨热同期。2019年年平均气温18.4℃，年内最高气温39.9℃（8月18日），最低气温-1.5℃（1月1日），年降水量1368.8毫米。较历年偏少106.9毫米。年平均日照时数1458.3小时，较历年平均偏少125.1小时。

人口民族

【人口】2019年年末，全区常住总人口95.8万人，比上年增加6.5万人，其中城镇常住人口85.30万人，占总人口比重（常住人口城镇化率）为89.0%。年末公安户籍总人口80.37万人，比上年增加20535人，户籍人口城镇化率为84.4%。按性别分，男性39.26万人，女性41.11万人；按年龄结构分0~17岁18.95万人，18~34岁18.65万人，35~59岁30.44万人，60岁及以上12.34万人。全年人口出生率为16.5‰，死亡率为5.8‰，自然增长率为10.7‰。

【民族】岳麓区境内人口以汉族为主，占总人口的96.7%；土家族8842人，占1.1%；苗族5630人，占0.7%；侗族、蒙古族、回族、布依族、黎族、壮族、仡佬族、白族、瑶族等46个少数民族12057人，占1.5%。

国民经济和社会发展

【概况】2019年，初步核算，全地区生产总值1288.2亿元。其中第一产业增加值10.4亿元，同比下降5.4%；第二产业增加值337.9亿元，同比增长8.6%；第三产业增加值939.9亿元，同比增长9.1%。第一、二、三产业增加值占地区生产总值的比重分别为0.8%、26.2%、73%。分别拉动地区生产总值0、3.0、5.8个百分点，三次产业对地区生产总值的贡献率分别为—0.5%、34.8%、65.7%。按常住人口计算，人均地区生产总值13.9万元。全年地方一般公共预算收入39.3亿元，其中税收收入31亿元，非税收入8.3亿元。一般公共预算支出65.3亿元，区本级一般公共预算支出55.3亿元。

完成省市年度重点民生实事24项,在促进就业、扶贫解困、教育助学、社会保障、医疗卫生、百姓安居、道路畅通、环境治理等领域效果显著。

【农业】全年完成农林牧渔业总产值15.76亿元。其中农业产值12.4亿元，林业产值5620万元，畜牧业产值1.1亿元，渔业产值9052万元，农林牧渔服务业产值7295万元。全年粮食总产量63236吨，出栏肉猪1831吨，肉禽出笼36.30万羽，水产品产量5631吨。

【工业和建筑业】全年全部工业增加值同比增长11.5%，其中规模以上工业实现增加值同比增长11.5%。全区建筑业增加值125.6亿元。全年具有资质等级的总承包建筑企业共90家，完成建筑业总产值559.9亿元；房屋建筑施工面积3872万平方米，房屋建筑竣工面积855万平方米。

【固定资产投资】全年固定资产投资同比增长11.3%。其中民间投资同比增长38.2%。计划总投资超过5000万元非房地产项目完成投资同比下降8.4%。第三产业投资同比增长16.9%。按投资领域分，工业投资同比增长25.6%，基础设施建设投资同比下降19.0%，高新技术产业投资同比下降13.1%。全年房地产开发投资438.1亿元；商品房销售面积483.25万平方米，其中住宅销售面积为396.24万平方米，商品房销售额573.2亿元，其中住宅销售额为457.1亿元。

【国内贸易】全年社会消费品零售总额441.13亿元。限额以上单位消费品零售额253.8亿元。其中，批发业实现零售额37.6亿元，零售业实现零售额359.9亿元，住宿业实现零售额5.43亿元，餐饮业实现零售额38.2亿元。

【对外经济和旅游】全年进出口总额（海关口径）29.6亿元（折合4.24亿美元），同比增长70.6%，其中出口总额18.8亿元，同比增长98.2%；进口总额10.8亿元，同比增长23.7%。全年共实施内联引资项目30个，新审批外资项目43个，协助办理外资项目9个。全年实际到位省外境内资金99.2亿元，实际利用外资5.2亿美元，完成外商直接投资1.0亿美元。全年接待国内外旅游者2558.17万人次，旅游总收入305.01亿元。接待国内旅游者2539.37万人次，国内旅游收入299.35亿元；接待入境旅游者18.80万人次，入境旅游收入8548.22万美元。

【教育和科学技术】全区共有区属中学17所，在校学生21260人；小学75所，在校学生77101人；幼儿园193所，其中公办园54所，局属公办园49所，在园幼儿43047人。小学适龄儿童入学率100%，小学升初中入学率100%。全区共投入学生免费入学和资助经费2147.86万元，所有义务教育阶段103456人次学生全部享受免杂费入学，执行公办教育收费标准的96519人次学生全部享受“一费制”（含课本费、教辅资料费和作业本费）全免入学。全年共接收外来务工人员子女18311名，占全区中小学生人数的18%，全部享受免杂费、免“一费制”入学，全年补助956人次义务教育阶段贫困寄宿学生生活费。全年新建和启动新建学校8所（其中楼盘配套学校2所），扩建学校及幼儿园14所（完成建设7所），提质建设维修改造60余所中小学运动场及校园。

全区共有科学研究开发机构（含省部级）201个，认定高新技术企业59家，全年专利申请总量14691件，授权专利数达7391件，其中授权发明专利2665件，签订技术合同1115项，成交金额17.1亿元，同比增长66.7%。全年高新技术企业实现增加值464亿元，占地区生产总值的比重为36%。

【文化、体育和卫生】 全区拥有群众业余文艺团体243个，区级文化馆1个，公共图书馆21个（含20个社区、村图书分馆），街道、镇文体站17个。农村有线电视用户13338户。共有晨晚练点106处，全年开展全民健身项目60余次。公共文化服务不断完善，146个社区（村）公共文化服务中心、93个示范性文体活动中心。全区共有各类医疗卫生机构804个，新增73个，其中一级及以上医院53个，疾病预防控制机构1个。卫生技术人员14614人，床位9512张，新增198张。全年出生婴儿男女性别比为109.4：100，计划生育免费技术服务到位率100%。

【环境保护和安全生产】 全年空气质量优良率75.1%。湘江饮用水源保护区水质稳定达标，6个地表水监测断面地表水达标率100%。区域环境噪声平均为54.4分贝，稳定达标。全区建成区绿地面积达3907公顷，全年新增156公顷，其中公园绿地1788公顷，全年新增41公顷。全区绿化覆盖率49.5%。全年共发生安全事故6起，各类安全生产事故死亡6人，其中工矿商贸事故死亡2人、经营性道路交通事故死亡4人。

【交通】 全区农村公路里程1543千米，已硬化里程1226.5千米，其中省道15.4千米，已硬化15.4千米；县道158.5千米，已硬化158.5千米；乡道114.9千米，已硬化114.9千米；村道1254.2千米，已硬化937.7千米。共有农村公路桥梁184座，长度2803.0延米，其中大中桥40座，长度为1360.4延米；小桥144座，长度1442.6延米。全区拥有客运站1个，其中一级客运站1个，共有民渡2个。

【人民生活和社会保障】 全区城镇居民人均可支配收入58948元，同比增长9.0%，其中工资性收入35900元，经营净收入8319元，财产净收入5303元，转移净收入9426元。城镇居民人均消费支出46854元，其中食品烟酒消费11778元，衣着消费2731元，居住消费8832元，生活用品及服务消费3356元，医疗保健消费4697元，交通通信消费6111元，教育文化娱乐服务消费8463元，其他用品和服务消费886元。城镇住户平均每百户家庭拥有家用汽车64.3辆，计算机94.3台，其中接入互联网的计算机84.3台，城镇居民人均自有现住房面积41.8平方米。

全区共有公办敬老院3家，有床位482张，入住老人210人。拥有各类社区服务设施527个，街道社区服务中心15个，社区公共服务中心117个。全年发放城乡居民最低生活保障金2870.4万元，居民得到政府最低生活保障77435人次，其中城市居民最低生活保障30639人次，农村居民最低生活保障46796人次。城市和农村低保对象月人均发放保障金分别达457.6元和313.8元。全年城镇登记失业率为2.99%；全年新增城镇就业人员8372人，失业人员再就业5492人，就业困难人员就业2993人，农村劳动力转移就业500人；城镇零就业家庭实现动态就业援助100%。全区参加企业职工基本养老保险人数达17.59万人，基本养老金社会化发放率100%；参加城乡居民养老保险人数11.3万人。参加区本级城镇职工基本医疗保险人数10.03万人，参加区本级城乡居民医疗保险人数29.5万人，基本医疗保险覆盖率97.2%。

中国共产党长沙市岳麓区委员会

综　述

【概况】2019年，岳麓区委紧紧围绕中央和省、市决策部署，认真贯彻落实市委重要会议要求及长沙市委书记胡衡华关于岳麓工作的系列指示精神，紧扣全面建设现代化长沙的宏伟目标，保持战略定力，站位全局思考，加快推进“四个三”高质量发展步伐，围绕产业发展、大科城建设、城乡品质和党的建设，攻坚克难、奋发进取，切实把重要决策落实好、重点工作推进好，较好完成各项目标任务，各项工作稳步发展。全年全区地区生产总值1288.2亿元，同比增长8.8%；实现规模以上工业增加值增长11.5%，固定资产投资增长11.3%，社会消费品零售总额增长10.2%，区域经济综合实力连续8年位列全国百强区。岳麓区委下辖24个区属党（工）委（党组），党支部948个。

【牵头服务】2019年，区委办公室坚持以开展“三表率一模范”活动为抓手，着力提升“三服务”水平。牵头服务省委巡视工作，主动配合做好会议筹备、调阅资料、组织座谈、下沉调研、深入了解等工作，为巡视组在岳麓开展工作提供便利条件、创造良好环境，得到省委巡视组高度评价。牵头落实省委巡视反馈问题整改，建立健全统筹调度、信息报送、协调联络、督促检查等机制，实行台账管理、动态销号，48个具体问题均整改到位或基本整改到位，110件信访交办件均已办结，得到省委巡视办和省纪委省监委肯定，整改成效获湖南卫视、湖南经视等8家主流媒体集中报道。牵头开展形式主义、官僚主义专项整治，落实“基层减负年”要求，规范办文办会，清理各类证明，整治“指尖上的形式主义”，发文同比下降20%、“督检考”事项同比精简73%，“一票否决”“责任状”得到有效清理，基层干部群众纷纷点赞。牵头项目观摩推进工作，对市重大项目观摩项目——岳麓智慧谷建设，集中挂图作战、专人蹲点督办，倒排时间节点、严格工作标准，确保项目观摩顺利开展。牵头推进蓝天保卫战，围绕“六控十严禁”，固化调度机制，细化工作举措，年度综合排名内五区第一。

【参谋辅政】2019年，区委办公室坚持找准上级精神与岳麓实际的结合点，全年高质量撰写、审核和把关各类文稿300余篇，在中央及省市主流媒体刊发文章37篇，其中《大科城华丽蝶变》一文，作为全省“不忘初心、牢记使命”攻坚克难典型案例被宣传推介。坚持求真求实，主动对接区委关注的重点问题、重点工作，围绕大科城建设、机关党建、教育工作、基层社会治理等重点，深入一线发现问题、解剖“麻雀”，形成了一批有力度、有分量的调研成果。信息上报质量系数稳居全省全市前列，一批好信息被采用，其中省办单篇采用5条、市办单篇采用58条，获评全省全市党委信息工作先进单位。

【督查督导】2019年，区委办公室坚持将区委常委会议、区委议事协调会议、区委书记专题会议决策部署工作实行台账式管理、滚动式跟进、销号制办结，定期梳理任务完成情况。区委三大会议研究部署工作共分解立项督办287项，已完成或阶段工作完成284项，完成率高达99%。突出区委领导关注重点事项的跟踪办理，加大对中央、省、市领导关于大科城建设、重大项目建设等批示事项的督查力度。尤其是将省委书记杜家毫2019年4月、10月和市委书记胡衡华调研大科城指示精神的督办落实作为重中之重，确保不折不扣完成。全年开展专项查办43次，对166件书记批示件落实情况进行跟踪督促、落实梳理，完成督查汇报12期。

【规范管理】2019年，区委办公室严控会议数量、规模和时间，对有条件合并的会议一律合并套开，扎实做好区委经济工作会议、产业发展暨项目建设动员大会等重要会议会务服务，做到精细化、无差错。严格执行清单管理制度，对中央及省委、市委来文、来电和各类请示报告件办理，坚持即来即办、急件快办、特事特办，确保政令畅通。抓好法规工作，全年向市委报备区级党内规范性文件14个，报备率、及时率均为100%。坚持党管保密、依法治密，加强计算机管理、定密管理、涉密人员管理，机要工作更加规范化。着力提供岳麓特色的接待线路和餐饮服务，公务接待更加规范有序。

【统筹协调】2019年，区委办公室牢固树立“一盘棋”的思想，主动介入，大胆协调，积极参与大科城建设、扫黑除恶专项斗争等各项重点工作，完成重宾视察防汛工作、省市领导调研岳麓等活动15次，为区委高效运转提供坚强保障。聚焦区委产业发展、基层治理“两大主题”，有序推进49项改革任务，得到市委改革办认可。有序解决机关基层党组织撤并新建、转隶调整、换届选举及党员接管的问题，全面推进区直机关党组（党委）书记或主要负责人兼任机关党组织书记，推动机关政治生活大提质、党员教育全覆盖。重新理顺外事侨务和对台工作机制，打造莲花镇五峰中学、博才咸嘉小学、湘仪社区等一批教育基地。推动创新基层治理“五篇文章”落细落实，深化网格化服务，群众总体满意度达99%，月满意度10次长沙市五区第一、2次第二。充分挖掘区内红色党史资源，档案管理按时完成“一年一鉴”编纂出版。

重要会议

【区委五届七次全体（扩大）会议】1月3日，召开区委五届七次全体会议暨经济工作会议。会议的主要任务是，以习近平新时代中国特色社会主义思想为指导，深入贯彻中央十九大和十九届二中、三中全会精神，全面落实中央、省委、市委、湘江新区经济工作会议部署，总结2018年经济工作，分析当前经济形势，部署2019年经济工作。区委书记周志凯强调，2019年，要坚持系统精准抓落实，高质量完成经济工作的重点任务。充分依托大科城、园区、楼宇“三大平台”，不断强化高质量发展的产业支撑。继续发展“产业发展年”活动，更加突出大科城的创新引领作用，突出高新区的集聚带动作用，突出商务楼宇的支撑贡献作用，推动岳麓高技术服务业走在前列；同时突出打好“防范化解重大风险、脱贫攻坚、污染防治”三大攻坚战，坚守高质量发展的政治底线，深入开展非法金融活动风险专项整治，推动房地产业平稳健康发展；在脱贫攻坚上，确保脱贫全覆盖、高质量；在污染防治上，深入推进“蓝天保卫战”，重点解决重度污染和颗粒物、臭氧污染问题，持续改善水生态、涵养水文明。

【区委五届八次全体（扩大）会议】1月12日，召开区委五届八次全体会议，全会的主要任务是审议《岳麓区机构改革方案（送审稿）》。区委书记周志凯主持会议并发表讲话，区委副书记、区长周凡就《岳麓区机构改革方案（送审稿）》起草情况向全会作说明。区委书记周志凯强调，要提高政治站位，以坚定的担当推进机构改革；要精心组织实施，以务实作风抓好机构改革。要对标上级要求，以有力保障完成机构改革。

【区委五届九次全体（扩大）会议】12月29日，召开区委五届九次全体（扩大）会议，会议的主要任务是，高举习近平新时代中国特色社会主义思想伟大旗帜，深入学习贯彻中共十九大和十九届二中、三中、四中全会精神，全面落实中央和省委、市委经济工作会议精神，回顾总结2019年工作，分析当前经济形势，部署2020年工作任务，动员全区上下不忘初心、牢记使命，奋力开创“知识岳麓”“创新岳麓”高质量发展精彩篇章。区委书记周志凯强调，在砥砺前行中实现高质量发展良好局面；在准确研判形势中把握明年经济工作的总体要求；在聚焦关键领域中开创岳麓现代治理新格局。

【区委常委会议】2019年，区委共召开常委会议三十四次。

1月2日，区委召开第五届六十九次常委会议。传达学习习近平总书记在中央政治局第十次集体学习时的重要讲话精神，习近平总书记在中央经济工作会议上的重要讲话精神以及省、市经济工作会议精神；研究2019年全区经济社会发展主要预期目标，区委全会暨经济工作会议筹备工作，春节前后重要活动安排和当前重点工作。

1月12日，区委召开第五届七十次常委会议。传达学习省纪委关于严明纪律要求保证全省机构改革顺利进行的通知精神，研究全区机构改革工作。

1月24日，区委召开第五届七十一次常委会议。传达学习习近平总书记在中央政治局民主生活会上的重要讲话精神，《中共湖南省委关于树牢“四个意识”坚决做到“两个维护”进一步加强党的政治建设的意见》文件精神，《中共湖南省委关于大力提倡求真务实真抓实干集中整治形式主义官僚主义的意见》文件精神，中央办公厅、国务院办公厅下发的《防范和惩治统计造假、弄虚作假督察工作规定》和国家统计局下发的《关于深入学习贯彻执行〈防范和惩治统计造假、弄虚作假督察工作规定〉的通知》，十九届中央纪委三次全会、省十一届纪委四次全会、市十三届纪委四次全会精神，听取区纪委关于2018年度党风廉政建设和反腐败工作情况汇报，研究审议2019年度党风廉政建设和反腐败工作思路；听取区财政局关于2018年度全区干部职工福利待遇相关问题的情况汇报，区民政局关于2019年春节走访慰问工作情况汇报；传达学习习近平总书记关于巡视巡察工作的重要论述精神，听取区委巡察办关于《推进区委一届任期内村（社区）党组织巡察全覆盖的实施意见》的起草情况说明；邀请市委组织部干部监督处尹双红专题辅导《领导干部报告个人有关事项报告表》规范填写；研究部署重要工作安排。

1月30日，区委召开第五届七十二次常委会议。传达学习习近平总书记在省部级主要领导干部坚持底线思维着力防范化解重大风险专题研讨班开班式上的重要讲话精神，习近平总书记发表的2019年新年贺词精神，习近平总书记在《告台湾同胞书》发表40周年纪念会上的重要讲话精神；传达省信访联席办调度会议精神，听取2018年信访工作情况汇报，研究审议2019年信访工作思路；听取区环保局关于贯彻落实省第一环境保护督察组督察反馈意见整改方案的情况汇报，区工务局关于2019年度项目征拆计划编制情况和区发改局关于2019年度建设项目计划编制情况汇报。

2月11日，区委召开第五届七十三次常委会议。专题研究部署春节后全区重点工作。

2月14日，区委召开第五届七十四次常委会议。传达学习全市产业项目建设年暨营商环境优化年工作推进大会精神；研究审议《岳麓区2019年产业发展年实施方案》、《岳麓区关于进一步优化营商环境的实施方案》和《关于对区委五届七次全体会议暨经济工作会议主要任务进行责任分解的通知》。

2月26日上午，区委召开第五届七十五次常委会议。区委常委、区人大常委会主任、区政协主席专题调研岳麓高新区。

2月26日下午，区委召开第五届七十六次常委会议。研究审议《区人大常委会2019年工作要点》，《区政协2019年工作要点》《区政协2019年协商与监督工作计划》；传达学习习近平总书记在中央政法工作会议上的讲话精神，听取全区政法工作情况汇报，全国扫黑除恶专项斗争视频会议精神和全国扫黑办第五次主任会议精神，听取全区扫黑除恶工作情况汇报；传达学习习近平总书记关于统计工作的重要论述，研究全区统计工作；研究审议《2019年岳麓山国家大学科技城建设总体推进工作方案》和《关于进一步推进岳麓山国家大学科技城建设的二十条措施》。

3月5日，区委召开第五届七十七次常委会议。传达学习习近平总书记在中央党校（国家行政学院）中青年干部培训班开班式上的重要讲话精神，《中共中央关于加强党的政治建设的意见》文件精神，《中共中央办公厅关于印发〈中国共产党党内关怀帮扶办法〉的通知》文件精神，《中共湖南省委办公厅湖南省人民政府办公厅印发〈关于进一步健全信访工作长效机制推动解决群众信访问题的意见〉的通知》文件精神；研究全区基层社会治理创新工作，全区农村人居环境整治工作，全区大棚房治理工作。

3月20日，区委召开第五届七十八次常委会议。传达学习习近平总书记关于反对形式主义、官僚主义重要论述摘编精神和中共中央办公厅印发的《关于解决形式主义突出问题为基层减负的通知》文件精神，习近平总书记关于狠抓落实做好督查工作重要论述摘编精神和省、市关于做好

作全覆盖。严格村（社区）党组织书记区级备案管理，强化书记和后备干部业务培训。落实党内关怀帮扶“三必访”机制，新发展党员233名，深入开展违规发展党员问题排查，完成1.8万余名“党员家庭户”“党员经营户”挂牌，实施党员亮身份、带头参与小区治理、带头维护卫生环境、带头遵守小区公约、带头参与志愿服务活动“一亮四带头”工作举措，督促党员亮身份、作表率、强作用。

【区域化党建】 新增湖南工商大学、湖南财政经济学院、长沙市第四医院3家区级区域化党建联席会议成员单位，区、街道、社区三级党组织与175家成员单位双向认领并完成564个共建项目，培育法律服务、教育培训、医疗健康等六大特色项目。“名师名医”进社区、金融服务进企业、高校学子进基层挂职锻炼等项目深受欢迎。组织区域化成员单位开展“走进岳麓”、“美丽楼道”项目观摩等活动，共驻共建、共享共赢工作格局进一步深化。

【干部队伍建设】 坚持用新思想武装干部头脑，开展街镇党政正职政治建设考察，树好选人用人政治标尺，调整干部4批次，提拔重用科级干部75人次，面向村（社区）书记、街镇事业编工作人员、选调生等三类人员公开比选12人。完成机构改革党组织设置、班子配备、人员转隶、部门“三定”等工作。抓好省委巡视相关问题的整改，提高选人用人工作规范化水平。出台《关于进一步规范行政事业单位工作人员临时抽借管理的通知》，强化干部日常管理规范。

【离退休干部工作】 举办2期银发先锋大课堂，坚持每月集中3天组织离退休党员干部开展政治理论学习。推进离退休干部“五化”党支部建设，2个支部获评全市离退休干部先进党组织。全年累计看望慰问生病住院老干部85人次，重大节日前夕集中走访慰问困难老干部、老党员200余人次，80岁、90岁生日祝寿7人，参加去世老干部告别仪式7人。国庆前夕，为21位离休干部颁发“庆祝中华人民共和国成立70周年”纪念章。推荐7名“五老”讲师成为市级“五老”金牌讲师，19位“五老”讲师参加岳麓区“百人千场大宣讲”活动，开展宣讲500余场次，受众6万余人次。3个“五老”团队工作室创建为市级“五老”志愿者服务队。区老干部（老年）大学新开恒华、润龙2个分校，全年主校区和3个分校区共开班99个，招收学员近4000人次，3个分校被评为全市基层老年教育示范点。

【主题教育】 2019年，区委组建10个指导组，分县处级、科级和支部“三个层级”，制定“四个任务清单”，实施“一周一调度一提示一清单”工作机制。举办基层党组织书记主题教育专题培训班，开展主题宣讲400余场次，打造党员群众身边的“红色移动党课”，探索“学习大礼包”送学、老中青党员“结对”互学、外出党员“远程追踪”督学等方式，推动82个参学单位党员学习全覆盖。完成267个问题整改销号。

【打造“美丽楼道”】 2019年，岳麓区聚焦老百姓身边操心事、烦心事、揪心事，以整治老旧小区楼道脏乱差为“切入口”，在小区党支部引领下，以“微设计”“微改造”促进“微自治”，全区新打造242个“美丽楼道”，挖掘一批优秀楼道长和党员志愿服务者团队，探索形成“美丽资金”众筹、楼道“邻里汇”、小小楼道长等好经验好做法，做到“群众的事情组织群众多商量、大家的事情发动大家多参与”，促进邻里“一家亲”，提升基层党组织的号召力、凝聚力和战斗力，省委主题教育简报予以推介。

宣传

【概况】 2019年，全区宣传思想文化战线紧紧围绕学习宣传贯彻习近平新时代中国特色社会主义思想这个首要任务和庆祝中华人民共和国成立70周年这条工作主线，坚持守正创新，积极主动作为，为奋力建设“知识岳麓”“创新岳麓”提供有力思想保证和强大精神力量。

【理论武装】 规范理论学习。组织区委理论学习中心组学习15次，开展中心组学习专项检查，制定《关于加强和改进党委（党组）理论学习中心组学习的十条措施》，推动全区中心组学习进一步规范化。抓好“学习强国”平台推广使用工作，开展“学习之星”评选表彰，“学习强国”已经成为岳麓党员干部群众开展学习的好助手。创新理论宣讲。

创新开展“百人千场大宣讲”活动，组织百名宣讲员深入基层、深入群众宣传新思想，涵盖全区党员干部群众6.3万余人次，新思想在岳麓党员干部群众中更加深入人心。组织选手参加长沙市理论宣讲决赛获二等奖，推荐宣讲团成员获评长沙市“最美基层理论宣讲人”。加强理论研究。区委书记、区人民政府区长等领导带头深入基层、深入项目开展调查研究，聚焦产业发展、基层治理等中心工作察实情、出实招，累计发表理论调研文章20余篇。《打通基层宣讲“最后一公里”》在中宣部《思想政治工作研究》、“学习强国”平台向全国推介。

【机构建设】 区融媒体中心在全市率先挂牌成立，采编队伍充实壮大，采编设备全面升级，搭建技术平台，岳麓新闻网、指尖岳麓微信号新版上线，指尖岳麓微博、头条号、抖音号精细化运营，全网粉丝量首次突破25万，微信头条平均阅读量较上年增长5倍以上，实现量质齐升。岳麓声音“通天线”。聚焦项目建设、产业发展、网格服务、党建引领、蓝天保卫战等重点工作，全年在中央主流媒体发稿520篇、省市媒体发稿2500余条。其中，《创新机制、创造载体，长沙岳麓区：政府当上道德“引导员”》《后湖的美，你看得见——长沙市岳麓区以生态兴带动文明兴》等被《人民日报》《光明日报》专题报道，奏响发展强音。融媒传播“接地气”。打造音视频、手绘等具有全国影响力的10万+融媒体作品12个，100万+融媒体作品6个。其中，手绘H5《朱熹穿越地铁4号线，畅游大科城》阅读量52万，《岳麓十二时辰火了，她惊艳了所有人》全网阅读量100万+，“后湖音乐节”全网传播过千万，新媒体活力指数全市领先。“岳麓十二时辰”获“讲好中国故事”创意传播大赛湖南省二等奖，“指尖岳麓”获评长沙市十佳影响力政务微信号。

【意识形态建设】 铸牢工作基础。落实省委巡视整改要求，创新举措，夯实基础，出台文件9个，开展意识形态工作专题访谈22期，举办意识形态主题培训班7期，意识形态工作整改成效获得省委宣传部充分认可，为市对区意识形态工作考核打下良好基础。巩固阵地管理。定期开展意识形态领域形势分析研判，常态开展风险隐患排查整治，迅速处置风险隐患事件，开展打击非法宗教活动行动10次，依法打击邪教活动4起，检查文旅场所2400余家次，办理文旅市场案件34件，收缴非法出版物5000余册，行政约谈13家广告企业负责人，确保各类阵地可管可控。深化区校共建。建立完善互动交流、联席会议制度等工作机制，走访湖南大学、湖南师范大学等驻区高校，开展区校共建法治文化宣传创意作品展，承办第三届湖南省高校新媒体峰会，组织“岳麓山下十万学子”共学网络安全课主题宣传，从区、街道（镇）、社区（村）三级加强与驻区高校互动协作，区校共建基础不断夯实。

【文明创建】 道德建设走在前列。推荐许志礼获评全国道德模范提名奖，申如意、谢向前、李赞获评“中国好人”，入选“中国好人榜”的市民增至23人，全区获得市级及以上道德模范、好人共129人。推荐刘习明家庭、张传燧家庭获评省级文明家庭。推荐歌舞《儿时乐》在全国未成年人网络春晚获奖，见贤思齐蔚然成风。创建活动扎实有效。新时代文明实践中心试点建设顺利推进，雨敞坪镇等6个市区级新时代文明实践站（所）投入使用，成立三级新时代文明实践学雷锋志愿服务队共68个。主办承办“我们的节日”等活动200余场次，开展岳麓区文明创建百日提升行动，印制下发《长沙市文明行为促进条例》10万册，《长沙市民文明手册》21.8万册，城区文明风尚更加彰显，市民文明素养不断提升。品牌工作影响深远。通过“以文化人”、首届“岳麓楷模”评选两大举措做实“教育引导”社会治理文章。举办“湖南好人榜”发布仪式、开通长沙市首列“好人号”地铁专列，“岳麓山下，好人满城”的理念更加深入人心。持续拓展区校共建大学生道德高地学雷锋志愿服务内涵，形成新时代大学生思想政治教育“岳麓品牌”。

【文化事业发展】 公共文化增效。全力打造15分钟公共文化生活圈，建成市级标准化社区（村）综合文化服务中心、文化活动室、全民健身中心、智慧健身驿站16个，健身步道、全民健身工程点60余处，公共文化服务基础日趋完善。开展“我和我的祖国”主题宣传教育、庆祝新中国成立70周年文艺巡演、后湖大学生音乐节、《岳麓读本》进校园进小区等活动，“以文化人”

品牌得到彰显。文艺创作提质。长篇报告文学《深杉“候鸟”汪思龙》《先声》分别获评全省优秀社科读物、市精神文明建设“五个一工程奖”，增强岳麓文艺精品知名度。“翼之梦”艺术团舞蹈作品《呼唤》入选第十二届中国艺术节“群星奖”决赛；歌舞《分类效应》荣获“欢乐潇湘”文艺会演省一等奖，推动岳麓精品从“高原”向“高峰”迈进。政务服务便民。服务商业影院，实现全年总票房1.57亿元，位居全省区县第一。全年播放公益电影1700场次，评定星级农家书屋73家。完善“两证”（出版物零售许可证、印刷经营许可证）、“三平台”（互联网+政务系统事项平台、商事平台及一网通办平台）标准化、流程化服务，办理出版物零售证、印刷经营许可证163个，平台处理信息300余条，赢得业界普遍好评。

【培育产业品牌】 佳兴世尊酒店成功创建国家五星级酒店，洋湖湿地旅游区通过国家AAAAA级旅游景区省级初评。四海通达、指色网络、八戒科技公司入选全省首批互联网企业50强。网络电影《降龙觉醒》在腾讯全网播出、《我只喜欢你》被国家广电总局推介，网络文学出版产业链基本形成。举办麓山红枫节，城市品牌形象不断彰显。全年，全区接待游客3074万人次，完成旅游总收入305.1亿元，41家规上文化企业完成营业收入33.34亿元。加强产业引导。激发文旅消费潜力，华谊兄弟电影小镇、后湖科创文创产业园获评全市十大文旅消费示范区，渔人码头、梅溪湖国际文化艺术中心、303阳光剧场获评全市十大“夜间经济”示范项目。开展产业专题培训，邀请北京大学文产专家陈少峰教授授课，不断增强行业运管水平。争取上级扶持，10家企业获得省市文化产业专项资金，50个文旅产业项目得到帮扶。推动项目建设。协同推进后湖园区产业导入，引进一线智造、上海德必等78家企业和名家工作室，园区产业基础不断夯实。引导艺教培训产业化，梅溪湖南岸、银盆岭火炬城等街区社会教育产业初具规模。服务推动湘江欢乐城、华谊电影小镇等项目建设，产业实力不断增强。

【雷锋传人长沙榜样】 3月28日，长沙市首届“雷锋传人长沙榜样”先进事迹首场报告会暨岳麓区专场举行，5名先进事迹报告人讲述刘习明、朱豫刚、池凤英、彭友良、周美玲等雷锋传人的先进事迹，续写了雷锋日记，诠释新时代雷锋精神的时代价值，持续擦亮“雷锋家乡学雷锋”品牌。市委常委、宣传部部长高山出席，并为长沙市市直单位新时代文明实践学雷锋志愿服务队授旗。

【长沙市首列“好人号”地铁专列开启】 4月29日，长沙市首列“好人号”地铁专列在2号线梅溪湖西站地铁站正式开启并将持续一个月。走进“好人号”专列，车厢内及车门上张贴大幅印有“岳麓好人”工作照和感言的精美照片，乘客扫码就能看到“全国道德模范”廖月娥、“感动中国2017年度人物”谢海华、“全国时代楷模”段江华等人的故事。5月30日，2019年一季度湖南好人榜发布仪式在中南大学中南讲堂举行。全省各市州文明办领导、湖南省14个州市中国好人、湖南好人代表、岳麓区委中心组全体成员及各高校学生代表、中小学生代表、省市主流媒体代表等700余人出席活动。

网络安全和信息化工作

【概况】 3月20日，中共长沙市岳麓区委网络安全和信息化委员会办公室挂牌成立。是年，网信工作以习近平总书记关于建设网络强国的重要思想为指导，牢牢把握网信工作政治属性、底线思维，严格落实中央及省、市委网信工作部署，坚持一手抓单位组建、整章建制，一手抓业务工作、履职履责，全力守牢网络意识形态、网络安全两个责任制，切实做好网络正面宣传、网络生态治理、网络安全维护等工作，实现网信工作良好开局，网络安全生态良好，全办有行政编人员2人、事业编制3人。下设综合科、宣传与网络管理科和执法与网络安全科。

【网络宣传】 线上线下发动宣传。发挥网络辐射力，联合驻区高校举办第三届湖南省高校新媒体峰会，全省70多所高校的师生、150余名新媒体平台管理者和省内大V共话新媒体发展，微博话题阅读数高达110万。围绕国家网络安全宣传周主题，组织开展网络安全宣传进校园、进社区活动，中南大学、湖南大学、湖南师范大学10万余学子共学网络安全课程，全区17个街道（镇）同步铺开网络安全宣传，共摆放宣传展板17块、发放宣传资料10万余份。组织新媒体开展线上宣传，在新湖南、掌上长沙、红网等媒体平台累计发布10余条相关报道，阅读量超10万，指尖岳麓各平台账号发布原创帖文100余条，累计100万余网友参与网络安全宣传话题。网络报道全面发力。配合协同宣传部门用好主流媒体，引导主流舆论，积极开展扫黑除恶、蓝天保卫战、优化营商环境、大科城建设等特色主题宣传，唱响岳麓发展主旋律。全年在人民网、新华网、红网等主流网媒发稿1500多篇，向各网站推送信息3200多条，“指尖岳麓”新媒体矩阵发布帖文近2300条，融媒体中心制作打造手绘H5《朱熹穿越地铁4号线，畅游大科城》《麓山南路新车宝典，一路向北》，点击率突破100万和120万。正面评论引导有力。壮大全区网评信息员力量，组织网评信息员经营新媒体账号，扩大网络评论阵地。及时响应网评工作任务，按质按量完成重点稿件的转发、跟评和点赞，全年共组织完成转发、跟评和点赞6000余次，营造正面评论氛围。

【网络生态治理】摸清网络阵地底数。对全区政务类新媒体开展摸底，对区属互联网企业进行摸排登记备案，建立台账，全区共149个政务新媒体，320家互联网企业。开展网络减负行动。按照市委“网络减负”工作要求，区委网信办牵头对政务类网络平台分散偏多以及微信、QQ工作群过多过滥等问题开展集中整治。建立《长沙市岳麓区政务新媒体管理办法》《政务新媒体运营“五不准”、“十严禁”》《岳麓区网络平台工作群管理规范》，将网络阵地管理切实抓在手上，实现精细管理。清朗网络空间环境。联合公安、市监、文化执法等部门开展“清朗”专项行动，共清理有害信息1198条；打击违法犯罪行为，移送线索落地查18人，约谈5家网站负责人和1位账号持有人，下架违法违规App2个，对6家网站给予警告行政处罚；完成区内重点电子显示屏的摸底调查工作，区内大型LED户外广告显示屏20块，建立岳麓区电子显示屏监管台账；辖区内共存3204个商业网站、1455个网店的地址。

【网络安全】提升网络安全意识。按照《中共长沙市岳麓区网络安全和信息化委员会工作细则》的要求，定期召开网络安全会议。坚持普及网络安全知识，到区直单位、各街道镇进行网络安全宣讲，提高全区政务网络安全意识，增强应对网络安全风险能力。筑牢网络安全屏障。为切实提升网络安全风险预测和防控能力，初步建立起由区委网信委牵头，区公安分局网保大队、区信息中心配合，社会技术力量做补充的网络运行安全保障机制，每月会商完善网络安全防护和监测预警体系，联合开展网络安全检查12次。开展网络安全检查。通过常规检查和专项检查相结合，查找网络安全突出问题和薄弱环节，加强网络安全管理和防护。通过上门检查和远程扫面对全区网络安全情况进行检查，完成对湖南师范大学、市数据资源管理局、湘雅三医院、小象互娱乐等26家重点单位企业，市预算管理系统、市“互联网+政务服务”平台系统等32个重要系统，300余家单位网站以及公共区域LED屏幕内容发布系统的检查，掌握关键信息基础设施的风险防护状况。

【体系建设】组织成立由区委书记担任主任的区委网信委。建立区委网信委工作规则、区委网信办工作细则和网络安全责任制实施细则，以网信委工作规则、网信办工作细则为工作统领，以网络意识形态工作责任制和网络安全工作责任制为两大工作责任和抓手，统筹指导各成员单位完善工作制度、规范运行机制，全区网信工作机制不断完善。通过选调、公开招聘，配强网信办力量，加强各部门、各街镇网信干部队伍建设，对网信分管领导、网信专干、网评信息员3支队伍开展每月专题培训，邀请上级领导、高校教授、行业专家授课，全年全区共举办5次网信工作培训，累计300人次参训。通过上门讲课、发放学习资料、应急演练等方式加强常态培训，打造讲政治、懂网络、敢担当、善创新的网信队伍。

【网络安全宣传周活动】9月16—22日，是以“网络安全靠人民，网络安全为人民”为主题的第六届国家网络安全宣传周。区网信办多措并举在全区范围内开展网络安全宣传周活动，围绕国家网络安全宣传周主题，组织开展网络安全宣传进校园、进社区活动，中南大学、湖南大学、湖南师范大学10万余学子共学网络安全课程，全区17个街道(镇)同步铺开网络安全宣传，共摆放宣传展板17块、发放宣传资料10万余份。组织新媒体开展线上宣传，在新湖南、掌上长沙、红网等媒体平台累计发布10余条相关报道，指尖岳麓各平台账号发布原创帖文100余条，累计100万余网友参与网络安全宣传话题。

【网络减负行动】 5—12月，岳麓区开展网络减负行动，通过工作群集中清理整治行动，共关停128个政务新媒体，保留21个，合并、解散工作群2000余个，保留工作群614个，全区工作群数量压缩59%，基层工作人员手中的工作群数量减少，“指尖”上的工作负担减轻。

统　战

【概况】 2019年，中共长沙市岳麓区委统一战线工作部（以下简称区委统战部）是区委工作机关，为正科级，作为区委主管统一战线工作的职能部门，统一领导和管理区民族宗教事务局（简称区民宗局）、区归侨侨眷联合会（简称区侨联），对外加挂长沙市岳麓区人民政府侨务办公室（简称区侨办）牌子。区委统战部内设办公室、综合业务科。2019年有工作人员16人。主要工作领域是民族工作、宗教工作、非公有制经济人士工作、党外知识分子工作、无党派人士工作、党外人士工作、新的社会阶层人士工作、调查研究和信息工作、民主党派、港澳同胞和海外经济统战工作。

【政治引领】 以习近平新时代中国特色社会主义思想为指导，深入学习贯彻习近平总书记关于加强和改进统一战线工作的重要思想。坚决贯彻区委常委会议关于全区统战工作和民族宗教工作的决策部署，落实全区统战工作会议各项要求，督促街道（镇）统战工作领导小组履行研究谋划、协调指导和督促检查职能，团结和带领全区统一战线紧紧围绕“在强化政治引领上彰显作为，在服务中心大局上体现水平，在促进和谐稳定上贡献力量”开展和推进工作。11月17日，区委书记周志凯为全区统一战线做专题报告，强调要认识和把握统一战线这个重要法宝，用好用活统一战线这个重要法宝，继承和发挥统一战线这个重要法宝，在共建岳麓山国家大学城中践行合作初心，在共推产业发展中践行合作初心，在共创社会治理格局中践行合作初心，在共享民生福祉中践行合作初心。各民主党派区工委、无党派人士“不忘合作初心，继续携手前进”主题教育活动有序开展。

省委常委、统战部部长黄兰香（右一）一行到后湖国际艺术园，参观省美协主席朱训德、省知联会副会长段江华的工作室

【推进统战资源共享】 深化凝心聚力新时代行动，继续开展同心创建，拓展统战服务空间，助力基层社会治理创新。引导各民主党派和统战团体将优化营商环境和支持产业发展作为参政议政的要点、民主监督的焦点和政治协商的重点，支持营商环境特约监督员中的民营企业家认真履职。发挥民主党派之家平台作用，丰富“同心日”活动，支持各民主党派更好履职，省政协副主席、民建省委会主委赖明勇现场调研参观，接待多地考察交流，《长沙通讯》予以推介报道。

【党外代表人士队伍建设】 经常性、近距离走访联系党外代表人士。支持各民主党派成员、无党派人士和其他统战成员开展庆祝中华人民共和国成立70周年、多党合作制度确立70周年等系列活动，8人入选“长沙统一战线70年70人”，3人事迹收入《长沙市党外知识分子风采录》。认真落实机构改革关于区委统战部统一领导和管理区民族宗教事务局的新要求，巩固团结和谐民族关系，维护宗教关系和谐。认真落实宗教工作“三级网络两级责任制”，积极做好宗教工作督查“回头看”迎检工作。认真开展宗教工作政策和实务培训，培训对象实现村（社区）党组织书记全覆盖。协助落实驻区高校宗教工作联席会议制度。常态化抓好基督教非法聚会点排查整改。指导区佛教协会完成换届。依法取缔梅岭寺并平稳拆除，获省委常委、统战部部长黄兰香肯定批示。开展“高质量打造新的社会阶层人士统战工作实践创新基地”专题调研，组织观摩交流，积极稳妥推进新的社会阶层人士统战工作。加强党对海外统战工作的集中统一领导，对外使用区政府侨务办名称管好侨务行政性事务，推荐3名优秀教师赴海外华校任教。支持“海梦岛”留学人员创业园建设，不断提高为侨服务水平。

【统战队伍建设】 举办全区2019年度统一战线培训班，突出政治培训。夯实全区统战干部队伍，挖掘释放统一战线潜力。落实党建、意识形态、党风廉政建设责任制。开展“不忘初心、牢记使命”主题教育。推进落实党外干部和少数民族干部培养选拔五年规划。提升机关党建工作水平。完成内网接收区建设，增强信息安全防护能力。注重发挥工商联、侨联、党外知识分子联谊会作用，统一战线团结面不断扩大。

【专项调研】 10月25日，省委常委、统战部部长黄兰香与省委统战部机关干部专项调研后湖科创文创产业园建设，走访民主党派成员和无党派人士领办企业和平台，对统一战线参与和服务大科城建设给予肯定，对发挥优势建设好新的社会阶层人士统战工作实践创新基地提出明确要求。

【统一战线培训】 11月17—21日，长沙市岳麓区举办统一战线培训班。区委统战部、区民宗局、区工商联全体工作人员，区管科职党外干部，各街道（镇）分管副职、统战工作领导小组办公室主任，民主党派成员、无党派人士、新的社会阶层人士、归侨侨眷、非公企业家代表，行业商会和街道（镇）商会负责人，各村（社区）党组织书记参加培训。

机构编制

【概况】 2019年，区委编办围绕中央及省、市关于深化机构改革的部署要求，主动适应新要求，服务新常态，创新思路，攻坚克难，完成年度各项目标任务。

【机构改革】 坚持党对一切工作的领导，把加强党的全面领导作为机构改革首要任务和核心内容。该轮机构改革设置9个区委机构，包括纪委监委机关和区委办、组织部、宣传部、统战部、政法委、编办、巡察办、网信办8个区委工作机构。建立健全和优化区委对重大工作的领导体制机制，设置财经、外事、审计、教育、农村工作等7个议事协调机构，将办事机构设在相关部门。区委职能部门统一管理台湾事务、公务员、老干部、新闻出版、版权、民族宗教、侨务等工作，在机构设置和职能配置上，确保党的领导全覆盖。统筹优化区政府机构设置和职能配置，设置26个区政府工作部门，其中新组建区市场监管局、退役军人局、应急局、医保局等9个机构；重新组建区司法局、住房城乡建设局2个机构；更名区工业和信息化局、水利局、城管执法局3个机构；调整信访局机构序列；调整交通运输局机构性质；优化区审计局、科技局2个机构职责；保留设置区政府办、教育局、民政局、财政局等8个机构。3月，实现涉改单位“班子牌子章子房子”全部到位。深化区人大、区政协机构改革，人大常委会设置2个办事机构、工作机构，人大设置7个专门委员会，加强人大对社会建设、监察、预算决算、国有资产管理监督职能；政协设置1个办事机构，6个专门委员会，推进政协履职能力建设。健全党委统一领导群团工作制度，探索群团组织机构综合设置，促进党政机构同群团组织功能有机衔接。新组建直属机关党员教育服务中心、人民政府发展研究中心、生产力促进中心、优化营商环境事务中心、社区服务指导中心，调整优化网格化综合服务中心、数据资源中心等事业单位。推进岳麓山大学科技城人才工作，调剂编制用于遴选10名事业编制高端人才；面向产业发展、社会治理、营商环境优化等部门，调剂编制用于选调、招聘82名事业单位干部，为全区经济社会发展提供编制配备。推进事业单位行政职能回归主管部门，设置接待服务中心、金融事务中心、现代服务业发展中心等8个区委、区政府直属正科级事业单位，调整设置市政设施维护中心、住房保障服务中心等5个部门所属正科级事业单位，新组建老干部服务中心、重点建设项目事务中心等6个副科级事业单位。全区事业单位承担的行政职能全部回归主管部门，理顺政事关系，实现政事分开。街镇机构改革与区直党政机构改革同步推进。取消城区街道招商引资、协税护税职能，强化街镇社会管理和公共服务职能，整合审批、服务、执法等方面的力量和职能，在规定时间内实现街镇机构改革内设机构、加挂牌子、执法队伍、领导职数、职能职责、时间进度“六统一”。构建服务便民、简约精干的基层组织架构，在12个城区街道设置5办1队3中心（站），3个涉农街道设置6办1队3中心（站），2个镇设置6办1队4中心（站），麓谷街道、东方红街道设置5办1队2中心，制定19个街镇“三定”规定，实现扁平化管理。探索开展街镇综合执法改革，推进街镇整合执法队伍，承担统筹协调、指挥调度执法职责，推动执法力量向基层下沉。

【机构编制管理】 严把机构编制审批关，落实编委会主任“一支笔”审批制度，严格审核区直部门、街镇提出的机构编制事项。规范机构编制审批程序，拟定《中共长沙市岳麓区委机构编制委员会工作规则》《中共长沙市岳麓区委机构编制委员会办公室工作细则》《长沙市岳麓区机构编制审批程序》。树立各类编制资源“一盘棋”意识，对义务教育、基层卫生、民生事业等重点领域重点部位加强保障，引导区直部门、街镇对编制资源挖潜增效。全年为17个区直单位核增43名行政编制，为36个事业单位核增94名事业编制，为岳麓区核增6名领导职数。健全机构编制有增有减动态监管，建立“一周一查验、一月一报表”工作机制，通过“系统数据库—手工台账—所在单位”三者衔接，做好数据摸底分析，加强机构编制实名制管理常态化、动态化，开展机构编制季度统计2次，年度统计1次，做到机构、编制、人员信息一一对应。加强与组织、人社、财政等部门系统横向对接，及时跟进机构和人员编制调整情况，确保数据库实时更新完善，有效扩大系统信息的共享与运用。坚持事业单位登记管理标准化、信息化，全年对7家事业单位法人进行设立登记，受理变更登记46项，注销登记3项。事业单位年度报告书公示率达到100%，所有事项均在区人民政府门户网站上予以公告。推进事业单位法人“双随机一公开”监管全覆盖、常态化，按照2%抽取比例，随机抽查事业单位执行《事业单位登记管理暂行条例》情况。全面完成机构改革期间涉改单位统一社会信用代码的赋码换证和中文域名变更工作，完成党政群机关事业单位中文域名续费工作。优化和规范党政群机关事业单位登记流程，为各单位办理事登业务提供高效、优质、便利服务。强化机构编制支撑服务全区经济社会发展各项重点工作，参与全区全面深化改革关于机构改革工作，参与行政审批制度改革关于权责清单、证明材料清单等清单制定工作，做好巡视整改意见指出的公务员登记核编工作，做好公务员职务与职级并行、事业单位公车改革、基层医疗卫生机构改革、军队转业干部与退役士兵安置有关人员编制审核工作，积极向市委编办协调核增中小学和幼儿园教职工编制，完成岳麓山风景名胜区管理局、市场监管局、生态环境分局等机构人员移交，国有企业退休人员移交地方管理等工作，助推机构编制工作与全区各项重点工作同频共振。

【机关自身建设】 加强党支部建设，扎实开展主题教育。单位主要负责人兼任支部书记，履行党建工作第一责任人要求，自觉把党建放在全办中心来统筹，深化党支部“五化”建设，严格落实“三会一课”制度，定期召开支部会议研究决定重要事项，实现党建与业务齐抓共管、双向同行。结合“不忘初心、牢记使命”主题教育，学习贯彻习近平新时代中国特色社会主义思想等党的创新理论，开展3次主题教育专题学习研讨；围绕机构编制、综合执法科学选题，深入一线开展调研，形成《关于岳麓区优化机构编制资源配置的思考》《关于基层执法体制改革的思考》调研文章；剖析自身问题，坚持边学边查、立查立改、即知即改。加强作风建设，筑牢廉政思想防线。学习《中国共产党章程》《关于新形势下党内政治生活的若干准则》《中国共产党纪律处分条例》，落实领导班子“一岗双责”，抓好党风廉政建设。班子成员率先垂范，带头弘扬践行爱岗敬业、廉洁自律从政价值观，坚决查处机构编制违纪违规行为，厚植机关廉政勤政文

2019 年，召开岳麓区深化机构改革动员大会

化土壤。把握意识形态工作话语权主动权，定期开展警示教育活动和谈心谈话，研判分析干部思想动态，激励干部担当作为，坚决杜绝不当言行，守住廉洁从政底线，切实转变工作作风。认真开展反对形式主义、官僚主义活动，推进网络减负，清理解散1个QQ群和微信群，关停1个政务网站，加强网络业务平台监管，坚决维护网络意识形态领域信息安全。注重干部培养，打造高质量干部队伍。坚持新时期好干部标准，引导全办干部争做开口能讲、提笔能写、遇事能办、问策能对“四能”干部，打造综合素质过硬的机构编制干部队伍。组织党员干部赴新民学会旧址、平江起义纪念馆、橘子洲头毛泽东青年艺术雕像等红色基地开展党日活动，重温入党誓词，缅怀革命先烈，崇尚先进典型，筑牢全心全意为人民服务的思想根基。开展党员干部网格服务、在职党员进社区、“百人千场大宣讲”活动，全方位延伸服务触角，多措并举为民解忧。坚持严管与厚爱相结合，加强优秀年轻干部培养选拔，推荐1名年轻党员干部参与全区择优选拔街（镇）领导班子比选。机构改革后，安排3名年轻干部分别负责3个科室的工作，以岗代训，全方位锤炼和提升年轻干部的能力素养。

【街道（镇）机构改革】 统一思想，确保改革对标对表。区委成立深化机构改革领导小组街道（镇）改革组，多次召开区委常委会、区委书记专题会议，全面统一思想认识，层层压实责任。制定改革“时间表”和“路线图”，倒排工作日程，把好改革“总舵手”，确保全区街道（镇）机构改革工作落实落地。广泛征求意见，确保改革因地制宜。贯彻落实省市文件，分批次深入街道（镇）开展调研，采取现场走访、集中座谈、填报摸底表等方式，广泛听取基层意见建议，收集汇总、明确部分职能设置、城郊涉农街道机构设置、编制调整配备、整合派驻执法力量等方面的诉求，顺利推进制定街道（镇）“三定”规定等改革任务。优化机构编制，确保改革规范高效。针对条块职责不清、权责关系不顺、基层统筹不强等问题，严格对照上级要求，优化顶层设计，做到街道（镇）机构改革“六个统一”，即“内设机构统一、加挂牌子统一、执法队伍统一、领导职数统一、职能职责统一、时间进度统一”，明确权责关系、理顺体制机制、强化治理能力，最大限度去除基层治理顽疾。注重深度融合，确保改革据实立新。着眼于引好“上面千条线”、当好“下面一根针”，强化既有机制制度融合，集聚基层共治“倍乘效应”。紧扣年初区委确定的产业发展、基层社会治理“两面大旗”，推动全区街道（镇）机构改革聚焦中心，服务中心，促推中心，促进全区经济社会健康发展。一方面贯彻落实“产业发展年”“营商环境年”部署要求，进一步为企业、项目优化服务，营造优良的营商环境；另一方面抓好基层社会治理“五篇文章”落实落地，根据省市要求和赋予权限，探索在街道（镇）统一设置执法机构，负责统筹协调、指挥调度执法职责。

【涉改单位改革】 分类梳理清单。区委编办对照上级批复的岳麓区机构改革方案和涉改科级事业单位调整事项，逐一梳理涉改机构的变化情况，分类建立新组建、需变更、待撤销的机构台账和相应预案，安排专人落实业务指导、受理、复核、颁证等环节，推动赋码换证工作有序开展。营造良好的办事环境，打造“一站式”服务中心，设置“受理”“审核”“核准”三个台

区楼宇、城管、党建等业务数据的可视化展示。积极选派“八方社区智慧社区融合服务平台建设项目”参加市级“智慧社区”示范试点社区评选，八方社区成功获评市级“智慧社区”。

【技术支撑】完成区公安分局公共安全视频监控、区环卫局智慧环卫监控管理平台等近10个项目技术方案评审。配合完成区委机要局政务内网二期项目等近10个系统应用部署工作。受理运维事件2000余件（终端、会议室、视频会议、大型会议等）。

【网络安全】开展政务外网平台及重要信息系统安全等级保护测评工作。实施政务外网安全测评及日常监控服务外包。开展全区电子政务系统平台设备配置更新、安全设备故障排除、政务应用系统服务器漏洞修复、病毒防范、虚拟化运维等。完成2019年全省网络攻防演练和市级网络安全检查。

【开展技能培训】2019年，区数据资源中心多次组织开展政府网站建设、管理及安全技能培训。培训内容：网站常态化监测指标、网站后台实际操作、网站常见问题分析、信息敏感性、涉密性把控等，要求各单位深入推进网上办事、信息数据共享、正面舆论引导等方面工作，切实提升网站建管水平。

【安全防护】强化平台管理。采用统一标准体系、技术平台、安全防护、运维监管的网站管理平台，确保门户网站集群的安全、稳定、高效运行。严格登录管理。采取堡垒机软件加密方式登录，关闭外网3389远程登录端口。密码仅以手抄方式保存，数据每天备份，模板每周备份并及时做好安全漏洞修复（操作系统、勒索病毒、反勒索病毒）。细化用户管理。严格设定用户访问和操作权限，实现了网站系统管理，内容编辑、审核的权限分离。密码每月更改一次，确保网站信息及时、准确、安全。实施安全巡检。积极依托湖南省信息安全测评中心和湖南伟博科技有限公司技术力量对政府门户网站集群等关键信息基础设施实施定期安全巡检和长期运维驻场服务，分析风险，出具评估报告，提出解决方案，并指导实施整改。强化安全载体。实施机房升级提质改造，构建虚拟化全资源池，成功部署自内至外、自上至下的立体防御体系，实现宿主机、虚拟机、虚拟机应用三层防护安全架构，确保政府门户网站集群等关键信息基础设施的安全。

信　访

【概况】2019年，区信访局准确把握全区信访新特点，在维护群众合法权益、化解矛盾纠纷和解决信访积案、及时稳妥接访等方面取得突出成效，获长沙市、信访积案化解工作优秀单位、信访“三无”乡镇（街道）创建优秀组织单位称号。

【思想建设】抓政治理论学习，打牢思想基础，学习贯彻中共十九大精神和习近平新时代中国特色社会主义思想，结合“两学一做”学习教育常态化、制度化，开展“不忘初心、牢记使命”主题教育；提质“机关党员大课堂”，以党章党规、意识形态教育、革命传统教育、警示教育等为重点学习内容，全方位、多层次对机关党员干部开展学习教育活动；以主题党日活动为载体，组织党员干部开展学习活动：到橘子洲景区及毛泽东事迹陈列馆参观学习、观看革命传统教育片、爱国主义教育电影、警示教育片等，使之党性得到锤炼、信访工作政治站位得到提高；落实“三会一课”、主题党日、组织生活会、民主评议党员和领导干部双重组织生活等制度，组织使用“学习强国”“红星云”“长沙党建”等党建平台。

【健全机制】完善全区信访工作相关机制，实现从接访到交办再到问效的工作闭环，有效传导责任压力，提升工作效率。畅通信访渠道，实行区级领导信访接待日制度，每周工作日安排副县级以上（含）领导干部到区信访局公开接待来访群众，通过定点约访、开门接访、亲自调度，有关部门共同参与、处理信访问题，促进信访积案解决。严格落实首办责任制，加强对初信初访事项的办理，围绕受理、转送、交办、督办、审核、回访等环节，简化工作流程，缩短办理时限，最大限度提高办理效率，将矛盾化解在基层，将问题解决在萌芽。

【干部队伍建设】 分别对各街（镇）及区直部门信访专干开展业务培训活动，全面提升基层信访干部综合分析、政策问题研究、应对复杂情况的能力，规范信访事项的办理程序，切实提高信访干部的整体素质。开展信访讲评工作。结合全区信访工作形势，定期召开信访讲评会议，全面分析当前信访形势与问题风险，对下一步工作进行科学部署，总结优点、弥补不足，以信访工作高质量发展促进群众合法权益的维护与社会的和谐。

【积案化解】 按照“三到位一处理”总要求，坚持原则性和灵活性相统一，聚焦重点区域，全面落实区级领导包案制度，对重点信访问题实行统一调度、动态管理，推动化解一批积案。着力打好信访矛盾化解“四重攻坚”，组织开展“让老人回家”专项行动、做好省委第二巡视交办化解工作，统筹各方资源力量，多措并举化风险、解难题。

【信访法治宣传】 为认真学习宣传和贯彻执行国务院《信访条例》，全面落实中央及省、市、区有关信访法治建设精神，在全区开展“信访法治宣传月”活动，5月23日，区直20多个单位部门，通过现场答疑、展板宣传、发放《中华人民共和国宪法》《中华人民共和国监察法》《信访条例》《湖南省信访事项复查复核办法》等法律法规及其他宣传资料的方式，引导群众从“信访”向“信法”转变，从根源上减少矛盾纠纷。活动期间，17个街（镇）均在人流量大的公众场所设置宣传点，全区悬挂标语横幅200多条，制作宣传板65块，出动广播宣传车55台次，接待咨询群众1200人次，发放宣传资料3000余份。

【业务知识培训】 7月25日，在区委党校进行信访业务专题培训，17个街道（镇）公共安全办副主任、信访信息系统操作员及区直相关单位信访专干参加培训，图文并茂地介绍网上信访系统的注意事项，逐条梳理信访条例重点内容的具体要求，详细讲解信访交办案件办理工作，提升干部职工的工作程序意识、规范意识，有利于信访工作的开展。开展信访讲评工作。结合全区信访工作形势，定期召开信访讲评会议，全面分析当前信访形势与问题风险，对下一步工作进行科学部署，总结优点、弥补不足，以信访工作高质量的发展促进群众合法权益的维护与社会的和谐。

【信访工作讲评会】 7月23日，岳麓区召开信访工作讲评会议，就全区信访工作情况进行讲评，安排部署后段工作。学习中央信访联席办有关文件精神，通报全区二季度信访工作情况，要求全区各级各部门要认清当前信访形势、聚焦信访工作重点、加大信访问题化解力度，压实责任，强化源头治理和依法治访，完善调度、反馈、责任追究等工作机制。

机关事务

【概况】 2019年3月，岳麓区机关后勤服务中心更名为岳麓区机关事务中心，该中心承担的公共机构节能工作划入区发展和改革局，新增垃圾分类工作。区机关事务中心是区人民政府直属事业单位，内设办公室、综合部、后勤保障部、安全保卫部、公务用车管理服务部、膳食部。有工作人员19人，临聘人员72人，劳务派遣人员47人。

【垃圾分类】 岳麓区为长沙市3家垃圾分类工作试点单位之一，区机关事务中心负责区机关大院（含二办）垃圾分类工作。2019年，事务中心组织人员把不同种类垃圾桶放置到机关大院和湘麓金座办公区域，对垃圾分类进行视频、海报和展架宣传，组织专题培训，印制、发放“垃圾分类指导手册”。引进湖南现代环境科技有限公司在区机关院内建设环保小屋、多宝鱼，在政务大厅建置“收瓶多”等设备。给各办公室发放“收宝多”垃圾袋。引进长沙适华保洁服务有限公司为机关大院垃圾分类工作的实施单位。全年机关大院收集、处理垃圾220吨，其中餐厨垃圾63吨，其他垃圾148吨，有害垃圾0.03吨，可回收垃圾9

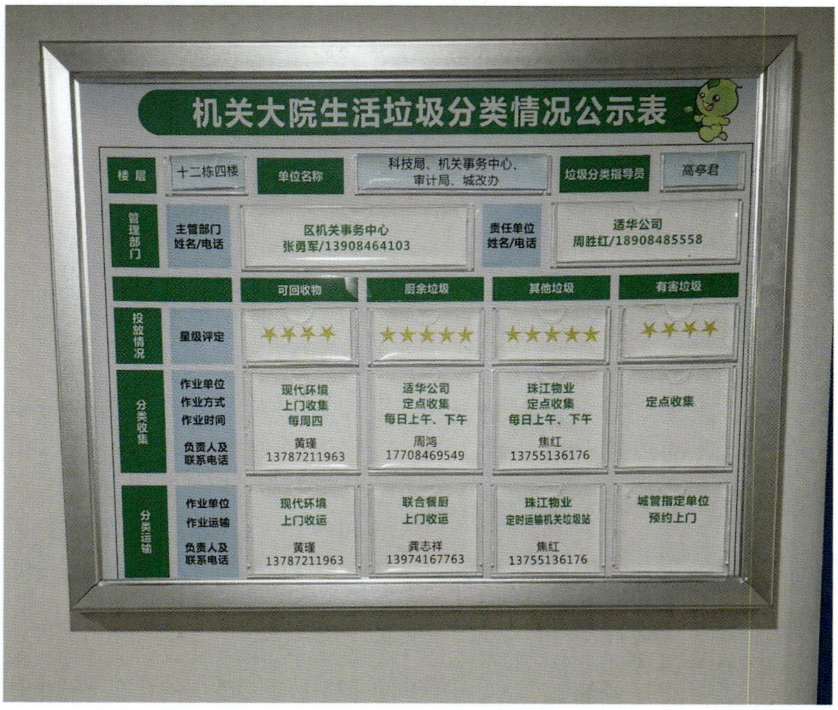

垃圾分类情况公示表

吨。垃圾分类工作取得成效，完成区机关大院垃圾分类试点工作，机关干部职工垃圾分类意识明显提高。

【管理服务公务用车】 按照《长沙市岳麓区公务用车管理实施细则》要求，规范公务用车管理采取“三定、五统一”的标准。即车辆统一购置、统一编制、统一标识、统一调度、统一处置，实行定点维修、定点加油、定点保险。9月，对需要使用ETC的公务车辆完成安装并投入使用。加强公务用车痕迹管理，安装使用长沙市公务用车管理系统，全力推进公务用车平台建设，改革公务用车申报方式，实行网上申报派遣公务用车，实现平台信息化管理全覆盖，全区公务用车运行规范。

【维修维护机关大院】 全年对机关大院组织实施大小维修及整改工程项目100多个，包括中央空调、电梯、消防监控等各类设施设备的维修维护保养工作。完成湘麓金座东栋5楼的装修工程。完成区机关大院中央空调改造招标工作，并组织实施，年末实现供暖目标，保障机关大院各类设施设备安全有序运行。

【物业监管】 1月，湘麓金座物业重新进行招投标工作，确定长沙先导物业管理有限公司为中标人，并与该公司签订湘麓金座物业合同。加强对机关大院及湘麓金座物业的监管，严格按照《机关物业考核办法》对2个物业公司进行量化考核。加强清扫保洁力度，保障干净舒适的办公环境。加大人防技防力度，充实安保力量，完善机关大院、湘麓金座监控系统，做到人防、技防和物防三位一体。坚持实行中控室、消防室24小时不间断值班制度，每天巡察景观山3次，白天院内巡逻2次，夜间3次查楼。全年电话通知移车、纠正违规2249次，锁车处理89台次；提升服务水平。除人大、政协“两会”外，共完成大小会议服务2920场。每周检查物业服务情况，定期考核物业公司工作，按照《机关物业考核办法》考核打分。组织专业培训，全年组织机关人员、物业公司员工进行2次安全培训，讲授专业安全知识、进行消防演习，提高消防意识，安全意识。协助做好信访工作，参与各项接待30场次，区直机关各部门及广大干部职工对物业工作满意度进一步提升。

【食堂管理】 实施“文明餐桌行动计划”，配合区食药监局创建全国食品安全城市示范点，实行“明厨亮灶”改造工程，使就餐人员深入参与食品安全监督，提升区机关食堂食品安全和环境卫生。提高员工素质，提升服务水平，组织员工消防安全学习2次，组织食品安全培训2次，机关食堂、湘麓金座食堂整体工作得以提高，服务水平、服务质量不断提升。

【配合巡视】 省委第二巡视组于4月22—27日对单位进行巡视，事务中心党组积极配合做好相关工作，如实提供辅助资料，对巡视组反馈的问题逐一进行剖析，认真整改，对巡视组交办的三个问题，及时整改到位。

【推进公务用车平台建设】 2019年，区机关事务中心规范公务用车，采取“三定、五统一”标准化管理，即实行定点维修、定点加油、定点保险；车辆统一购置、统一编制、统一标识、统一调度、统一处置。9月，对需要使用ETC的公务车辆完成安装并投入使用。

应急管理

【概况】2019年，区应急管理局突出职能整合、力量整合、资源整合，把机构改革作为应急管理工作的奠基工程。按照机构改革要求，全面承接应急管理工作第一棒。构建协同高效的应急管理体系。针对机构改革任务，成立三定方案、人员转隶、工作保障三个工作组，局领导分别牵头负责、协调推进，整合原水利、民政、国土、农业农村、消防、应急办等六部门的19项职责，主要承担全区应急管理、防洪抗旱、森林防火、地质灾害防治、防灾减灾救灾、安全生产综合监督管理、宣传教育培训等职责。打造有序顺畅的运行机制。根据新的职能定位，参照省应急管理厅、市应急管理局做法，对标学习其他先进区县经验，修改完善值班值守、情况报告、应急处置等工作制度，打造构建新的组织领导机制和工作运行机制，真正做到用制度管人、管权、管事。营造团结务实的工作氛围。把强班子、带队伍作为提升应急管理能力水平的战略任务，紧抓不放，带领全局干部职工认真学习领会习近平总书记关于安全生产防灾减灾应急管理的重要论述和批示指示精神，邀请省市专家对全局干部进行授课，真正做到学应急、懂应急、会应急、能应急。牢固树立“一盘棋”思想，做到“事合、编合、心合、力合”，共同营造凝心聚力、团结奋进、干事创业的良好氛围。

【管理体制】推广“一会三卡”，深入推进“主责年”活动。深化班前会制度，全面落实企业安全生产班前会制度，开展企业安全管理标准化班组创建工作，推进安全班组安全文化建设，构建班组安全早会长效化机制，着重克服班前会走形式和走不远的问题。构建企业层面双重预防制度，强化企业危险作业的安全培训，推广岗位风险应急处置明白卡、危险作业动工卡（作业卡）制度，组织企业填写“体检表”，定期开展安全“体检”。创新传播方式，打造特色宣教。结合时下新媒体的便利，在春节和“两节”、“两会”期间精心制作安全宣传海报和系列微视频，通过抖音等网络媒体和电梯媒体，获得60万名网民浏览观看，覆盖全区5265个电梯媒体点位，累计覆盖人次超过2000万人次。扎实开展全国第18个安全生产宣传月活动，组织文艺表演、警示教育片、安全技能培训、救援器材体验等活动，发放各类宣传资料15000余份，吸引近2000名群众参与；分行业分层次开展企业主要负责人和安全管理人员培训，累计开展培训30余场，培训4000余人次，浓厚全区安全生产氛围。

【综合治理】全面摸清底数，进一步完善监管台账。区应急管理局成立后，对辖区内危险因素分布、安全管理薄弱环节进行全面排查，登记造册。经排查全区有建筑施工总承包企业105家。在建工程项目195个，总建筑面积达到1507.5万平方米。各类固定式特种设备15190台（其中电梯14048部），各类压力容器4163台。消防安全重点单位283个，高层建筑1946栋，公众聚集场所235家，公共娱乐场所71处，大型市场、商场29家。危爆单位170家（其中民爆物品使用单位1家，剧毒物品储存使用单位5家，易制毒单位98家，枪支使用单位12家，放射性物品单位3家，易制爆销售储存使用单位51家）。油气输送管道25千米。区应急管理局直管行业中，烟花爆竹经营门店76家，共有加油站33家，危化纯批发票据企业50家，工贸行业规模以上企业81家。监管台账进一步明晰，监管对象进一步精准。紧盯风险隐患，有序开展“三大行动”。全区各级各部门结合“打非治违”“强执法防事故”等行动，在危化经营、烟花爆竹、道路运输、人员密集场所等重点领域深入开展“大排查、大体检、大整治”，严控事故发生，对违法违规行为查处零容忍。全区共开展专项执法3655批次，联合执法行动122批次，已下达整改文书8561份，行政处罚754.22万元，停业整顿30家，取缔5家，其中，开展“三大行动”2302次，出动人员3994人次，已开展大排查企业6349家，大体检企业4135家，排查隐患5917处，已整改隐患5315处，经济处罚417.625万元，主流媒体曝光9家，警示约谈106家次。

【基层队伍建设】边组建边运行。立足能应急、快处置，正在进行全区可用应急基础资源普查，整合队伍资源，统一由区应急管理指挥中心调配指挥，汇集森林防火、消防、水利、民兵、蓝天救援等部门信息。4月和9月由区应急指挥中心组织开展应急指挥运行演练，实现区级部门和17个街镇通过区应急管理指挥中心调度进行应急工作的互动响应。边应急边建设。2019年汛期，受强降雨影响，极易造成城区排水系统拥堵，诱发护坡、河堤垮塌等各种地质灾害。应急指挥平台发布预警信息20余条，第一时间传达至各区直部门、街、村和社区相关领导负责人。区安委办结合实际，下发关于加强汛期安全防范工作的通知，要求各部门、街镇全力做好汛期安全防范工作，确保人民群众生命财产安全。整个汛期，各街镇在汛期发动社区和辖区物业开展全面检查排查1100余次，出动排查人员4580余人次，由街镇主要领导带队检查汛期安全工作50余次，排查整改危房、护坡开裂等安全隐患23处，全力保障汛期安全。

【长沙市岳麓区应急管理局挂牌成立】 2019年3月20日，长沙市岳麓区应急管理局挂牌成立。岳麓区委常委、常务副区长蔡锋出席挂牌仪式，与区应急管理局局长周波、党组书记徐勋共同揭牌。区应急管理局全体工作人员参加揭牌仪式。根据《岳麓区机构改革方案》的要求，岳麓区应急管理局的成立进一步加强、优化、统筹全区应急能力建设，构建统一领导、权责一致、权威高效的应急能力体系，推动形成统一指挥、专常兼备、反应灵敏、上下联动、平战结合的应急管理体制。

【区安委会第1次例会暨农村交通安全管理工作会议】 2019年4月4日，岳麓区2019年一季度安委会例会暨农村交通安全管理工作会议召开。会议总结分析全区安全生产工作形势，安排部署安全生产领域“大排查、大体检、大整治”行动、夯实企业安全生产主体责任年活动、农村交通安全管理等重点工作，传达省、市安全生产会议精神，动员全区上下提高认识，扎实工作，凝聚合力，进一步加强全区各级各部门安全监管能力建设，努力开创安全生产工作新局面。区领导蔡锋、谭应林、刘雄辉出席会议。

【区安委会第2次例会】 2019年7月4日，岳麓区召开安委会第2次例会，区领导周凡、蔡锋、潘旺明、李舜、谭应林、刘雄辉、张永久、王剑出席会议。区安委办主任、区应急管理局局长周波汇报全区安全生产工作情况。与会人员共同学习《长沙市党政领导干部安全生产责任制实施细则》《生产安全事故应急条例》等文件。区委副书记、区长周凡强调安全生产工作的重要性，并对下阶段重点工作进行安排。

【区安委会第3次例会暨“防风险、保安全、迎大庆”工作部署会】 2019年9月11日，岳麓区召开“防风险、保安全、迎大庆”工作部署会暨2019年安委会第3次例会，区委副书记、区长、区安委会主任周凡出席并主持会议。与会人员观看安全生产暗访视频，区教育局、区消防大队、区交警大队、区安委办相关负责人分别对校园安全、消防安全、道路交通安全及全区安全生产工作的开展情况作详细汇报。周凡肯定全区安全生产工作的成绩，并就下阶段安全生产工作的开展进行部署强调，必须在思想上高度戒备、高度重视；安全工作贵于行，必须在工作上认真务实、细致过硬；安全责任重于山，必须在责任上严实履职、尽心尽力。

【区安委会第4次例会】 2019年12月13日，岳麓区安委会召开全区安委会全会暨第4次安全生产工作例会，区安委办主任周波传达全省、全市安全生产电视电话

7月4日，安全委员会第2次例会

会议精神并对全区安全生产工作进行汇报，区交警大队对交通问题顽瘴痼疾整治情况进行汇报，区消防救援大队对消防安全工作情况进行汇报，会上下发《长沙市岳麓区安全生产集中整治工作方案》，区长周凡、常务副区长蔡锋、相关区领导分析研判当前全区安全生产形势，并就岁末年初安全生产集中整治工作进行动员部署。

【市安委督查考核】 2019年11月7日，长沙市应急管理局副调研员王大政率市安委办考核组对岳麓区2019年度安全生产和消防工作情况进行督查考核。岳麓区委常委、区人民政府常务副区长蔡锋，区人民政府副调研员徐跃明、张国安参加考核情况汇报会。考核组一行深入天顶街道、咸嘉湖街道、望岳街道、洋湖街道通过看现场、查资料、听汇报等方式，抽查岳麓区街道（镇）、社区（村）、重点行业（领域）生产经营单位一年来的安全生产、消防工作开展、责任落实情况。考核组查阅应急、消防、市监、文旅等重点部门的安全生产、消防工作资料，对岳麓区委、区政府、重点部门贯彻落实中央及省、市安全生产、消防工作会议精神情况，夯实企业安全生产主体责任年活动、“防风险、保平安、迎大庆”等重点工作开展情况，进行详细检查。

【省安委督查考核】 2019年11月21日，湖南省安委考核巡查组组长、省应急厅党组成员赵军，考核巡查组副组长、省应急厅火灾防管处处长李金明一行到岳麓区，对岳麓区2019年度安全生产和消防工作开展为期2天的考核巡查。长沙市政府副秘书长卢兴映、市应急管理局局长胡春山、市应急管理局副局长喻志珊、市消防支队救援支队副支队长李文才陪同考核巡查。岳麓区领导周志凯、蔡锋、谭应林、刘雄辉、徐跃明、周竹平、彭浩参加考核情况汇报会。考核巡查期间，考核组抽查3个区直部门、2个街道（镇）、3家企业、4家消防单位，按照“深入、细致、求真、务实”的工作要求，采取查阅资料、现场检查、随机走访、召开座谈会等方式，深入查找机构改革期间机制体制存在问题和各行业、领域安全监管的不足，发现基层先进经验，排查整治事故隐患，提升应急管理水平。2019年，应急管理局被省、市两级政府评定为安全生产优秀单位。

消　防

【概况】 区消防救援大队下辖石岭塘、五星、麓山门3个消防救援站。共有消防救援人员109人，其中消防指战员42名，政府专职消防员及消防文职人员67名。配有消防登高平台车、举高喷射车、抢险救援车、水罐消防车、水罐泡沫车14台。2019年，在区委、区政府的领导下，不断强化队伍执勤训练和军事规范化管理，完成各项防火灭火和执勤备战任务，确保辖区火灾形势和队伍管理“双稳定”，为“平安岳麓”建设做出了应有贡献。

【政治教育】 学习贯彻中共十九届四中全会和习近平总书记在中央政治局第十九次集体学习时的重要讲话精神，开展“不忘初心、牢记使命”“学训词、铸忠诚、创新业、立新功”主题教育系列活动。全年召开专题党委会和调度会15次，集中学习13次、研讨交流8次，通过组织参观学习新民学会旧址、瞻仰革命烈士黄兴墓，开展“我和国旗合影”、重温入党誓词等形式的主题党日活动14次。将主题教育成果与各项工作有机结合，做到统筹兼顾、融合推进，确保主题教育各项重点措施、规定动作落到实处，真正做到入脑入心、知行合一。

【队伍管理】 按照准现役、准军事化的建设标准，从基本规矩、日常要求抓起。督促干部积极发挥示范表率作用，认真履行岗位职责，通过召开民主生活会、组织生活会等形式，解决干部队伍中存在的工作作风松散和拖沓等问题。发挥集体智慧，研究新形势下消防应急救援队伍实战化训练特点，探索适应当地实际的实战化训练之路，形成主业主抓、主官大抓、上下合抓的良好氛围。强化对辖区重点单位、人员密集场所、易燃易爆、旅游景点的消防演练，组织辖区各微型消防站工作人员开展联勤联训，提升全区消防救援队伍实战攻坚能力。在全市执勤大队体能训练分组对抗赛中，岳麓大队获评优胜。抓好条令条例、规章制度的贯彻落实，严格遵守一日生活秩序，落实请销假、晚点名、查铺查哨、随机点验等制度，重点加强对工作人员八小时以外“人、酒、车、网、赌”等事项执法执纪情况管理。制定《岳麓大队消防文职人员考评细则》，强化文

消防日常训练

职人员在消防监督业务理论、文书制作、档案管理、公文写作等方面的学习，全面提升文员队伍综合素质和履职能力。

【后勤保障】 坚持“人往基层走、钱往基层花、劲往基层使”的原则，聚焦基层，服务基层，切实保障有限经费用到刀刃上。投入50万元加强消防救援站文化建设，完成石岭塘消防救援站红门影院、电教室和健身房改造，进一步丰富指战员文化生活。区中心消防站建设已完成土地划拨和设计招投标程序，进入用地拆迁安置阶段。麓山门消防救援站改建工程已完成主体建设，正进行内部装修。

【消防监督】 坚持党委、政府牵头主导、行业部门齐抓共管、社会单位深度参与、群众百姓群防群治区域消防安全责任体系。落实向区委、区政府主要领导报告请示制度，推动区政府多次召开专题会议，就全区消防工作重点和难点问题进行强调和部署。按照职责分工，逐部门、逐行业、逐区域、逐场所开展消防安全排查整治，建立工作台账。推进消防安全进社区、进学校、进企业、进家庭、进公共场所活动，配合相关部门在橘子洲头举行纪念习近平总书记授旗训词一周年暨119消防宣传月活动启动仪式，组织开展消防车辆巡游。全年对2312家社会单位消防安全执行情况实施了检查，发现和整改火灾隐患或消防违法行为3116处，下发《责令改正通知书》751份、《行政处罚决定书》32份、《临时查封决定书》15份，责令“三停”6家，依法对30家单位和个人进行了处罚，罚款39.3万元，对4家单位重大火灾隐患问题进行立案查处，对2家重大火灾隐患单位实施政府挂牌督办整改。2019年，大队所属三个消防救援站全年出警1579起，出动消防车2421辆次，出动消防救援人员14859人次，抢救被困人员106人，疏散人员186人。2019年全区共发生火灾100起、伤1人、亡1人、直接财产损失约为116.57万元。

政协长沙市岳麓区委员会

综 述

【概况】2019年，政协长沙市岳麓区第五届委员会坚持以习近平新时代中国特色社会主义思想为指导，贯彻中共十九大和十九届二中、三中、四中全会精神，突出团结和民主两大主题，围绕区委、区政府中心工作，充分发挥专门协商机构作用，全面履行政治协商、民主监督、参政议政职能，在建言资政和凝聚共识上双向发力，政协事业取得新进展、新成效，为推动全区经济社会发展作出积极贡献。

【思想政治建设】坚持旗帜鲜明讲政治，把党的领导贯穿政协工作各方面和全过程。提升政治站位，坚决落实“两个维护”。坚持人民政协作为政治组织的根本属性，在任何时候任何情况下都始终保持政治定力，把好政治方向，积极引导全区各级政协组织和广大政协委员进一步树牢“四个意识”，坚定“四个自信”，坚决做到“两个维护”。坚持政治原则，自觉接受区委领导。中共岳麓区委对政协工作高度重视，区委常委会议6次专题研究政协工作，组织召开区委政协工作会议，对新时代全区政协工作作出具体部署。区政协始终坚持在区委领导下开展工作，严格落实请示报告制度，及时请示汇报重要工作、重要活动和重要事项。突出政治引领，切实加强政协党的建设工作。学习贯彻中共中央和省委、市委关于加强新时代人民政协党的建设工作的文件精神，贯彻落实区委《关于加强新时代人民政协党的建设工作的实施意见》，坚持以政治建设为统领，全面推进政协系统党的建设。

【强化理论武装】坚持把习近平新时代中国特色社会主义思想作为统揽政协工作的总纲。通过集中学习与经常学习相结合、专题辅导与学习研讨相结合、领导领学与干部自学相结合，持续深入学习习近平新时代中国特色社会主义思想，引导全区各级政协组织和广大政协委员不断增进对中国共产党和中国特色社会主义的政治认同、思想认同、理论认同、情感认同。全年共召开政协党组理论中心组学习10次，党组会议、主席会议集中学习24次，举办常委会议专题讲座4次。扎实开展“不忘初心、牢记使命”主题教育，结合政协实际，把习近平总书记关于加强和改进人民政协工作的重要思想作为主题教育的重要学习内容，使主题教育既实现中央提出的具体目标，又更好地体现政协特色。以深入学习习近平总书记的重要讲话为重点，认真组织开展中央政协工作会议精神的宣讲工作，在及时组织政协常委会议专题学习的基础上，由区政协领导带队，分成三个小组，组织各界别开展学习座谈，深入各街（镇）政协联络组进行现场宣讲。积极参与省市政协开展的理论研讨征文活动，组织委员提交理论研讨成果8篇，其中洪艳委员撰写的《习近平总书记关于社会主义协商民主重要论述的思想内涵与实践价值》获评省政协理论研究优秀论文二等奖。

【主题活动】2019年，区政协突出把“争当‘六好’委员、建设美丽岳麓”主题活动，与争做“懂政协、会协商、善议政”的政协人相结合，与争做“有责任、有担当、有情怀”的政协人相结合，与争做“守纪律、讲规矩、重品行”的政协人相结合，不断深化和拓展主题活动的丰富内涵，进一步激发委员队伍生机与活力。推进活动开展。组织召开“争当‘六好’委员、建设美丽岳麓”主题活动推进会议，6个先进集体、10名优秀委员作交流发言和经验介绍，进一步浓厚主题活动氛围，生动展示政协组织和政协委员服务全区经济社会发展的突出成效，形成点面结合、持续推进的工作格局。坚持典型示范引领。开展“六好”委员评选活动，评选“六好”委员54名，进一步增强委员履职的责任感、荣誉感，激发全区政协委员履职尽责的饱满热情。全年共推动解决人民群众关心关切的利益问题200多个，联系帮扶困难群众500多名，举办公益慈善活动40多次，捐款捐物共计150多万元。省市新闻媒体多次报道区政协组织和政协委员开展主题活动情况，宣传委员事迹，扩大政协影响。

重要会议

【政协全体会议】 1月12—15日，中国人民政治协商会议长沙市岳麓区第五届委员会第四次会议召开。会议期间，全体委员围绕区经济社会发展中的重大问题和涉及人民群众切身利益的实际问题，深入协商讨论，积极建言献策。中共岳麓区委书记周志凯、区人民政府区长周凡等区委、区人大常委会、区人民政府和区人民武装部领导出席会议，听取大会发言，参加项目观摩和分组讨论，与委员们共商岳麓改革、发展大计，共谋民生保障、改善之策。周志凯在闭幕会上作重要讲话。会议审议通过区政协主席袁精华代表区政协第五届委员会常务委员会所作的工作报告、副主席刘平代表区政协第五届委员会常务委员会所作的关于五届三次会议以来提案工作情况的报告；会议协商讨论区长周凡所作的政府工作报告，协商讨论岳麓区2018年国民经济和社会发展计划执行情况与2019年国民经济和社会发展计划草案报告、全区2018年财政预算执行情况与2019年财政预算草案报告，协商讨论区人民法院工作报告、区人民检察院工作报告；并对上述报告表示赞成。

【政协常委会议】 3月29日，区政协召开五届十五次常委（扩大）会议暨集中学习。会议传达学习全国“两会”精神，审议通过《政协长沙市岳麓区委员会常务委员会会议制度》《政协长沙市岳麓区委员会常务委员会学习制度》《政协长沙市岳麓区委员会关于加强和改进委员学习工作的意见》；征求《关于加强和改进人民政协民主监督工作的实施意见（征求意见稿）》的意见建议；通报区政协机构改革相关事项；协商决定有关人事任免事项。会上，区政协副主席、区文联主席刘平作专题辅导，系统全面地阐述习近平总书记的家国情怀。7月30日，区政协召开五届十六次常委（扩大）会议暨集中学习。会议审议通过《高质量谱写社会治理创新的“岳麓篇章”——关于我区基层社会治理创新工作的调研报告》；协商决定有关人事事项，表决通过辞免委员9名，增补委员16名，新任街（镇）政协联络工作负责人、各专委会兼职副主任。会议邀请作家、国内左宗棠研究领军人物徐志频老师作“左宗棠为官之道”专题讲座。9月23日，区政协五届十七次常委（扩大）会议暨争当“六好”委员主题活动推进会在枫林宾馆举行。会议传达学习习近平总书记在庆祝中国人民政治协商会议成立70周年大会上的重要讲话精神。会上，界别代表、街（镇）政协联络组代表和委员代表作交流发言。会议就争当“六好”委员主题活动进行工作部署。12月24日，区政协召开五届十八次常委（扩大）会议。会议邀请省委党校、湖南行政学院公共管理教研部教授唐琦玉作

政协长沙市岳麓区第五届委员会第四次会议

“中共十九届四中全会精神”专题辅导报告。会议听取区人民政府关于区政协五届四次会议以来提案办理情况的通报；审议通过《关于召开政协长沙市岳麓区第五届委员会第五次会议的决定》，大会议程、日程和大会秘书长、副秘书长名单；审议通过《政协长沙市岳麓区第五届委员会常务委员会工作报告（草案）》《政协长沙市岳麓区第五届委员会常务委员会关于五届四次会议以来提案工作情况的报告（草案）》；协商提出《选举办法（草案）》；协商决定有关人事任免事项。

重要工作

【协商议政】 贯彻落实中共十九大关于协商民主建设的新部署新要求，努力提升协商民主的质量和水平。规范协商机制。坚持区委、区政府、区政协共同研究制定年度协商计划的工作机制，提高政协协商和民主监督的权威性和计划性；坚持专委会协商、界别协商联动机制，加强对界别协商工作的组织领导和具体指导；坚持调研先行的协商机制，创新开展协商前的话题讨论，进一步拓展协商议政的深度和广度。丰富协商形式。积极搭建协商平台，认真组织协商活动，形成以全体会议协商为龙头，以主席会议专题协商为重点，以对口协商、界别协商、提案办理协商为常态的多层次协商议政格局。保证协商频次。紧扣全区经济社会发展的重点问题和人民群众关心关注的热点问题，围绕全区总部企业引进与发展、农村人居环境整治工作等开展主席会议专题协商4次，组织指导界别协商8次。

【调研视察】 2019年，区政协按照区委部署要求，围绕“加强社会治理创新工作”开展重点调研。通过实地走访、交流座谈和学习考察等方式，组织实施多层次、多维度、多渠道地调查研究。坚持目标导向和问题导向相结合、立足当前与着眼长远相结合、外地经验与岳麓区实践相结合，在深入分析研究、广泛征求意见的基础上，形成《高质量谱写社会治理创新的“岳麓篇章”》的调研报告。区委常委会议专题听取区政协关于重点调研工作的情况汇报，对报告提出的意见建议进行认真研究，并对落实有关意见建议作出安排部署。该调研报告得到省市政协的肯定，获评省政协优秀调研报告一等奖。组织专题视察。围绕区委、区政府工作重点，先后对湘江饮用水水源地保护、区社会福利中心建设、岳麓高新区产业培育等工作开展主席会议专题视察8次，为委员知情明政、凝聚共识作出积极努力，为推动相关工作、促进区域发展提出务实管用的意见建议。各界别、各街（镇）政协联络组紧扣岳麓区情，结合自身实际，发挥特色优势，组织委员开展视察活动60多次。组织议政建言。运用大会发言等重要平台作用，切实调动委员参政议政的积极性。区政协主席会议对大会发言工作进行专题部署、广泛动员，委员们精心选题、深入调研，围绕我区创新发展和民生改善等重要议题建睿智之言、献务实之策。全区政协组织和政协委员共提交大会发言材料32篇。积极参与中心工作。全区各级政协组织和广大政协委员积极投身岳麓发展建设主战场，主动服务中心大局，彰显政协担当作为。按照区委统一安排，区政协主席会议成员深入基层、深入一线，联楼宇、抓项目，解难题、促发展，4位副主席分别参与大科城王家湾片区、人工智能科技城、莲花物联港等重点项目征拆建设工作，推动和促进所联项目相关工作的顺利进行。按照区委网格化管理工作的要求，区政协机关干部和广大政协委员深入实际、深入群众，积极化解矛盾纠纷，切实帮助群众排忧解难，促进社会大局和谐。

【民主监督】 2019年，区政协围绕人民群众的操心事、烦心事、揪心事，不断加强和改进民主监督工作，倾情服务民生改善。学习贯彻中共中央和省委、市委关于加强和改进政协民主监督工作的文件精神，协助区委制定《关于加强和改进人民政协民主监督工作的实施意见》，推动民主监督工作有章有序进行。组成3个专项民主监督小组，围绕服务营商环境优化、民生实事工程建设，重点就行政审批服务、社区提质提档后续管理维护、物业管理“四个职责”落实情况等开展专项民主监督，务实提出批评性、建设性意见建议20多条，有力助推相关工作的落实和改进。充分发挥“微监督”作用，受理委员“微建议”29件，办结25件，助力解决群众关切的“微困难、微问题”。开展提案工作。落实“区委书记、区长批办重点提案”制度，持续开展优秀提案评选工作，充分发挥重点提案和优秀提案的引领示范作用，推动提案办理工作水平的整体提升。在确定的10件重点提案中，区委书记周志凯、区人民政府区长周凡共批办领办4件重点提案。书记、区长带头批办领办，分管副区长领衔主办、经常督办，相关单位积极承办，提案办理工作更有力度、更富成效。区政协五届四次会议以来共立案、交办并办复提案98件，切实发挥政协提案服务民生的重要作用。反映社情民意。不断拓展反映社情民意信息工作的网络体系，完善信息征集、报送和反馈机制，有效发挥社情民意信息的“直通车”优势。全年收集社情民意信息110多条，全国、省、市政协共采用22条，其中4篇信息被全国政协内刊采用，18篇信息被省市政协内刊采用，其中11篇得到市委、市政府领导批示，为促进相关民生问题的解决发挥积极作用。岳麓区反映社情民意信息工作获评全市政协系统一等奖。

【加强履职能力】 2019年，区政协优化常委会会议规则，完善常委会学习制度，研究制定《区政协常委会会议制度》《区政协常委会学习制度》，切实把政协常委会建设成为政治坚定、开拓进取、团结合作、真诚包容、务实清廉的领导集体。各位常委会组成人员在调查研究、议政建言、发扬民主、团结合作等方面，发挥示范带头作用。打造过硬委员队伍。建立健全委员经常性学习制度，坚持委员外出学习培训机制，着力提高委员政治把握能力、调查研究能力、联系群众能力、合作共事能力。组织50多名政协委员及政协工作者赴清华大学研修学习。开展撰写提案和社情民意信息等履职能力培训20多次。严格落实委员履职考评制度，进一步增强委员履职的责任心和主动性。强化基层基础作用。按照区委统一部署，顺利推进政协机构改革，专委会设置配置更加优化，专委会在调研视察、协商议政、团结联谊等方面的重要作用进一步凸显。坚持以“四个一”（开展一次专题调研、撰写一篇大会发言、提交一份集体提案、组织一次界别协商）活动为抓手，界别工作更加活跃有序、务实有效。强化街（镇）政协联络组的联络、服务功能，进一步发挥委员在参政议政、建言献策等方面的积极作用。提升机关工作效能。坚持从严从实要求，不断加强机关作风建设，着力打造一支政治过硬、作风优良、充满活力的政协干部队伍。加大岳麓政协公众号等新媒体信息平台建设，充分运用“政协云”平台效应，加大宣传引领力度，更好展示新时代政协形象。积极参与市政协庆祝人民政协成立70周年系列活动，组织承办长沙市第三届“同心杯”篮球赛，增强政协机关的凝聚力和组织力。

纪检监察

综　述

【概况】区纪委监委在市纪委监委和区委的双重领导下进行工作，履行党的纪律检查和国家监察两项工作职能。岳麓区纪委监委机关编制45个，其中行政编制44个、工勤编制1个，2019年有行政编39名，工勤1名。区纪委监委派驻机构行政编制36个，2019年有行政编23名。区纪委监委直属事业单位纪检监察信息中心事业编制2个，2019年有2名。区委巡察机构核定1办3组，下辖1个巡察事务中心，行政编12个，事业编6个，行政编实际有9名，事业编5名。区纪委监委班子成员11人，区纪委领导班子职数9名，书记1正3副，常委5名（1名兼巡察办主任）；区监委班子职数9名，主任1正3副，委员5名（2名为专职委员），其中纪委副书记、常委为正科职领导职务，2名专职监委委员为副科职领导职务，高配主任科员。区纪委监委始终坚持稳中求进、实事求是、依规依纪依法，有力推动纪检监察工作高质量发展，全区反腐败斗争压倒性胜利态势不断巩固发展，政治生态、营商环境持续好转，人民群众在正风反腐中的获得感持续提升。

【政治定位】树牢“四个意识”、坚定“四个自信”、坚决做到“两个维护”，围绕贯彻落实党中央重大决策部署和省委、市委、区委工作要求开展政治监督，督促各单位各部门贯彻新发展理念、深化改革开放、打好“三大攻坚战”，确保政令畅通。加强政治监督。在贯彻落实党中央重大决策部署和省委、市委、区委工作要求上加强政治监督，坚决防止“中梗阻”。区纪委监委主要负责人到岳麓高新区开展减税降费工作调研，把对减税降费政策落实情况的监督检查作为一项重要政治任务。开展“不忘初心、牢记使命”主题教育专项监督，发现5大类问题并现场交办，不折不扣落实主题教育专项整治工作。监督护航“三大攻坚战”，开展“蓝天保卫战”专项监督检查，到区对口帮扶的龙山县洗洛镇、浏阳市田溪村开展专项监督检查，发现6类问题移交区农业农村局（区扶贫办）督促整改到位。压实政治责任。强化管党治党政治责任，建立领导干部开展谈话提醒情况报告制度，区四大家领导干部对其他处级干部和科级干部开展谈话提醒1854人次、全区科职党员领导干部开展谈话提醒8270人次。办理“两个责任”落实不力责任追究案件46件、处理90人，其中责令书面检查1个党组，给予党纪政务处分7人，组织处理83人。抓实巡视整改。切实提高政治站位，严格落实政治巡视要求，按期办结省委第二巡视组交办的6批26件次信访举报件。将省委巡视反馈意见中由区纪委监委牵头的7个重点问题细化为21项具体整改措施，先后召开3次纪委常委会议、6次专题会议研究和部署，对巡视整改实行“半月一调度”。坚持立行立改与常态长效相结合，21项具体措施全部完成或已经整章建制长期坚持，制定和修改完善相关制度13项。

【党风政风】认真贯彻落实市纪委监委和区委工作部署安排，聚焦主责主业，优化党风政风，紧密结合“不忘初心、牢记使命”主题教育八个专项整治，创新监督方式方法，有效推动全区党风政风监督工作持续向好。坚决破除形式主义、官僚主义。从讲政治的高度集中整治形式主义、官僚主义问题，全面落实“基层减负年”各项举措。查处形式主义、官僚主义问题3起、问责13人，其中给予党纪政务处分3人，组织处理10人。查办并通报梅溪湖街道以文件落实文件、区住保中心在公租房专项整治中履职不力等典型问题。整治违反中央八项规定精神问题。不折不扣执行中央八项规定及其实施细则精神，紧盯违规吃喝、违规发放津补贴和福利等老问题，深挖细查“一桌餐”“私房菜”等隐形变异问题，深入整治领导干部违规公款购买、违规收送名贵特产类特殊资源问题。查处违反中央八项规定精神问题26件、处理27人，其中给予党纪政务处分13人，组织处理14人，通报典型案例20件36人。持续打好红包礼金“歼灭战”，撤销“5910”廉政账户，严肃查处并通报违规收受红包礼金典型问题。开展专项整治。开展以领导干部名义“提篮子”“打牌子”问题专项整治工作，组织全区64名县处级以上领导干部、863名副科职以上领导干部开展违规经商办企业问题自查自纠，发现问题线索2条，其中给予党纪处分1人。制定《关于开展“营商环境优化年”执纪执法专项监督检查工作的实施方案》，发现营商环境问题线索1条，以纪律护航区域经济高质量发展。

【监督专责】 坚持“监督”为纪检监察机关基本职责、第一职责，坚持把做好高质量监督作为推动纪检监察工作高质量发展的重要抓手，进一步在日常监督、长期监督上探索创新、实现突破。做实日常监督。严格落实重大事项报告制度，全区党员干部向区纪委报告重大事项125人次。对全区副科级以上干部全面建立和完善廉政档案900份，实行精准“画像”。选派28名干部对全区83家单位的民主生活会进行现场督导。印发《关于做好党风廉洁意见回复的通知》，规范评优评先、表彰奖励、党员评议等工作征求党风廉洁意见工作程序和要求，开展党风廉洁意见审查3143人次。成立6个督查小组开展“两会”会风会纪监督，确保风清气正。坚持抓早抓小，运用“四种形态”处理417人次，第一至第四种形态分别占比78.4%、15.6%、3.8%、2.2%。深化派驻监督。召开派驻纪检监察组长座谈会，及时收集解决派驻监督的困难和问题，规范派驻纪检监察组的履职管理，各派驻纪检监察组立案14件。各派驻纪检监察组通过参加被监督单位党组会议、“三重一大”重大决策会议等方式，延伸监督触角，推动被监督单位主体责任落实。强化巡察监督。明确区纪委监委各纪检监察室、派驻纪检监察组承担巡察整改日常监督工作。全面提质区委巡察全覆盖，开展三轮常规巡察，共巡察9个街（镇）、区直机关党组织和30个村（社区）党组织，发现各类突出问题220个，移交问题线索35件，党纪政务处分3人，追责问责61人次，清退追回资金958万元，收回欠款1126万元，挽回损失114万元，建立健全制度104项。联络对接配合省委巡视及反馈意见整改工作，下达30份立行立改通知，严查不支持不配合巡察工作的情形。完成市委提级交叉巡察芙蓉区东屯渡街道及金科社区工作，协助市委提级交叉巡察桔子洲街道，规范区委巡察机构组织建设，充实巡察队伍力量，全面提升巡察监督质量。

【惩治腐败】 坚持抓惩治不放松，让利剑高悬、震慑常在，营造不敢腐的氛围；强化日常监督，让制度真正成为带电的高压线，织密不能腐的笼子。聚焦初心使命，开展警示教育活动，筑牢思想道德防线，让不想腐内化于心、外化于行。抓惩戒强化不敢腐的震慑。全区各级纪检监察组织立案117件，涉及乡科级干部13人，采取留置措施5人，移送司法机关2人，挽回经济损失997.54万元。对全区中共十八大以来纪律处分执行情况开展“拉网式”检查，对纪律处分决定执行不到位问题予以纠正，切实维护纪律的严肃性和权威性。通报典型案例问题14件涉及37家单位个人，通过点名道姓曝光，强化反面典型案例的警示、教育和震慑作用。抓监督强化不能腐的制约。坚守政治机关定位，坚持党委、政府重大决策部署到哪里，纪检监察监督检查就跟进到哪里，把对“两个维护”贯彻落实情况的监督检查融入日常监督。明确区纪委监委5个纪检监察室联系街镇、派驻纪检监察组范围，赋予纪检监察室日常监督检查工作职能职责；调整9个派驻纪检监察组监督范围，实现机构改革后区直单位监督全覆盖；建立健全区委巡察机构与区纪委监委有关部门协作配合机制，由各纪检监察室、派驻纪检监察组承担巡察整改日常监督工作，从制度层面进一步推动“四项监督”共同发力。抓教育强化不想腐的自觉。派员参加“不忘初心、牢记使命”主题教育各指导组，督促各单位不断夯实党员干部理想信念教育，积极开展警示教育工作，不断强化不想腐的思想认识。协助区委以向某案、李某案为镜鉴，开展党员干部警示教育。督促发案单位以案促改、完善制度，严格督促落实处分决定送达、谈话、宣布等程序，把思想政治工作贯穿到纪检监察工作全过程。

【执纪为民】 坚持以人民为中心的政治立场，着力解决群众反映强烈、损害群众利益的突出问题，不断厚植党执政的政治基础和群众基础。做实做细信访举报工作。畅通信访举报渠道，督促各街镇规范建立信访举报接待室，做到风险早排查、矛盾早化解。积极化解重复访、越级访，灵活运用提级办理、领导包案、阳光处访、片区协作等方式，提级审核信访举报问题120件，提级办理信访举报件64件，班子成员包案30件，指导开展公开答复与公开评议5起，化解群信群访、重信重访问题4起。整治群众身边的腐败和作风问题。以主题教育专项整治为契机，以精准扶贫、食品安全等13项与群众息息相关的热点难点问题为切入口开展专项整治，充分发挥“互联网+监督”平台作用，严查各级党员干部在民生领域、征地拆迁、生态环境等工作中发生的吃拿卡要、以权谋私、优亲厚友、截留挪用等问题，回应群众关心和关切。按照“一季一专题”的要求，深入开展生态公益林、教育扶贫、社会保障兜底等专项监督检查，切实做到开展一项专项整治、规范一个领域。查处群众身边腐败和作风问题案件85件、处理154人，其中给予党纪政务处分37人，组织处理117人，通报典型案例7起8人，追缴退还资金67.78万元。推进扫黑除恶专项斗争。受理中央扫黑除恶第16督导组交办信访举报件26件次，到期办结率100%。推动深挖彻查涉黑涉恶腐败和“保护伞”问题，受理并处置涉黑涉恶腐败、“保护伞”及追责问责问题线索55件，其中立案查办“保护伞”问题4人，涉黑涉恶腐败9人，因履职不力问责处理16人，采取留置措施1人，向区扫黑办移送涉黑涉恶问题线索1件。

【队伍建设】牢记政治机关定位，旗帜鲜明讲政治，时时处处事事强调和维护党的政治纪律和政治规矩，自觉将纪检监察工作置于党的领导之下，定期向市纪委监委和区委报告工作，重大事项及时请示、重要情况主动汇报。采取有效举措锻造过硬素质，主动适应纪检监察高质量发展要求。政治过硬。开展“不忘初心、牢记使命”主题教育，聚焦主题主线、坚持对标对表，通过开展理论学习、深入基层调研、讲党课、征集意见建议等，着力解决实际问题。建立健全《区纪委监委理论学习中心组学习制度》，推进学习制度化、规范化，加强领导班子思想政治建设。自觉在党的领导下开展工作，出台《长沙市岳麓区纪委监委落实请示报告制度有关事项的清单（试行）》，明确向市纪委监委、区委请示报告的“三重大一具体”情形。能力过硬。围绕纪检监察工作高质量发展，班子成员牵头申报课题、开展调研，着力解决具体问题。把2019年作为全区纪检监察干部的“能力素质提升年”，制定出台《岳麓区纪检监察系统“月末课堂”实施方案》，将思想政治教育、党纪法规教育、业务能力教育纳入其中，建设“学习型”机关。6月、11月两次开展全区纪检监察系统“全员培训”，6月下旬组织纪检监察干部到浙江大学进行素能提升培训。举办“月末课堂”5次。持续深化“三转”，分2个调研组开展“三转”落实情况走访调研，严格落实纪检监察干部专职专责工作要求，配齐配强基层纪检监察干部，抽调街镇纪检监察干部到办案点参与办案、到区纪委监委各室轮岗锻炼，提升实战能力。采取区内择优选调的方式，在全区范围内公开选调部分年轻干部充实派驻机构和巡察机构力量。作风过硬。坚持整治形式主义、官僚主义从自身做起，委机关领导班子成员带头、各室各纪检监察组开展自查自纠，共自查问题32条，逐一明确整改措施。加强内部监督，开展系统内作风建设明察暗访4次，受理各类违纪违规问题线索5条，其中约谈1人，提醒谈话2人。对全区纪检监察干部廉政档案进行动态维护，确保信息及时更新。质效过硬。坚持精准思维、实事求是，强化审理的审核把关作用，改变定性量纪10件，严把案件质量关。高度重视审查调查安全工作，规范谈话室管理使用，开展审查调查安全自查自纠及固定谈话场所安全检查和风险隐患排查工作。对全区2018年以来开展“走读式”谈话及审查调查安全工作情况进行专项检查，排查安全隐患，督促及时整改，守住审查调查安全底线。

【五届纪委四次全会召开】1月27日，中国共产党长沙市岳麓区第五届纪律检查委员会第四次全体会议召开，区委书记周志凯出席会议并强调，要清醒认识全面从严治党总体形势，始终保持政治清醒和战略定力；要深入学习贯彻习近平总书记系列重要讲话精神，在不断增强“四自能力”中永葆党的先进性和纯洁性；要以永远在路上的执着，把全面从严治党持续引向深入。区委副书询了结4人，诫勉谈话、批评教育、通报批评等组织处理15人，分办、初核10人。对有一定反映但不具备可查性的区管干部调整岗位2人。

【巡查整改】 区级领导出席巡察情况反馈会、巡察整改专题民主生活会，落实“一岗双责”，带头推动巡察发现问题的整改落实。12月3日，区委书记周志凯参加观沙岭街道的巡察情况反馈会，并就整改提出具体要求。7月13日，区委副书记、区长周凡参加学士街道巡察情况反馈会，7月31日，区委书记周志凯，区委副书记、区长周凡专题调度市委提级交叉巡察桔子洲街道反馈意见中有关锦绣潇湘文化艺术中心项目问题的推动整改落实。根据《关于建立健全区委巡察机构与区纪委区监委有关部门协作配合机制的意见》要求，加强与区纪委监委有关部门的协作配合。区纪委监委相关纪检监察室、派驻纪检监察组参加被巡察单位巡察整改专题民主生活会，将巡察整改落实情况作为日常监督重要内容。通过巡察监督，带动纪律监督、监察监督、派驻监督重心下移，力量下沉，监督合力贯通融合。把第七轮巡查中，村级交叉巡察发现的“落实上级重大决策部署不到位、基层党组织建设有薄弱环节、村级党风廉政建设廉政风险依然存在、基层社会治理制度落实有缺失、‘四风’问题仍有发生”等共性问题向全区街镇党工委通报，通过公开通报巡察共性问题，推动边巡边改，未巡先改。把巡察发现的村（社区）惠民资金使用方面存在的“惠民项目把关不严、实施程序执行不力、资金使用率不高”等问题，以巡察建议书形式，反馈到区民政局，推动部门主体责任的落实。

【改进巡察方式】 区委第七轮巡察探索开展村级交叉巡察，由已被巡察的街镇纪工委书记带队，相应街镇自行组建队伍，交叉巡察其他街（镇）的村（社区）党组织。通过自行组队、交叉巡察，有效推动延伸巡察进程，体现以人民为中心的理念。巡察期间，推动立行立改群众关心关注的问题30个。优化巡察工作作风。巡察直接面对基层、面对群众，尤其要带头反对形式主义、官僚主义，区委巡察办结合中央、省市区委有关文件要求，出台《区委巡察工作优化改进措施》，即不搞层层动员、不搞多头对接、不搞领导陪同、不搞漫天撒网、不搞文字堆砌、不搞特殊保障等“六不”措施，进一步严明工作标准、规范工作程序、改进工作作风，切实为基层减负。

【创新巡察机制】 实施“交叉巡察”，着力破解“人情干扰”。针对基层人员关系复杂，巡察易受人情网、关系网干扰的现实情况，对巡察组员授权任职实行职务、成长经历和社交圈“三回避”，着力破解村居巡察“熟人多、干扰大”的难题。在巡察中，探索出“四必谈”“四必查”“四必核”工作法，将交叉巡察工作做深做实。创新“模块推进”提升村级巡察质效。在交叉巡察的基础上，创新实施“模块化”村（社区）巡察工作法，将巡察组成员分为综合、党务、财务和事务等4个模块，坚持“综合牵头、党建总领、财务先行、事务兜底”原则，采取流水作业方式开展村(社区)党组织巡察。深化成果运用，推进巡察标本兼治。打造个性问题边巡边改、共性问题面上整改和违纪问题边巡边立案的工作模式。对被巡察单位问题整改实行区级领导按照各自分工“包保式”督导，严格压实整改责任。将村（社区）巡察发现共性问题以文件的形式印发，督促各职能部门对标查收，主动督促整改。对巡察中发现的涉嫌违纪违法线索，第一时间移交区纪委监委按程序处理，发挥接续效应。

群众团体

岳麓区总工会

【概况】至2019年末，全区共有工会组织3493家，工会会员64844人。

【基层工会建设】工会组建情况。2019年，全区新增工会组织131家，涵盖企业487家，发展农民工会员数18002人。根据市总文件精神，全面摸底全区八大群体的入会情况。已入会的八大群体组织共有14家，会员1083人。对市总两新工委提供的组织名单数据，90%组建工会。楼宇工会建设情况。楼宇商圈党群服务中心100%建立工会组织，选树洋湖街道中盈广场楼宇联合工会为楼宇商圈典型。持续聚焦楼宇经济，做实做优楼宇工会服务，助力岳麓产业发展。楼宇工会先后开展一批特色主题活动，增强楼宇经济的品牌效益、经济效益和社会效益。为了加强EAP计划为企业员工提供完善的员工福利保障，以增强人才的满意度和归属感，区总工会选树长沙梅溪湖金茂豪华精选酒店工会委员会为EAP示范点。企业民主管理工作。全区工资集体协商、女职工专项集体合同建制率均达90%以上。全区规模以上企业开展劳动关系和谐企业创建活动覆盖面达90%以上。职代会和厂务公开制度在规模企业实现全覆盖。区新增1名专职集体协商指导员，完成工资集体协商任务数1195家，建制率97.77%。100人以上已建工会的企业建制率达到90%，国药控股湖南维安大药房连锁有限公司和湖南环宇家政产业管理公司被市总工会评为2019年典型示范企业。

【工会维权】区属17个街道（镇）全部成立劳动争议调解委员会，成员由街道（镇）工会联合会、劳动就业和社会保障服务所、司法所、民政办、企业办、党建办、辖区内所在村（社区）委员会等部门和单位的代表组成，调解委员会主任由街道（镇）工会联合会主席担任。年内，各街道工会共协调解决6起欠薪等劳资纠纷，维护职工的合法权益。建立信访定量分析月报制，及时上报信访、重大信访事件和职工群体性事件信息，及时接访处突，化解风险矛盾，加大劳动争议调处和法律援助力度，维护职工队伍和谐。11月19日，区总工会了解到某家政公司保洁服务费，其中涉及6名员工工资被拖欠的问题，于11月20日到企业了解情况。经调查询问企业财务人员和相关负责人，区总工会告知企业负责人向员工按时支付工资是企业的责任和义务，要求公司尽快解决欠薪问题。该公司于当天全部支付6名工作人员薪资。维权服务。区总工会联合区司法局、区律师工作委员会开展“尊法守法·携手筑梦”服务农民工公益法律服务行动。根据广大农民工的现实需求，开展政策理论宣讲和劳动法律法规宣讲工作。组织律师志愿者深入农民工集中的街道（镇）、社区（村）、企业及工地、车站等场所，为农民工提供法律咨询，劳动争议调解，代书、代理等公益服务，引导帮助农民工及时申请法律援助，以理性合法的方式维护自身合法权益。

【工会服务】提升服务职工实效。开展元旦春节帮扶慰问。共使用资金29.78万元，慰问对象共计300人。开展大病救助活动。共使用帮扶经费2.8万元，帮助患大病困难职工3人。开展金秋助学活动。共使用帮扶经费3.46万元，资助贫困大学生7人。开展中秋国庆慰问活动。共使用帮扶经费3.75万元，帮扶困难职工25人。开展生活救助16人，使用救助资金4.32万元。全年在职职工住院医疗保障项目参加人数为15767人，收取互助资金78.8万元。女职工特殊疾病保障项目参加人数为9082人，收取互助资金90820元。全年累计赔付30余万元。深入推进了“一户一产业工人”培养工程，完成培训任务数，培养、打造、选树了一批新典型，组织开展育婴师、茶艺师、驾驶员等培训共计124人；落实“双联”工作任务，制定“双联”工作实施方案，推荐、树立一批新企业家座谈会，对2020年优化营商环境工作建言献策。

【服务会员企业】 组织会员企业、行业商（协）会、基层商会参加“庆三八女企业家”座谈会。4月26日，联合长沙市宁商公益促进会举办“法律知识大讲堂”，进行法律知识讲座。10月31日，组织30家会员企业齐聚湖南—非洲企业合作中心，开展牵手优质服务团队，共建公共平台活动。完善会员数据库建设，构建基础信息平台，指导基层商会对会员数据库实行动态管理，全年新增40名会员进入工商联会员数据库，10月中旬完善会员组织数据库录入。

【投身光彩事业】 引导企业发展，投身慈善事业。以开展非公经济人士理想信念教育实践活动为契机，引导工商联、商会会员加入慈善组织，引导广大非公有制经济人士致富思源、回报社会，自觉履行社会责任，树立良好社会形象。结对帮扶浏阳市张坊镇田溪村、湘西龙山县洗洛镇贫困户，慰问阳明山庄结对网格“扶贫帮困”家庭、浏阳市乌石小学代课老师和困难学生。

【联络招商引资】 协助、参与有关部门和街道（镇）招商工作8次，组织开展以商招商、以商联商活动15次。组织企业家参加各地举办的招商推介会。加强两地商会交流与合作，助推两地经济健康协调发展。4月、6月分别与株洲市天元区工商联、昆明市官渡区工商联缔结友好商会。11月14日，长

2019 年服务营商环境优化年工作暨执委大会

沙市邵阳商会考察岳麓区工商联，参观学习湖南晚安家访企业。

【加强队伍建设】 从年初计划的制定，到日常事项的安排，工商联党政领导共同研究决定，全体职工团结齐心、和谐共事。班子成员严格遵守中央关于领导干部廉洁自律的有关规定，自觉接受群众监督。组织学习习近平总书记在企业家座谈会上的讲话，开展“不忘初心、牢记使命”主题教育党课活动，认真落实各项规章制度，做到“每月一分析、每季度一汇报、每半年一小结、每年一总结讲评”。规范企业在意识形态领域的活动，印发《关于加强社科理论类论坛管理的通知》，组织召开意识形态领域教育专题活动座谈会。

【营商环境调研】 6月13日下午，长沙市工商联副主席、市工商联优化营商环境工作领导小组办公室主任田桂元一行到岳麓区坪塘街道就开展服务“营商环境优化年”工作进行专题调研。调研组先后到华谊兄弟（长沙）电影文化城有限公司、湖南构合混凝土有限公司进行调研，实地观看企业运转情况，听取企业相关汇报。随后，一行人到坪塘街道商会就开展服务“营商环境优化年”工作进行了座谈交流。岳麓区工商联、坪塘街道商会就如何优化营商环境分别进行汇报，各商会成员代表就各商会在生产经营中遇到的困难和问题进行了沟通交流。田桂元充分肯定岳麓区工商联及坪塘街道商会就如何优化营商环境做出的成绩，同时也指出不足，提出了具体指导意见。

【友好商会合作】 3月22日上午，株洲市天元区工商联一行25名企业家到岳麓区考察商务和产业发展。区委统战部副部长、工商联党组书记罗国良率班子成员陪同考察。考察团先后到湖南省五八众创创业投资有限公司（湖南省五八众创湘江社区）、五八众创创业小镇，现场听取公司负责人对公司发展情况及众创运营模式的介绍。随后，两地工商联座谈、探讨双方合作意向。岳

麓区商务局开放型经济促进中心相关负责人向考察团介绍全区近几年发生的巨大变化以及2019年“产业发展年”工作的推进情况。

【举办法律知识讲座】 4月26日，长沙市岳麓区工商业联合会联合长沙市宁商公益促进会举办“法律知识大讲堂”，为会员企业人员进行专业的法律知识讲座。聘请十位优秀专职律师讲课，答疑解惑，有会员企业家及公司财务人员近百人参加听课。

岳麓区残疾人联合会

【概况】 2019年，区残疾人联合会下辖17个街道（镇）残疾人联合会、51个专门协会、165个社区（村）残疾人协会，有基层残疾人专（兼）职委员183名、助残队伍42支、服务基层助残志愿者1780名，有各类残疾人3.5万人。全年举办残疾人专（兼）职委员业务培训班12期，培训600人次，有效提升工作人员业务能力和服务水平。组织开展“扶残助残善行四十佳”创建活动，长沙市岳麓区开音儿童发展中心获全市“十佳扶残助残爱心机构”称号、吴声湄获全市“十佳残疾人自强模范”称号、彭自敏获全市“十佳基层残疾人工作者”称号、包桂林获“十佳扶残助残爱心个人”称号。

【基层基础工作】 开展动态更新工作，更新8734持证残疾人的基本服务状况与需求信息数据；利用每月28号网格日深入开展“大调研、大走访、大排查、大解难、大宣讲”活动，全面掌握驻点社区残疾人就业、康复、社会保障等民生需求，梳理意见和建议，破解重大难题；开展“双联双百”工作，联系帮扶望麓社区12名残疾人，搜集整理15条社情民意，解决10个疑难问题；加强指导康复机构阵地建设，打造1家有影响力的儿童康复机构，完成6家注册儿童康复训练机构的资质审核；打造设施完善、功能齐全、服务优质的社区康复站；开展残疾鉴定办证优质服务，全天候办理残疾证审批，全年发放残疾证1056本。开展“精准康复”活动，为338名残疾儿童提供康复训练；开展“义肢助残”活动，为21名贫困残疾人免费装配假肢；开展“光明关爱”活动，为100名低弱视力患者验配助视器，为90名贫困白内障患者免费实施复明手术；开展“辅具适配”活动，为312名残疾人免费申请适配辅具，发放各类辅助器具；开展“爱耳日”宣传活动，发放爱耳宣传资料7000余份；开展“居家托养”活动，为100名智力、精神和重度肢体残疾人提供优质照料服务，实现“托养一人、解放全家”的目标。全年发放残疾人生活补助和重度残疾人护理补贴935.524万元；发放残疾人机动轮椅车燃油补贴2.99万元；发放残疾人运动员、教练员训练补贴5.29万元；为63名残疾儿童申报康复补助24.2万元；为10户残疾人创业者申报补助12.02万元；办理残疾人爱心公交卡123张；为32名大学、高中残疾学生及92名残疾人家庭入学子女申报发放助学补助38.5万元；为8名残疾人个体工商户申报养老保险补贴1.6万元。

【服务工作】 发挥残疾人法律救助站和湖南高新律师事务所主阵地作用，依法维护残疾人的合法权益，邀请区交警大队宣传中队民警为全区100名肢体残疾人驾驶员讲授“细节关乎生命，安全文明出行”的交通安全知识讲座，以道路交通法规知识结合典型案例帮助他们提高道路交通安全知识水平和遵规守法意识，教育他们文明行车、安全驾驶，为40名残疾人提供免费法律咨询服务，为50名残疾人工作者开展扫黑除恶专题业务培训，配合区信访局开展信访法治宣传月活动。按照“以人为本、因地制宜、改造实用、出行方便”的原则，完成含泰社区无障碍改造工程，完成60户残疾人家庭无障碍改造工程；按照省市残联文件要求，开展城市主要道路缘石坡道无障碍行动，采取政府购买社会组织服务的方式对缘石坡道进行实地调查，形成问题清单反馈给相关部门并督促整改，为残疾人打造便捷舒适的生活和出行环境。

【扶贫帮困工作】 开展“联千村帮万户”活动，确定含浦镇九丰村10户特困残疾人家庭为帮扶对象，为他们提供生活物资及慰问金共计10万元。区残联结合帮扶的贫困村和残疾人状况和需求，制订帮扶计划，明确一对一帮扶人员，结合业务工作，为残疾人提供个性化服务，做到量体裁衣，一户一

法　治

政法委及综治

【概况】2019年，中共岳麓区委政法委坚决贯彻落实中央和省、市、区委决策部署，围绕中华人民共和国成立70周年安保维稳的主线，全面部署推进政法领域改革、扫黑除恶专项斗争、社会治理创新和依法治理等工作，切实加强政法队伍建设，认真履行维护国家政治安全、确保社会大局稳定、促进社会公平正义、保障人民安居乐业职责，较好地完成各项工作任务。获评2019年全市维护稳定红旗区县、综治工作先进区县、扫黑除恶先进区县、反邪教工作优秀区县。连续13年保持全省“平安县市区”称号。

【安全维稳】以中华人民共和国成立70周年大庆安保工作为重点，实现“五个不发生”工作目标。维护国家政治安全，坚决贯彻落实反邪教工作总要求，落实维稳机制，加强社会稳定风险评估，及时有效处理群体性事件233起，教育训诫86人次，依法处理59人次。消除一批涉众型矛盾纠纷，牵头推动指南针商业广场、宇洋·西海、财富岳麓等13个项目的遗留问题处理，其中调处5个。完成2019互联网岳麓峰会、长沙国际马拉松、全市重大项目观摩等各级各类重要会议、重大活动期间安全保障工作。加强依法治访，提升信访处置效能，全年依法处置15人次，有效化解信访积案99件，全年全区进京非访同比下降42.5%。

【扫黑除恶】以接受中央督导和回头看为契机，以落实中央督导反馈意见问题整改和交办线索为重点，深入推进案件攻坚、打伞破网、打财断血、综合整治等工作，扫黑除恶专项斗争取得实际成效。区扫黑除恶专项斗争接受中央第16督导组下沉督导，得到高度评价。

【平安建设】落实区委创新社会治理“五篇文章、十项举措”决策部署，开展以居民零上访、安全零事故、治安零发案为内容的“三零”社区（村）创建工作。2019年，望岳街道莱茵社区、诚兴社区，洋湖街道龙骨寺社区，雨敞坪镇新卯村达到“三零”社区（村）建设标准，含浦街道含泰社区、桔子洲街道学堂坡社区等30个社区通过创建发案率明显下降，信访量明显减少。持续加强社会治理体系基础建设，高标准完成12个街道（镇）、46个社区（村）综治中心建设；加大“雪亮工程”硬件建设投入力度，完成300个补盲探头建设。积极探索“互联网+群防群治”治理模式，广泛宣传星城园丁App，注册用户达69万人，发动506家社会组织、10800余名“红袖章”志愿者参与社会治理，全区八类恶性案件同比下降38.95%。加强重点防控，在全区8.6万户出租房屋推广智能门锁安装，完成3.6万台电动摩托车防盗芯片安装，全区电动摩托车失窃发案率由37%下降至5%。

【法治规范化建设】持续推进执法规范化建设，组织政法机关开展执法检查，2019年评查案件12000余件，发现和纠正瑕疵案件32件。深入推进涉法涉诉信访工作改革，强化接处访工作，全区政法各单位共接待涉法涉诉信访案件339件，接待来访431人，办理省、市委政法委交办涉法涉诉信访案件22件。推行律师参与化解和代理涉法涉诉信访案件工作机制，全年安排律师值班300余人次，代理涉法涉诉案件15件，指派律师参与化解案件15起。开展国家司法救助，全年办理司法救助8案8人。

【服务经济建设】主动服务岳麓经济社会发展大局，紧盯“产业项目建设年”“营商环境优化年”的工作要求，围绕产业发展和重大项目建设，依法严厉打击阻碍项目推进、破坏企业生产经营、侵犯企业财产的各类犯罪，积极参与整顿和规范市场经济秩序。持续开展涉项目治安环境整治行动，保障麓山南路综合整治、后湖综合整治、麓景路南延工程等重点项目顺利实施，成功处理银太新村地段电网升级改造、地铁三号线、湖大围墙建设等项目阻工事件，维护麓山水泥和麓山南路等项目征拆工作的稳定有序。开展企业家权益保护专项行动，依法保护公司股东尤其是中小股东合法权益，营造良好投资环境。

【督导扫黑除恶工作】 4月19—22日，中央扫黑除恶第16督导组到岳麓区督导扫黑除恶工作，督导组一行深入到岳麓街道、云麓园社区、五星村及莲花镇、莲花社区、五丰村等区属单位，与街道（镇）和村（社区）干部进行座谈和谈话，到派出所等部门查阅资料和走访问询、进村入户了解群众感受和岳麓区扫黑除恶工作情况。对岳麓区扫黑除恶工作给予充分肯定。

【督导整改工作】 7月17日，岳麓区召开扫黑除恶中央督导整改工作推进会，会议由区委常委、政法委书记张铁炎主持，副区长、区公安分局局长谭应林、区人民法院院长张帅、区人民检察院检察长谢勇出席会议，区纪委监委、区委组织部、区公安分局等20余个部门的负责人参加。张铁炎强调，各单位、各部门要思想工作不放松，要工作方案抓落实，要强化调度抓重点。

中央督导扫黑除恶专项斗争汇报会

公　安

公安工作

【概况】 2019年，岳麓公安分局坚持以习近平新时代中国特色社会主义思想为指导，以“不忘初心、牢记使命”主题教育助推各项工作，围绕中华人民共和国成立70周年大庆安保维稳工作主线，贯彻落实湖南省公安厅决策部署和长沙市公安局总体工作思路和工作目标，全力推动新时代岳麓公安工作高质量发展。刑事发案连续6年下降，为岳麓区获评“全省社会治安综合治理先进区（县）”，连续12年保持全省“平安县市区”称号作出了应有贡献。

【维稳安保】 深入推进重点部位、重点人员、重点物品、重点公共安全风险、重点网络安全风险“五大要素”管控。实行分局党委挂帅联点、警种牵头督线、所队包保控面，构筑“点线面”相结合的作战体系，制定周密安保方案和督查方案，确保全警全勤投入安保。部门联勤，及时调度、快速反应，第一时间发现问题、解决问题，确保整体工作运转流畅、协同高效。全面管控重点物品和重点行业，紧盯寄递物流业，查问题、找隐患、促整改、堵漏洞，全年排查重点单位361家次，重点行业385家次，发现并督促相关单位整改隐患82次。培训企业开展自行检毒工作，对辖区从事危险品运输的36名驾驶员、84名校车驾驶员、200余名娱乐场所从业人员开展涉毒筛查，消除安全隐患。强化征地拆迁、污染整治、涉法涉诉等领域矛盾风险滚动排查力度。参与湖南航天管理局枫林菜市场清退工作，妥善化解梅溪湖中塘变电站建设中的不稳定因素。落实最高等级勤务，开展大巡防、大管控、大整治。落实巡警铁骑中队与反恐装甲车编队在全区重要部位巡逻制度，各单位巡逻力量深入背街小巷巡防，最大限度提高见警率、管事率，震慑各类违法犯罪。

【扫黑除恶】 审核办结中央督导组督办线索88条，摧毁涉黑犯罪组织1个，打掉恶势力犯罪集团2个，打掉恶势力团伙3个，查封冻结扣押涉案资产4272余万元，查封房产27套，扣押涉案车辆14辆；开展打击“三贷三霸”（校园贷、套路贷、非法高利贷，行霸、市霸、村霸）专项行动，打掉套路贷团伙5个；立九类涉恶犯罪案件154起，破案104起，刑事拘留183人。

【刑事侦查】围绕推进社会治理体系和治理能力现代化目标，持续严打各类突出犯罪，织密社会治安防控网络。全年接警82789起，抓获各类违法犯罪嫌疑人3651人（同比上升20.57%），刑事拘留1105人（其中侵财犯罪嫌疑人586人）、行政拘留2546人。立八类恶性案件58起，破案49起，破案率84.48%。全年快侦快破现行命案8起，并成功侦破十五年前龚某兵被杀积案。刑事拘留电信诈骗及网络新型违法犯罪嫌疑人137人，破获“6·28”“6·29”“7·15”“华尔街之路”民族资产解冻类等案件，冻结涉案资金500余万元，实现破案和打击处理同步提升。破获“9·6”涉黄案，刑事拘留14人、行政拘留30人，冻结扣押涉案资金1250余万元。侦办各类涉黄涉赌案件289起，抓获犯罪嫌疑人1026人，刑事拘留95人、执行逮捕直诉85人，行政拘留951人。所、队合作成功打掉微信招嫖组织介绍卖淫犯罪团伙1个，刑事拘留12人，行政拘留6人，教育训诫21人。侦破“9·26”专案，抓获犯罪嫌疑人75名，打掉利用境外“网络地下六合彩”平台收单录单的四层级地下六合彩赌博团伙1个。

【治安管理】推进“大钥匙”工程，用智能门锁大数据强化实有人口管理，推广数量全市领先。学习领会新时代“枫桥经验”，不断夯实派出所工作和社区警务根基，观沙岭派出所获评市级“枫桥派出所”，商学院警务室获评市级“枫桥警务室”。加强对境外人员管理，将境外人员纳入实有人口管理，与出租屋、流动人口清查同部署、同考核。办理“三非”（非法入境、非法就业、非法居留）案件70起，查处数量全省领先。强化重点行业管理，着力解决旅馆业住宿登记“四实”管控难题，以警务大数据建设应用为契机，推进旅馆业人脸识别系统布点建设。对宾馆酒店、休闲按摩洗浴、KTV、电玩城等重点场所开展清查行动23家次，排查重点单位361家次，重点行业385家次，发现并督促相关单位整改隐患82次。做精“12345”市民服务，提升群众对公安工作满意度，市局和区政府每月业务考核均为优秀。“智慧安防”全面推开，全区26500多台电动车安装防盗系统。

【禁毒工作】从加强打击、澄清底数、落实管控着手，强化工作措施，遏制毒品发展蔓延势头，全年保持禁毒省民调内五区第一（全市第二）。办理涉毒案件123起，抓获涉毒人员161人。侦破部督“113专案”，抓获犯罪嫌疑人22名，共缴毒品632千克。9月，分局联合区文化和旅游、市场监管、消防等部门对辖区内45家娱乐服务场所开展地毯式清查，筛查从业人员和重点嫌疑人员563人，依法处置尿样和毛发检测呈阳性人员11名。

【规范执法】落实负面清单制度，将不作为、乱作为导致的受立案和案件定性处置违规违反程序等执法不规范问题，及时推送各所队一把手整改。全年下发负面清单43期。组织召开检公联席暨法制培训会，请区检察院侦查监督科的检察官为办案民警讲课，组织法制民警参加旁听湖南省高级人民法院行政庭庭审活动，对不同执法岗位民警开展常态化、大范围、多层次、有针对性的实战培训，提高培训的实效性。

【营商服务】落实中共长沙市委、市公安局党委、岳麓区委、区政府优化营商环境工作要求，主动把公安工作置于经济发展大局中谋划定位，制订《服务“产业项目建设年”“营商环境优化年”实施方案》，将服务“两个年”建设纳入中心工作，为全区经济高质量发展营造良好环境。成立优化营商环境工作领导小组，开展“两转一提”（转变执法观念、转变工作作风、提升履职工作能力）大讨论和“进企业、送服务、促发展”大走访系列活动。分局党委带头、全警参与，深入辖区企业了解所需所困，全年走访企业468家，召开警企座谈会12场次，收集企业需求186条，现场解决问题155件。深化“放管服”改革，依托“便民服务桥”等平台，推广网上预约、网上办理、寄递上门，实现企业及员工“最多跑一次”或“一次也不跑”。强化重点行业、重点单位内部安全保卫工作，指导企业做好人防、物防、技防措施，全年未发生涉企重大恶性案事件。与区商会建立定期沟通协商机制，对涉企案件实施快处快侦绿色通道，协助外省市办理对辖区企业的立案案件时尽可能减小对企业的干扰，实施定期上门访问机制，为优化营商环境精准施策。辖区宜家家居商场开业前，分局主动服务、全面保障，确保系列活动安全圆满进行。

【基础建设】有序推进派出所建设三年行动计划，完成望月湖、望岳、天顶、雨敞坪3个派出所基础设施建设，新建银盆岭派出所办公处所正投入使用，提质改造含浦派出所办公场所，新坪塘派出所办公楼完成图纸设计。18个提质改造警务室、6个新建警务室、50个驻村警务室建设任务全面完成，新招录22名驻村辅警配备到位，城乡一体化社区警务工作取得成效。新购公务用车13台、升级新能源汽车14台，新增单警装备198套，全部配发基层。

交通管理

【概况】岳麓交警大队有14个中队，其中10个路面勤务中队，另设有综管中队、机动中队、停管中队、122中队。全队有民警144人,辅警96人（借调其他单位1人）,协警（临聘）147人,劝导员（临聘）136人。

【智能网联示范区建设】长沙市智能网联汽车一期测试开放道路涉及岳麓区含浦片区、洋湖片区、梅溪湖片区以及梅溪湖沿线等路段，通过与长沙市交警支队与湖南湘江智能科技创新中心有限公司、青岛海信网络科技股份有限公司、百度地图、杭州地平线电子有限公司、中南大学等单位成立警企联合实验室，完成21个智慧交通路口的建设，完善示范区12条道路交通设施标准化设置，并配备先进设施设备，优化交通组织，增加1个交警中队警力，实施严格管理，着力打造“人、车、路、网、云”五位一体“交管智慧云脑”。实现智能网联和智能交通平台互联、数据共享，为交通安全保障、交通违法处理、交通事故处置等提供技术支撑。在推进“两个一百公里”智能网联开放式示范道路建设工作中，通过铁骑流动整治、电子警察抓拍、路口路段交通组织优化等措施，完成智能网联开放式道路建设，满足道路交通测试需求。

【交通秩序整治】遵照省、市公安机关工作部署，结合岳麓区道路交通实际情况，全面开展道路交通安全集中整治工作，全年累计投入警力12000余人次，出动警车3600余台，先后开展“践行新使命，忠诚保大庆”整治行动、交通违法集中整治“百日会战”行动、预防重特大道路交通事故专项整治行动、渣土车交通违法行为集中整治行动、不文明交通行为专项整治、机动车斑马线不礼让行人专项整治行动、“四大攻坚战”整治行动、全市城市道路交通秩序整治行动、电动车交通违法、机动车乱停、人车抢行乱象、不合理标志标线“四治四规”清霾专项行动等一系列整治行动700余次，累计纠正道路交通违法行为30万余起，开具强制凭证14766份及机动车简易程序决定30022份，其中，查处电动车违法18519起、机动车乱停违法138275起、货车违法14210起、客车违法394起、酒驾1681起（含醉驾351起），查扣电动车12026台、摩托车1954台、机动车2060台。最大限度预防和减少道路交通事故的发生，确保辖区道路交通环境平安、和谐。

【交通事故预防及处理】2019年，全区共排查道路安全隐患219起，已治理到位113起。区道安委办公室按照“一单四制”要求下达隐患整改通知书31份，各交办单位已向区道路交通安全委员会申请销号19份。依托“两站两员”工作站，在莲花镇、雨敞坪镇等六个涉农街道镇推广应用《湖南省农村道路交通安全管理信息系统》，夯实农村道路交通安全基础工作，确保农村道路交通安全形势平稳，区农村道路交通安全社会化管理进一步强化。2019年，全区共接报警36889起。在机动车、非机动车保有量激增的情况下，交通事故四项数据均有不同程度下降，其中，事故数下降1.49%，死亡人数下降26.31%，受伤人数下降19.86%，直接财产损失下降24.95%。侦破一般以上交通肇事逃逸事故29起，破案率100%。全区总体道路安全形势平稳、有序。

【交通组织优化】向上级有关交通组织优化部门上报优化整改方案122个，在辖区施划标线约873平方千米，标识约113平方米，除线167平方米，新装标志牌430余套、爆闪灯82套、防撞柱85根、防撞桶5个、广角镜7块，拆除广告牌262块，完善40余所学校门前交通安全设施，新设置红绿灯管控路口6个，新增路口监控10余套，新增智能人行横道1套，新增城市停车位1000余个。城区信号灯路口渠化率、标线施划率及学校、医院等周边过街路口交通安全设施设置率处于较高水平。

【交通警保卫】全年完成各类警保卫任务230批次856趟次，其中，一级警卫3批次5趟次，二级警卫6批次12趟次，三级警卫15批次22趟次，其他警保卫206批次817趟次。出动警力21058人次，出动警车2459台次，警卫线路总长3546千米，全年警员加班47582小时。每次接受任务后，大队严格遵循提前勘查线路，认真制定方案，合理部署警力，领导督查工作程序，全年未发生一起警保卫责任事故，圆满完成各项警保卫任务。

【交通安全宣传】 2019年累计开展交通安全集中宣传活动80余场次，发放和张贴宣传挂图1万余张，发放宣传资料20余万份，派出小教员授课620余场次，11000余人受到教育；对专业运输单位有针对性地开展交通安全宣传教育130余场次，其中，客运公司60场次、区教育系统校车驾驶人36场次、危爆物品运输单位12场次。发送各类交通安全提示信息6万余条，曝光违法200余起，事故警示80余起。自主组织或配合支队进行媒体宣传报道234场次，完成新闻发稿498篇，其中，“患败血症新生儿乘车去长沙急救，多地交警接力深夜护送”“流动的中国|匆匆一面的你”“游客失足掉湘江，交警救人不留名”“高考护考十余载，岳麓交警谈护考”“无证驾驶套牌车，驾驶人面临行政拘留”“岳麓交警4小时破获一起无证驾驶撞伤环卫工逃逸案”“排查安全隐患，岳麓交警发现一非法运输危险品面包车”等分别被新华社、人民网、湖南卫视、湖南经视等媒体采用报道。

【政治建警】 严格践行习近平总书记关于公安队伍“对党忠诚、服务人民、执法公正、纪律严明”总要求，抓实抓牢领导干部“一岗双责”六项工作制度和市局政治建警集中学习制度，坚持把党章党规、习近平总书记系列重要讲话精神等政治理论、法纪法规作为必修课，努力实现“队伍零违纪、执法零过错、单位零事故”工作目标。按照市局、支队“不忘初心、牢记使命”主题教育实施方案，结合“三会一课”制度深入推进主题教育学习，把“党员为人民群众办一件实事”融入工作中、刻在思想中，取得积极成效。

【交通安保工作】 2019年6月27—29日，以“合作共赢，务实推进中非经贸关系”为主题的第一届中国—非洲经贸博览会在湖南省长沙市举办。岳麓交警大队对博览会期间辖区道路通行、交通宣传等管理情况，进行全面、细致部署，落实“定人、定岗、定责”制度，采取全警停休、全员上岗、道路管控分流等措施，精准全面地发挥各中队勤务优势，构建完整、系统的勤务模块。开展中非经贸博览会宣传引导工作，通过短信、微博、微信、高德地图等平台向市民发送交通宣传提示信息，动员全警通过微信朋友圈进行扩散宣传，并在各个路口发放《致市民朋友的一封信》宣传资料，为中非经贸博览会的顺利开展做好铺垫。通过严格落实多项举措，为博览会画上了圆满的句号。

【“零酒驾”宣传】 为积极倡导安全文明出行，推进社会协同治理，提升市民朋友的交通安全意识，杜绝涉酒驾驶的交通违法行为产生，让“开车不喝酒、酒后不开车”的理念深入人心，12月13日，岳麓交警联合望城坡街道、滴滴代驾、龙骧客运共同开展“生命无价 酒后禁驾”创建“零酒驾”城市活动。活动现场，民警与全场代表共同向市民发出倡议，邀社会各界共同建设“零酒驾”城区，全民争当交通文明示范者、劝导者、践行者、引领者。活动设置互动体验区，邀请市民体验酒精测试仪，普及相关酒驾醉驾法律知识，加深市民对酒驾醉驾的危害意识，并设置抽奖活动，以通过朋友圈分享活动照片的方式扩大活动宣传覆盖面，取得积极效果。

检　察

【概况】 2019年，区人民检察院牢牢把握检察工作新时代坐标，全面加强检察队伍建设，凝心聚力服务岳麓发展，依法履职维护公平正义，完成全年工作任务。被最高人民检察院授予“全国检察宣传先进单位”，获评2014—2018年度全省检察系统先进基层检察院，被长沙市人民政府授予“长沙市文明单位”称号。

【刑事检察】 受理提请批准逮捕案件848件1289人，依法批捕688件1011人；办理移送审查起诉案件1184件1751人，依法起诉995件1394人。其中，办理涉黑涉恶案件31件，批准逮捕23件57人、起诉8件129人；批捕故意杀人、故意伤害、强奸、绑架等严重暴力犯罪嫌疑人43件54人，起诉34件46人；严惩人民群众反映强烈的多发性犯罪，批捕电信网络诈骗、“套路贷”“两抢一盗”“黄赌毒”等犯罪410件563人，起诉411件563人；加强对以危险方法危害公共安全犯罪的打击，依法起诉6件6人。开展职务犯罪检察工作，积极对接纪检监察部门依据办案规程，做好职务犯罪案件审查衔接工作，审查起诉职务犯罪案件7件7人。依法办理侵害未成年人犯罪案件，批捕18件21人、起诉21件23人，监督推动办理一起故意伤害女童案，通过检侦联合取证锁定犯罪嫌疑人，经法院审理，案犯被判处有期徒刑，对该案的检察监督得到高检人民检察院的肯定并予以推介，2019年11月6日中央电视台《社会与法》频道特别节目《守护明天》作专题报道。全面落实未成年人犯罪案件捕诉一体办案模式，依法附条件不起诉涉罪未成年人13人。建立法治巡讲进校园工作机制，深入中小学开展防拐骗、防性侵、防欺凌等法治教育活动，开展检校共建，协同推进未成年人法治教育和司法保护工作，未成年人检察工作“岳麓品牌”日渐凸显。努力践行“以人民为中心”的司法理念，紧紧围绕全区中心工作，积极履行检察职能。抓实省委巡视反馈问题整改工作，积极参与妥善处置化解重大不稳定问题。认真落实领导包案、约谈接访等措施，化解涉法涉诉矛盾。优化“12309”检察服务中心硬软件服务，及时办理和答复涉诉涉检问题。引入律师参与群众关注热点案件的维稳工作，共同做好社会风险防控，维护好群众的合法利益。坚持把智慧岳麓网格化管理工作和在职党员进社区工作做细做实，深入街道、社区、网格走访调研、解决问题，开展法治宣传和日常服务，不断增强人民群众的幸福感、获得感、安全感。立足办案优化营商环境。贯彻执行最高人民检察院发布的规范办理涉民营企业案件执法司法标准，加强对涉民营企业案件的立案和侦查活动监督，准确把握法律政策界限，慎用强制措施，切实减少办案对企业经营的负面影响，促进民营企业家放心投资、安心经营。积极参与“营商环境优化年”活动，在岳麓高新区设立检察联络室，充分发挥检察职能解决涉企案件，为企业供给优质检察产品、法治产品。依法批捕职务侵占、挪用资金、伪造公司印章、侵犯知识产权等侵犯民营企业案件18件20人、起诉25件27人，为企业挽回经济损失5100余万元。立足办案服务“三大攻坚战”。积极参与黑臭水体整治、大气和固体废弃物污染防治，深化破坏环境资源犯罪专项立案监督，以零容忍态度坚决打击破坏环境资源犯罪，起诉4件7人。加大对因案致贫、因案返贫人员的司法救济，发放司法救助金7.3万元。立足办案守护民生安全。加强与行政执法机关工作衔接，在区市场监督管理局设立检察联络室，共同推进民生安全保护，依法起诉生产销售有毒有害食品、假药劣药等犯罪。针对医疗废物污染问题，深入全区30多家医疗机构，开展医疗废物处置专项监督活动，督促有关职能部门加强对医疗机构的监管，及时对医疗废物暂存设施、设备不符合卫生要求的医疗机构进行查处治理。依法推进公益诉讼。着眼“蓝天、碧水、净土保卫战”和“舌尖上的安全”，依法提起刑事附带民事公益诉讼案件。认真开展公益诉讼“回头看”，确保检察建议落地，1件行政公益诉讼案获评全省优秀案件。加强线索初核，立案办理资源保护、生态环境、国有财产保护领域公益诉讼案件72件，开展诉前工作，督促相关职能部门依法履职。2019年3月，获评“全省检察机关公益诉讼检察工作先进集体”。

【诉讼监督】 强化刑事诉讼监督，针对侦查机关有案不立等问题，监督侦查机关立案17人、不应当立案而立案的撤案3件。针对案件定性不准、违法取证等问题，采用变更案件定性、提出检察建议等措施、纠正违法23件。针对公安机关漏报捕、漏移送起诉等问题，督促公安机关追捕15人、追诉29人。对不构成犯罪、证据不足的，决定不批准逮捕148人，不起诉100人。加强刑事审判监督，依法提出抗诉3件。开展羁押必要性审查工作，提出变更强制措施建议46件46人。依法开展社区矫正检察，促进社区矫正依法公正。落实特赦服刑罪犯法律监督工作，坚决防止不该特赦的罪犯被特赦。加强民事行政诉讼监督。对判决或裁定确有错误的案件，依法提请抗诉或建议再审，全年为不服判决、裁定申请人减少不应承担的债务1300余万元。加强民事行政诉讼程序监督，依法办理审判活动违法行为监督案件。加大支持起诉力度，支持小区业主维护自身合法权益，向法院发出支持起诉书51份；同步化解涉企矛盾纠纷，依法终结审查28件。

【考察交流“扫黑除恶”工作】2019年3月7日，湖南省人民检察院公诉一处副处长杨勇带领省检察院“扫黑除恶”办公室工作人员及常德市、县两级检察机关“扫黑除恶”办工作人员到岳麓区检察院考察交流“扫黑除恶”专项斗争工作。常德市人民检察院副检察长郑朝兵、长沙市人民检察院公诉一处处长李峰磊参加考察交流活动。岳麓区检察院党组书记、检察长谢勇向考察交流组详细介绍岳麓区检察院开展“扫黑除恶”工作情况，双方还就检察机关如何充分发挥检察工作职能开展“扫黑除恶”工作进行了深入交流，取得广泛共识。省院公诉处一处副处长杨勇强调，检察机关要切实提高思想认识，强化组织领导，加强统筹协调，以对党忠诚的政治觉悟，将专项斗争作为重中之重、当务之急、全局工作抓好抓实。

【组织干警培训】为切实增强干警政治素质和提升业务能力水平，2019年7月28日至8月4日，区人民检察院分两批到复旦大学进行为期一周的法学理论和实务培训，主要解决政治意识、司法理念、履职能力问题，提升工作水平和效能，以新姿态、新作为服务“知识岳麓”“创新岳麓”建设。

【开展检察开放日活动】为深入学习贯彻习近平总书记在企业家座谈会上的重要讲话精神，更好地服务和保障民营企业发展。8月26日，区检察院开展以“检察护航民企发展”为主题的检察开放日暨“12309”检察服务中心揭牌仪式活动。邀请全国人大代表，区人大、区政协领导，部分民营企业家走进检察机关。全国人大代表、中国石化湖南分公司总经理黄河，区人大常委会副主任王剑鸣，区政协副主席卜茂荣，企业家代表邱应凯、段志明、邱则有等共同为“12309”检察服务中心揭牌。

法　院

【概况】2019年，区人民法院深入开展“审判质量、效率和公信力提升年”活动，受理各类案件34748件，结案33264件，法官年人均结案457件，同比分别上升38.1%、46.3%、48.9%，收结案数及法官年人均结案数均创历史新高；结案率95.7%，同比上升5.3%；调解率23.6%，同比上升6.1%；发改率1.8%，同比下降2.8%，审判态势呈“五升一降”，司法质效不断提升。2019年，该院聚精会神强队伍，大力推进“作风纪律建设巩固年”活动，队伍面貌焕然一新，该院连续三年蝉联“全国法院司法宣传先进单位”，司法改革工作因成效突出获湖南省高级人民法院通报表扬，刑事审判庭被评为“全国法院刑事案件认罪认罚从宽制度试点工作先进集体”，涌现“全国维护妇女儿童权益先进个人”“全省审判业务专家”等一批先进典型。

【刑事审判】加强刑事审判，依法维护社会安全稳定。全年共受理刑事案件1071件，审结1043件。推进扫黑除恶专项斗争，审结涉黑涉恶案件7件125人，依法审理“天津天狮”恶势力传销犯罪集团系列案，涉案115人全部获刑。坚决惩处严重暴力犯罪及危害公共安全犯罪，审结抢劫、绑架、非法拘禁、以危险方法危害公共安全、危险驾驶等案件365件521人。审结涉毒案件102件147人。开展“扫黄打非”专项审判，审结案件26件34人。严惩非法传销、集资诈骗、非法吸收公众存款等涉众型犯罪，审结案件20件47人。严惩食品药品安全领域犯罪，审结案件5件7人。严厉打击职务犯罪，推动审判与监察程序有效衔接，审结案件6件9人。加强民商事审判，依法保障经济社会发展。全年受理民商事案件19150件，审结18312件。出台优化营商环境22条实施意见，建立常态化司法服务保障机制，为威胜集团有限公司、湖南杉杉能源科技股份有限公司、中联重科股份有限公司等企业挽回损失13亿元。审结买卖合同纠纷案件4022件，规范市场交易行为。审结房地产纠纷案件2905件，促进房地产市场平稳健康发展。审结金融借款、民间借贷等纠纷案件4225件，妥善化解长沙银行、中国民生银行、浦发银行等金融借款系列纠纷，助推湖南金融中心建设。审结公司纠纷案件154件，依法保护公司股东尤其是中小股东合法权益，推动营造良好投资环境。审结环境资源类案件28件，强化环境资源司法保护，守护蓝天碧水净土。审结知识产权案件470件，依法强化对“西门子”“辣妹子”等中外驰名商标的保护，充分发挥司法保护知识产权的主导作用。加强行政审判，依法助力法治政府建设。全年共受理行政案件364件，审结360件，其中，依法判决行政机关履行法定职责、确认行政行为违法、撤销或变更行政行为28件。开展服务“产业项目建设年”活动，审查非诉行政执行申请50件，依法裁定准予执行38件。依法审查含浦大道、麓景路南延线工程等征收拆迁项目的非诉行政执行案件，监督支持项目依法推进。

【案件执行】 强化强制执行措施。不断巩固“基本解决执行难”成果，继续保持执行工作高水平运行，全年受理执行案件13776件，结案13345件，执行到位金额19.8亿元。全力服务重点项目建设，高效执结涉岳麓山国家大学科技城、潇湘大道南延线、湖南航天枫林农贸市场等重点项目执行案件，保障项目依法推进。依法打击失信行为，全年使用网络查控系统查询13618案的被执行人房屋、银行账户等信息，发布失信被执行人信息697人次，发布限制高消费令5343人次，拘留58人次，对2名拒不执行人民法院判决、裁定的被执行人依法判处刑罚。强化长效机制建设。全面推行执行团队办案模式，实施分段集约执行，启动执行精细化管理试点，进一步提升执行质效。探索推行律师调查被执行人财产制度，全年发出律师调查令1600余份。健全异地执行协同机制，开展涉工程机械行业专项执行，赴山东、黑龙江、新疆、内蒙古等地开展大型执行行动37次，执结案件2449件，查扣设备、车辆424台，查封房产159套，有力服务长沙制造业高质量发展。强化执行信息化建设。深入推进执行指挥中心实体化运行，实时掌握执行动态，开展远程指挥执行26场次，对外发起委托事项1340件，接受委托事项2044件。推广使用“阳光执行”App，执行取证全程留痕，申请执行人可通过App反馈线索、获取执行进展情况。继续推行网络拍卖询价评估机制，大幅缩短执行时间，节约当事人评估成本。全年挂网拍卖标的物1297件，拍品数量居全省法院首位，标的物成交率64%，成交金额6.9亿元。

【民商事审判】 聚焦民生权益保障。审结涉教育、医疗、就业类纠纷案件5312件，坚决维护人民群众合法权益。审结涉“三农”案件450件，常态化开展“为农民工讨薪”活动，为286名农民工追回工资及工程款900万余元。审结互联网金融、网络购物等纠纷案件2452件，强化互联网领域民生权益保障。审结涉食品药品类产品责任纠纷案件28件，保障人民群众生命健康安全。依法支持检察机关的刑事附带民事公益诉讼请求，对在卤制品中添加亚硝酸盐超标21倍的被告人程某判刑，并判决支付惩罚性赔偿金。完善司法救助机制，为当事人缓减免诉讼费95.8万元，对47名生活面临急迫困难的申请执行人发放救助金56.4万元。聚焦便民利民惠民。全面推进一站式多元解纷和诉讼服务体系建设，自助立案4550件，网上立案2679件，跨域立案29件，让信息多跑路，让群众少跑腿。坚持把非诉讼纠纷解决机制挺在前面，完善医疗、保险、家事及物业等专项调解，深化人民调解、司法调解、行政调解“三调联动”机制，全年受理诉前调解案件6943件，办结5634件。开展“智慧岳麓”网格化管理工作，人民法庭主动融入诉源治理格局，与村委会、驻镇单位、街道工委联动化解纠纷。推行律师调解，设立长沙市律协律师调解中心驻法院调解工作室，调解纠纷1364件。持续深化“分调裁审”机制改革，7个速裁团队快审快结案件5895件，其中2个速裁团队结案超1000件。

【司法公开建设】 继续深化司法公开，案件信息有效公开率、裁判文书公开率100%。直播庭审7293场，直播数量在全市法院排名第一。开展“法院公众开放日”活动，邀请各界人士参观法院、旁听庭审121场次。组建“送法宣讲团”，开展“送法进校园、企业、机关、社区、农村”等活动46次。强化司法宣传，正面报道法院工作300余篇次，其中21篇次案件报道被新华社、《人民日报》《人民法院报》等国家级媒体采用，50篇次新媒体作品被中央政法委、最高人民法院、湖南省委政法委等转载。官方微信公众号及纪念“五四”青年节作品分别获评“全国法院百优新媒体账号”“全国法院百优新媒体作品”，是湖南省中、基层法院唯一获评“双百优”单位。

【综合改革】 推进综合配套改革。落实法官员额制改革要求，强化审判辅助人员配置，组建24个新型审判团队，实现85%的力量集中在办案一线。全面落实司法责任制，完善审判权力运行体系。坚持院庭长带头办案制度，全年入额院庭长办案15966件，占结案总数的48%。以优化职能配置、推进扁平化管理为主线，圆满完成内设机构改革。加强审判管理，强化院庭长对“四类案件”的监督管理，通报司法绩效情况25期，全面提升司法质效。推进诉讼制度改革。深化以审判为中心的刑事诉讼制度改革，适用“三项规程”审结刑事案件263件，适用刑事认罪认罚从宽制度审结刑事案件633件702人，让正义实现进一步加速。深化家事审判方式和工作机制改革，试点“星城家事驻法院司法社工服务项目”，推动形成预防化解婚姻家庭纠纷的合力，受理家事案件815件，审结757件，签发人身安全保护令10份。首次引入“合适成年人”制度，依法通知未成年人保护组织代表作为“临时家长”出庭参加诉讼，保护未成年被告人合法权益。推进智慧法院建设。运用在线调解平台化解矛盾纠纷，当事人通过小程序即可申请在线调解及在线司法确认。“平台”自2019年10月上线至年末调解纠纷510件，调解成功296件，调解数量居全省法院第一。积极推进“闪信+”送达，累计成功发送闪信4273条。全面推进电子档案扫描和电子卷宗随案生成工作，电子卷宗随案生成率100%，并实现电子档案异地跨院借阅。

【队伍建设】坚持政治引领不偏移。始终把政治建设摆在首位，坚持党对法院工作的绝对领导，坚决贯彻落实区委决策、部署，主动向区委请示、报告重大事项和重要工作。开展“不忘初心、牢记使命”主题教育，院领导带头学习调研、检视整改，为党员干警树立标杆。进一步深化党性教育，组织开展系列爱党爱国教育和警示教育。认真落实意识形态工作责任制，全年开展意识形态专题学习、研究5次，牢牢坚持党对意识形态工作的全面领导。持续开展党支部“五化”建设，激励党员干部在争先进、创一流中做表率。坚持接受监督不回避。全方位报告工作，坚决执行区人大及其常委会决议、决定，主动向区人大常委会专题报告司法改革、民商事审判等工作情况，认真抓好审议意见贯彻落实。多渠道加强联络沟通，主动向人大代表、政协委员通报工作，广泛听取意见建议，全年累计邀请100余名人大代表、政协委员观摩庭审、见证执行、评议案件。制度化接受监督，及时办理区人大常委会交办、转办案件和事项以及人大代表建议、政协委员提案。依法接受检察监督，邀请检察长列席审判委员会，依法审理抗诉案件，认真对待检察建议，共同维护司法公正。积极推进司法民主，充分发挥人民陪审员的实质参审作用，2019年，人民陪审员参审案件3930件。坚持能力提升不放松。以革命化、正规化、专业化、职业化建设为目标，组织政治理论、审判业务等培训510人次。建设高层次审判队伍，广泛开展岗位练兵、庭审评议、案件评查等活动，充分发挥专业法官会议、审判委员会总结审判经验、统一裁判标准的作用，提升法官专业素养和能力，评选年度办案能手19名。加强调研队伍建设，注重复合型人才的培养，5篇学术论文获中国法学会、全国法院学术讨论会等国家级奖项。坚持正风肃纪不止步。切实履行全面从严治党主体责任，全年专题研究党风廉政建设工作4次。认真落实“一岗双责”，贯通运用监督执纪“四种形态”特别是第一种形态，开展日常谈话150人次，提醒谈话10人次，增强干警廉洁自律意识。逐步健全审判权力运行监督机制，切实做到放权不放任、监督不缺位。严格执行中央八项规定，扎实开展“作风纪律建设巩固年”活动，发布督查通报50期，坚决防止“四风”问题反弹回潮。

【调研督导】10月24日，最高人民法院立案庭庭长、诉讼服务中心主任钱晓晨一行到岳麓区人民法院调研督导“一站式多元解纷机制、一站式诉讼服务中心”建设工作。湖南省高级人民法院党组成员、立案信访局局长李立新，长沙市中级人民法院党组成员、副院长邹剑钧等参与调研。岳麓区法院党组书记、院长张帅，副院长谌晓宇陪同调研。

司法行政

【概况】为实现执法、司法、守法、普法工作职责一体化，根据机构改革的任务要求，原区法制办和区司法局于2019年3月20日实施重组。重组后的司法局内设办公室、法制科(行政审批政务服务科)、普法与依法治理科、公共法律服务管理

10 月 24 日，最高人民法院立案庭庭长、诉讼服务中心主任钱晓晨（中）一行调研督导区法院“两个一站式”建设工作

科（律师工作管理科）、人民参与和促进法治科（区矛盾纠纷多元化解协调领导小组办公室）、社区矫正科（区社区矫正执法大队）、政治工作办公室。下辖17个街道司法所，属司法局在街道（镇）派出机构，司法局与各街道(镇)共同管理，以司法局管理为主。全区有司法行政在编在职干部50人。

【法律服务】 为“阳光100”小区业主信访、天马图书城项目、潇湘大道南段堤防整治搬迁工作等政府重大决策出具69份法律审查意见，审查区政府及区直部门拟签订的各类合同文书76件，标的额94亿元，提出书面法律意见234条。配合区行政审批服务局对39个部门3187项政务服务事项实施审计，做到权责清晰、主体明确，提升政务服务水平。通过区直单位自上而下清理，村（社区）自下而上反馈的双向梳理方式，在全区开展减证便民证明事项梳理、审核工作。全区17个政府部门实现零证明事项，形成保留证明事项清单30项，取消保留事项清单16项。受理行政复议申请24件，均在法定期限内办结。办理区政府作为被告或被申请人的行政诉讼、行政复议案件129件，无一起败诉案件。组织开展行政执法人员资格培训考试，每半年组织一次全区行政执法案卷评查工作，列出问题清单，促进规范公正文明执法。配合区人民法院指定辩护人协助办理“6·30”案件。统筹协调23家律师事务所，83名律师，建立专案组履行法律援助工作职责，维护被告人合法权益。加大公共法律服务力度。为城乡受理法律援助人群提供法律援助咨询4767人次，受理指派案件440件，办结归档290件，案件回访110例，依申请类案件回访率100%，听庭113次，发放案件补贴86.8万元，共为当事人挽回损失或取得经济补偿金420万余元。开展农民工劳动合同普查与体检工作。安排17个司法所对接区人社局、区住房和城乡建设局及乡镇街道城建办等部门，就“农民工劳动合同普查与体检工作”进行全面走访、调查，共普查用人单位2983家，其中，建筑工地111家，加工企业426家，住宿餐饮企业1762家，其他单位684家，涉及职工42310名。在区发改局等部门的全力支持配合下，搭建区“湘江法商荟”公益法律服务平台，依托法律服务平台，开展“法治岳麓”营商论坛、“四长麓山夜话”等有社会影响力的活动，提升区域营商环境形象。

【普法工作】 开展重点法律法规宣传。全年发放各类宣传资料10000余份，悬挂摆放宣传标语、展板、横幅等300余块，讲授法治教育课30余堂，播放宣传视频200余次。利用“3·15”消费者权益保护日、农村法制宣传月、青少年法制宣传周及“6·26”国际禁毒日、“12·4”国家宪法日等大型主题宣传活动，开展法制宣传。定期组织开展校园法治文化作品展、暑假社会实践等活动，开展区校共建法治文化宣传工作，培育具有岳麓特色的法治文化品牌，打造法治文化建设亮点。

【人民调解】 加强基层人民调解组织建设。在全区17个街镇、162个村（社区）成立调解委员会188个。全年调解案件2774件，调解成功2736件，调解成功率98.6%。加强司法所规范化建设。纳入十三五规

【农村自来水工程】 实施农村饮水安全巩固提升工程6处，完成农村7700人自来水入户工作，并实施农村饮水安全“回头看”，发现问题及时整改。完成年度农村饮水工程水质监测任务，确保农村水质安全。

【队伍建设】 以“服务中心、建设队伍”为核心内容，持续推进规范化建设、筑牢基层基础。开展主题党日、支部结对共建等活动，规范岳麓智慧党建工作平台、红星云、和包的管理和使用。开展“不忘初心、牢记使命”主题教育活动，以检视问题为契机，抓整改落实，把学习教育、调查研究、检视问题、整改落实四项重点措施有机融合、统筹推进。落实党风廉政建设责任制，建立健全干部职工廉政档案及外出长沙报备制度，开展政务+监督，公开民生资金数据，接受社会监督；配合区委做好省委巡视整改相关工作，规范公务接待自查自纠，开展违反中央八项规定精神问题专项治理。

桐木片区小微水体治理

【宣传小微水体治理经验】 2019年10月，岳麓区莲花镇桐木片区小微水体管护及后湖水环境综合治理工作接受中央网信办、水利部组织的中央网络媒体专访，莲花镇桐木片区作为长沙市小微水体治理示范点，其工作做法及成功经验被《人民日报》《湖南日报》《长沙晚报》分别以头版或头条专题报道，并放中国网、《中国青年报》、中国台湾网等多家媒体宣传推介，相关宣传报道20余篇次。

城乡建设

住房和城乡建设

【概况】 2019年3月，根据区委、区政府机构调整改革的统一部署，原区人民防空办公室、区城市人居环境局、区住房和城乡建设局合并为区住房和城乡建设局。调整后的区住房和城乡建设局内设办公室、行业管理科、物业监管科、总工室、人防管理科、人居环境管理科和排水管理科7个科室。下设区城建监察大队、区建筑质量安全监察站2个二级机构。核定编制54名，其中行政编17名，全额拨款事业编制37名。主要职责：贯彻落实国家及省、市有关住房和城乡建设、人民防空、城市人居环境的方针、政策和法规；承担全区建筑市场的管理；房地产业的管理和指导；物业管理的监督和指导；城镇排水的统筹及乡镇污水处理厂建设和运行管理；城市人居环境改善工作；人民防空工作；授权范围内的建设工程质量安全监督管理和建设工程竣工验收备案；住房和城乡建设行业、人民防空的行政执法；权限范围内的建设工程消防设计审查；加强区投区建市政及房建项目和混凝土搅拌站等行业安全监督管理工作。

【房地产调控】 全年新建商品房批准预售531.25万平方米，新建商品房成交483.12万平方米，成交金额539.81亿元，两项绝对值居全市第一位。

【物业管理】 全区27个小区首次成立业主委员会，对物业企业和业委会开展公共收益公示情况检查2次，组织物业小区电梯安全检查4次，受理3万元以下一般维修资金项目51笔，办结75笔（含往年受理项目），受理应急维修资金项目322笔，办结212笔（含第一次拨付项目），实际拨付金额657.08万元，办理“12345”投诉和其他来信来电来访826件，办理红网问政、市长区长信箱转办单40单，办结率100%，满意度95%。

【安全生产】 全年对全区16家混凝土搅拌场站进行现场督查256次，对全区在建建筑工地开展“大排查、大体检、大整治”和预拌混凝土质量等专项检查行动，发出整改通知书41份，停工通知书14份，限制使用通知书13份。承办“2019年上半年度全市建设工程安全生产标准化及扬尘防治现场”观摩活动，岳麓山国家大学科技城（东核）安置小区一期项目获市“安全标准化示范工地”称号。强化源头治理，聘请第三方检测公司对全区区监项目建筑起重机械设备的安全性能进行检测，委托第三方检测机构对工程结构及建筑原材料等进行质量检测，检查混凝土质量及混凝土生产企业资质。全年未发生安全生产责任事故。

【污染防治】 狠抓蓝天治污降霾，督促全区在建工地全部安装扬尘在线监控系统并实现联网，对全区188个在建工地下发整改通知书48份，停工整改通知书214份，其中，立案查处44起，处罚22起，处罚金额134万元。督促工地整改问题2680处，两个国控点PM_{10}下降幅度排全市10个国控点前3名。提质提标污水处理工作，完成莲花、雨敞坪、含浦、大华、桐木、云盖6个污水处理厂设备用房及池体主体建设，并依规落实管网占地青苗补偿，启动污水处理厂配套管网施工。严抓黑臭水体整治，完成桃子湖汇水面积约2.7平方千米改造方案和咸嘉湖路排口汇水面积约5.6平方千米雨污分流改造方案的审核工作。配合区发改局申报国家债券资金。建立望兴桥—赵州港、学士沟渠、榨泥湖—港口排渠等黑臭水体整治项目后期维护管理机制，确保沟渠长治久清。

【城市人居环境改善】 全年上报省棚改工作计划200户和市棚改及有机更新工作计划1700户。完成市级统筹项目专项考核（土地划拨、开工建设项目、四个项目成本结算）；完成麓山南路（大学科技城）和白沙液有机更新项目主街改造；完成白沙液项目范围内的溁湾路古井和红泥山防空洞、麓山南路有机更新范围内的原二水厂苏式建筑和后湖片区范围内的“陶周墓”四处文物保护点修缮工作，实现区级文物挂牌及市对区城市有机更新项目绩效考核加分。全年完成上报市老旧小区提质提档改造10个、376栋、2962户，改造建筑面积26.23万平方米。按照市政府“以补促改”要求，完成橘洲移民小区和省棉麻厂宿舍危房改造。完成“一圈两场三道”建设任务（即15分钟生活圈；农贸市场、停车场；自行车道、人行道和历史文化步道）。完成靳江中海国际社区和湘江二桥西两个消防取水设施的道路和平台主体建设。

【人防工作】 对全区人防工程实施维护，升级改造防空警报器和短波电台，实现人防工程零事故。全年在梅溪湖街道润龙社区、蒙特梭利永祺西京幼儿园、麓山国际、岳麓区实验小学西校区、局机关等深入开展人防宣讲活动12场次。

【岳麓区建筑行业工会联合会召开2018年度工作总结表彰暨2019年工作推进会】 3月15日，岳麓区建筑行业工会联合会召开“2018年度工作总结表彰暨2019年工作推进会”。区政府副调研员、区总工会主席华良，区总工会副主席王莲霞出席会议。会上对湖南省西湖建筑集团有限公司工会委员会、湖南西城实业有限公司工会委员会等4个先进工会组织和李红、余剑波等14名先进工会工作者进行表彰。建筑行业工会工作重点突出、亮点纷呈，作为老品牌、老典型，有新气象、新风貌，充满凝聚力、战斗力、影响力、工作动力，得到区领导的高度肯定。

【救援演练】 6月20日，区住建局举办“2019年上半年度全市建设工程安全生产标准化及扬尘防治现场”观摩。活动重点展示“BIM”技术在工程中的应用、VR安全体验馆对施工现场真实模拟、二维码扫码信息服务以及塔吊喷淋、通道两旁喷淋和围墙喷淋、雾炮机等组成立体降尘系统、自动化车辆冲洗设备的使用等亮点。岳麓山国家大学科技城（东核）安置小区一期项目获市“安全标准化示范工地”称号。

3月15日，召开岳麓区建筑行业工会联合会2018年工作总结表彰暨2019年工作推进会

【学习交流】 7月11日，安徽省淮北市住房城乡建设局市场监管科科长朱亚波，相山区委常委、政法委书记池圣洲，杜集区委政法委副书记葛永，烈山区政法委副书记刘厉一行到区住建局考察，交流房产办证处遗工作经验及心得。会后，淮北市房产处遗联席办各领导表示此次收获颇丰，学习了长沙市房产办证处遗工作经验，为办好房产办证处遗工作打下坚实基础。

【物业管理工作】 8月26日，佛山市禅城区住房城乡建设和水利局党委书记王培国率领相关部门负责人一行18人到区住建局开展学习考察交流物业管理工作经验。通过实地考察银盆岭街道绿地中央广场、梅溪湖街道梅溪湖壹号小区物业服务项目，对两个项目采用社区、业委会、物业三方协同治理的工作模式给予高度评价。双方就如何发挥党建引领作用、增强职能部门联动、物业管理工作考核与奖惩措施、监督规范业委会行为、使用物业专项维修资金等方面进行深入交流探讨，对物业管理工作中存在的困难、如何解决物业矛盾纠纷、如何做好新老物业交接等问题交换了意见和看法。

【组织物业管理专业培训】 10月29日，长沙市岳麓区住房和城乡建设局举办岳麓区物业专职社工培训大会，岳麓区各街镇物管办主任、物管专干和物业专职社工共计130余人参加。培训内容主要有红色物业的背景、地位和作用，日常工作中总结的物业管理风险防控和矛盾化解，最新物业政策解读，街道社区物业工作常见问题的法律适用。通过培训，提升了岳麓区物业专职社工们的业务素养和能力水平，为物业专职社工的专业成长之路提供更多助力，进一步推动全区社会工作和社区治理的发展。

1月16日，住房和城乡建设部住房保障司副司长李晓龙（左五）一行对岳麓区经济适用住房情况进行现场调研和指导

住房保障服务

【概况】2019年，区住保中心在区委、区政府的领导下，以习近平新时代中国特色社会主义思想为指导，圆满完成了年度目标任务和区委、区政府交办的各项工作。

【项目建设】金溪湾小区二期（572套）和八方小区二期F2栋雇员公寓（464套）区公租房建设工作竣工扫尾。全年筹集新建、改建、盘活租赁住房3745套，建筑面积18.11万平方米。

【登记审批】落实“一件事一次办”的要求，优化审批流程，打通服务群众“最后一公里”，让数据多跑路、群众少跑腿，登记审批下移至街道，实现“一件事，一次办好”，“只进一扇门，只到一个窗，最多跑一次”的目标。2019年，办理业务资格审批261户、特困对象认定108户、经适房购房资格295户、棚改补贴3户。组织全区住房保障业务专干集中参加住房保障政策宣传培训2次；认真落实市政府关于城市特殊困难群体帮扶活动，全年对1000多户住房困难户进行走访摸排，其中帮扶79户。

【住房管理】全年办理公租房实物配租入住59户，“半边户”资格审查154户，经适房资格解控334户，收缴公租房租金近300万元。抓实公租房后续管理工作。定期开展消防安全宣传教育，通过宣传栏、发放宣传单、悬挂条幅、张贴宣传画等形式加大消防安全宣传力度，对9个公租房小区开展了安全大排查和2次消防知识培训和演练，清理公租房楼道、电梯井确保消防通道畅通，提高住户安全意识和安全应急处置能力，其做法得到社会和媒体的高度关注并在当地主流新闻媒体报道，全年区公租房小区未出现一起安全生产事故。全年修缮整改房屋渗水问题约130个，电梯维修21次，启动应急维修50起，有效解决了公租房住户的相关需求，及时化解了住户与物业公司的矛盾，维护了小区安全环境稳定。做好违规整治工作，针对转租、转借、欠缴租金、已取消资格未腾退房屋等各类违规问题，采取政府购买服务方式聘请法律服务机构和工作人员上门做政策宣讲等措施，实施租金催缴、责令整改、限期腾退，全年共整改57户。

【服务重点项目】2019年，区住保中心在服务麓山水泥、王家湾、中南大学胜利村建设项目搬迁腾退及航天技术学校等项目征拆安置工作中紧盯年度目标任务，强化措施，精准施策，班子成员带领业务骨干分别联系征拆项目，提供技术支撑和服务保障，确保区委、区政府下达的各项工作任务的落实。

城市房屋征收和补偿管理

【概况】2019年，区城市房屋征收和补偿管理办公室严格执行房屋征收和补偿政策，积极协调处理房屋征收工作中各类矛盾和问题，切实维护当事人的合法权益，完成了全年房屋征收和补偿工作任务。

【项目管理】2019年，涉及国有土地征收项目共16个，其中，扫尾项目10个，私房签约任务9户，单位4家，有9个项目完成腾地。新启动项目6个，征收私房240户，单位1家，其中，235户私房完成征收签约，累计发放征收补偿资金2.24亿元。

【房屋拆除】严格执行《岳麓区国有土地上房屋征收范围内拆除工程安全生产管理指导性意见》文件精神，层层压实责任，对各项目拆除安全生产和文明施工进行全程监督，实现铬盐厂生活区棚改、老咸嘉湖路两厢地块棚改、白沙液街两厢地块棚改（一期）、白沙液街两厢地块棚改（二期）、德智园研究生公寓、麓山水泥厂生产区、新生水泥厂生活区、观音港棚改等项目的征收房屋安全拆除，全年拆除房屋建构筑物21万平方米。

【创新征收新模式】2019年8月，原望城县水泥厂区周边零星国有土地项目及私房征收40户，位于省委、省政府确定的“三干两轨四连线”的关键节点上，被列入2019年省重点工程项目，为实现省政府提出的10月腾地目标，协助湘江新区投资有限公司、国有土地征收项目指挥部、区司法局等部门，研究制定了“先给租金腾房易地过渡再签征收补偿协议”的方式，充分保障群众的利益诉求，得到被搬迁群众的一致认可。项目自9月26日发布搬迁公告到10月15日，40户私房全部签订搬迁协议并交付拆除，保证了项目建设进度，完成了省委、省政府提出的工作要求。“先搬迁后征收补偿”模式为区国有土地房屋征收进行了一次大胆的探索和尝试。

城市建设开发工作

【概况】2019年度，区城建开发公司以招商融资和资产管理为重点，夯实公司内部管理、支部党建和解决历史遗留问题，完成年度工作任务，实现国有资产保值增值。

【产业发展】攻坚克难抓项目建设，在岳华新苑项目扫尾中，及时做好各项维修工作，配备完成交房使用，将项目结算全面报送，年内完成各分项验收交付工作。精细管理增资产量，规范招商秩序，严格选商要求，深入开展调研市场行情，全年资产运营收入180万元，增加岳华新苑商业铺面2000平方米。

【优质服务】物业服务全方位、全天候运行，物业公司负责观沙岭金麓小区服务以来，秉承“业主的满意，我们的追求”宗旨和“零拒绝”服务理念，全年完成各项维修1100余起，处理业主问题1300余个，新建垃圾分类站82个，更换灭火器材850余套，组织居民参加5次消防演练。通过优质服务，全年累计收取210万元物业管理费用，实现收支平衡。结对共建，扎根一线群众。支部与雨敞坪福胜村结对共建，全年组织党员结对活动2次，支持共建社区5万元。联系望城坡箭弓山社区和望新社区，解决社区各类矛盾问题21起，处理各类工单222件。多方协调，快速办理权证收实效。通过定人、定点，多方协调，全年办理金麓小区产权证345户，完成率达115%。完成河东吉景等多年历史遗留办证5户，其中公司筹措200余万元解决原长沙市供销社权证办理等历史遗留问题。研处及时，工单数量明显下降。通过工作细化、责任到人、重点把关、措施得力，全年共收到工单20件，有效处理20件，环比工单量较明显下降。

【攻坚克难】调整方式加快滨江扫尾顺利推进，根据滨江解遗特殊情况，上访多、诉讼复杂，剩余14户遗留未签协议对象思想工作难度大的特点。6月，由区政府协调观沙岭街道负责做好滨江扫尾14户未签协议对象的接访及签订协议等工作。重点攻坚，确保片区扫尾推进有力。除在洋湖片区拆迁扫尾中1户进入司法强征程序外，其余全部签订协议。完成正圆棚改项目结算，配合完成铬盐厂私房征收231户。

【严抓细管】业务到岗，责任到人，全年共组织2次安全生产大检查，对各单位安全生产责任制，安全员、消除设备全面检查到位，严格落实，即查即究即解，确保全年公司无安全事故。处早处小，及时化解各类矛盾和纠纷，对拆迁遗留问题缠访人员，安排专人值守。在重点时节，做好预案，确保五包一有效实施，及时化解，实现全年零非访。实行跟踪项目施工有效推进，确保农民工资全面到位，实现全年零集访。

【为拆迁户提供安置房源】 公司在金麓小区、岳华新苑农民保障房建设中提供近40万平方米房源，为滨江片区拆迁户提供安置房源，为加快岳麓新城建设提供有力保障。公司与区征地服务中心、正荣公司签订保障房房源协议，将岳华新苑二期继续打造成高质量、高品质保障房。

征地服务工作

【概况】 2019年，在区委、区政府的领导下，区征地服务中心围绕“建一流班子，带一流队伍，创一流业绩”的工作目标，继续保持外街征拆好势头，努力打破内街征地拆迁壁垒，在全区上下形成“规范、高效、廉洁、和谐”的征地拆迁工作环境，刷新岳麓区集体土地拆迁安置工作的新成绩。

【新拆项目】 推进重大项目拆迁腾地快速、高效完成，实现大多数项目“开机之日即是清零之时”的工作目标。省、市重大高科技项目——人工智能一期项目，涉及学士街道5个村民小组，拆迁面积29.97公顷，内有私房106户、企业2家，80天即完成拆迁。莲花镇9月10日启动拆迁的满帮物联港片区项目，一期腾地面积28公顷，需拆除房屋建筑面积2.21万平方米，10月18日实现房屋签约清零，10月25日实现房屋拆除清零，创造了自项目启动至房屋拆除清零的新“岳麓速度”，为全区项目征拆工作树立标杆。情况复杂、难题多、拆迁难度大的咸嘉湖街道美麓景园项目，仅用时111天就完成房屋腾地工作。岳麓街道A6、A7地块涉及“5号令”“60号令”“103号令”拆迁政策的变迁，地块内国有土地、集体土地交错分布，情况复杂，该项目6月28日发布征地公告，10月31日发布实施公告，11月12日正式启动签约，截至11月16日深夜完成278户私房签约清零，用时不到5个月。

【拆迁规程】 积极对接湘江新区国土规划局、市自然资源和规划局、区相关职能部门针对集体土地征拆补偿标准的提高多次进行专题研究，报请区政府出台《岳麓区集体土地拆迁工作流程》《岳麓区集体土地拆迁安置补充实施细则》等一系列规范性文件。对集体土地征地拆迁工作经费、概结算调整费、按期腾地奖等拆迁资金进一步进行规范。从拆迁补偿安置政策法规（拆迁户版）、拆迁工作手册（指挥部版）、业务调度、业务流程等方面汇总形成了4套制度汇编共151项，下发至各街镇、拆迁指挥部，确保政策执行到位。严格、持续落实“6·30新规”，促进签约，加快腾地，推动项目开展，在全区群众心中树立“三榜即铁榜、所见即所得”的深刻印象，征地拆迁由原来最难啃的“硬骨头”变成了拉动城市迅猛发展的“火车头”。

【扫尾项目】 根据扫尾未签约户攻坚难度大、司法程序时间长的特点，多举措保障扫尾工作平稳安全推进。扫尾项目17个，实现后湖综合整治等6个项目签约清零，靳江河南岸防洪整治工程、联江路、建工地产3个项目全面清零。扫尾签约任务64户、拆除任务88户（含64户未签约），完成签约36户，拆除49户，余28户未签约，39户未拆除（含28户未签约），未签约的28户中，有20户进入司法程序，3户进入拆违程序。观沙岭街道北津城东路项目未签约的2户，从2007年“60号令”至2019年，历时12年，11月28日完成签约。

【安置社保工作】 为确保被征地农民拆迁后及时安置，相关职能部门清查安置情况，推进分房工作，加快保障性住房的建设，对被征地农民按政策进行安置、购买社保，实现安置社保工作坚强有力。全年审批货币安置264.5人，审批住房安置4116.5人；社保报批项目44批次，共计审批3304人，纳入社保系统3066人。建立并完善《保障房源安置小区情况表》《岳麓区征地项目保障住房安置审批台账》等多个台账，对全区安置情况进行系统清查，对安置滞后的项目及时督促，推进分房建房工作。严格倒排工作任务与完成时限，有序分期分批次进行分房，确保工作快速高效完成。先后完成惟盛园、洋湖春园及洋湖明园安置小区的分房工作，共计7052人完成分房，安置房分房面积56.72万平方米。联合用地单位、街、村进行户型配比摸底，及时督促用地单位按照年度计划完成安置房建设施工进度。全面清缴安置社保资金。按照“应收尽收，应缴尽缴”的原则进行资金清理，加强社保资金统筹，对应缴未缴资金进行催缴，保障区集体土地拆迁社保资金足额到位，全年收缴社保资金4.27亿元，历年累计收缴70.72亿元；发资金催缴函124份，到位资金5.65亿元。落实安置资金清理工作，按不同时期的标准分类，按保障房源购房补助和货币补贴分类，按实收资金和缺口资金分类，进行专题调度，清理核算到位。

【拆迁资金管理】为维护被征地农村集体经济组织、村民和其他权利人的合法权益，进一步严格规范拆迁资金使用和管理。提前对需进行结算的项目进行分类分批，安排专人，在规定的时间内将项目结算资料上报湘江新区国土规划局。全年报送湘江新区项目结算32个。组织对历年来的重点工程往来款项进行系统清理，整理出预拨、借支拆迁款明细表，分解责任到人，对已查清原因的其他往来款项全部调整到位。督促街道对历年来拆迁补偿资金项目进行全面清理及回头看，重点核查由街道点对点支付资金等情况，形成自查自纠报告，街道退回前期重复申报拆迁资金共计88万元。进一步规范拆迁资金拨付流程及点对点资金支付管理，简化工作程序，保障拆迁补偿资金及时拨付到位，点对点资金全面到户。

【机构改革】3月22日，岳麓区征地服务中心挂牌成立。党组书记、主任黄硕传达全区机构改革动员大会会议精神并作思想动员，各党组成员、班子成员就如何落实好区机构改革相关工作进行表态发言，表示要全面深入理解、准确把握好机构改革的重点，强化担当作为，增强“四个意识”，坚决服从区委、区政府的重大决议和决定，确保机构改革各项任务圆满完成，为区征地服务中心2019年实现“建一流班子 带一流队伍 创超一流业绩的工作目标”而不懈努力。

【征地拆迁项目实现签约清零】启动于2013年9月，位于学士街道（辖区内的）长沙先导区恒毅科技补征等四个打捆报部实施项目（学士房产补征、恒毅科技补征一、学士房产补征二期）、望城县2006年八批次（湖南恒毅科技发展有限公司）等4个项目因拆迁资金到位困难、用地手续不齐及其他历史遗留问题，致使该批项目无法正常进行。2019年6月，该批项目再次启动，区征地服务中心在拆迁建设专项指挥部、相关职能部门、用地单位的协调配合下，坚持一线服务，耐心宣讲政策法规，讲清服务大局，支持城市建设人人有责这个理，在坚守政策底线的前提下，充分维护拆迁户的正当权益，经过深入细致的思想工作，终于获得拆迁户的理解和支持，2019年8月，39户拆迁户一致同意签约，至此，停摆6年多的征地拆迁项目终于实现签约清零。

公共工程建设

【概况】2019年3月，按照区委、区政府关于机构调整改革的统一部署，原区工务局更名为区公共工程建设中心，为区政府直属正科级公益类事业单位，编制15名。2019年，区公共工程建设中心继续开展全区重大项目建设工作的计划铺排、统筹调度、督查考核和协调服务等综合管理工作，统筹协调重大项目征拆腾地工作，组织实施彩虹路南段等财政投资基础设施道路建设，统筹调度推进2019年瓶颈断头路项目，协调服务轨道交通等省市区重大工程项目，完成全年工作任务，获评2019年度岳麓区绩效考核一等单位。

【征地拆迁】成立2个综合协调指挥部和22个征拆建设专项指挥部，共铺排征拆项目98个，用地面积1105.47公顷，其中：扫尾项目24个，用地面积212.27公顷；新征拆项目41个，用地面积362.87公顷；预备项目33个，用地面积530.33公顷。截至12月31日，扫尾项目有13个实现清零，1个实现签约清零；新征拆项目有34个发布公告，23个已启动签约，10个项目实现清零，6个项目实现签约清零。

【计划编制】按照区委、区政府工作部署，结合市发改委、市住建委、市重点办的工作要求，牵头编制《岳麓区2019年建设项目投资计划》中的城建基础设施项目计划、《岳麓区2019年度项目征拆计划》和《关于调整区项目建设和征拆工作领导小组及下设指挥部的通知》；牵头申报《市2019年度“瓶颈路、断头路”项目计划》和《2019年长沙市市政基础设施项目计划》。

【建设管理】严格按照区委、区政府要求，组织开展区财政投资基础设施项目建设工作。彩虹路南段2019年9月12日启动建设，完成路面破除、部分弃土外运和雨水管顶管施工等工作；截至2019年年末桐梓坡S片L—3道路工程完成可研及批复、初步设计及审批、施工图审查及备案、招标控制价审核等工作；区公安分局坪塘派出所办公楼建设完成立项、可研和规划方案编制工作；西站变电站11万伏配套路由建设正进行该区域地下管线勘察、项目立项等前期工作；完成月华街南段提质改造工程相关前期工作；正开展桐梓坡片I—1、猴子石大桥南辅道南侧绿化带提质改造工程相关前期工作；完成天马路结算审核；完成科韵路（省科技厅西侧K—6支路）结算二审；望藕路正在编制结算文书。

【综合管理】 开展项目建设常态化管理。对全区重点项目征拆和建设进度实施统一归口统计，全年发布拆迁周统计信息数据通报45期、月督查通报7期；完成全区重大基础设施项目、市城区“断头路、瓶颈路”项目改造计划和市城区市政基础设施项目前期工作进度台账统计并上报，完成湘江新区投资公司项目征拆建设协调情况统计等其他工作台账。全年，受理领导批示件52件，“12345”市民热线、“三服务一线”和“市长信箱”交办件83件，主要涉及产业项目服务、道路修建、轨道交通建设、城际铁路等遗留问题。对每项工作件均落实专人负责、科学调查、按期完成，获得群众和领导的认可和好评。认真办理人大建议和政协提案，并做好回复工作。全年受理区政府办转交的人大建议和政协提案承办件13件（含主办件2件、会办件11件），其中市人大会办件5件、市政协会办件1件、区人大主办件2件、区人大会办件4件、区政协会办件1件。其建议提案主要涉及断头路、瓶颈路等市政道路基础设施不完善问题，客观反映了全区城市建设中的不足。接到人大建议及政协提案，区公共工程建设中心逐一专题研究，每件均明确一名班子成员牵头办理。截至2019年年末，2件主办建议已办理并按要求函复，11件会办建议已按期办理，并将会办意见报区政府办。2019年，区委、区政府会议交办区公共工程建设中心牵头落实的工作共6大项。其中，含浦大道一期高低压杆线下地工程问题，已组织相关单位现场查勘后明确了迁改范围，西二环两厢整治工程交由麓山控股和中建国际PPP公司组织实施；关于麓山南路A3、A6、A7地块高低压杆线下地问题，区公共工程建设中心牵头编制任务清单、时间清单和责任清单，湘江新区供电公司已完成现场查勘，正在编制设计方案，待征拆扫尾工作完成后实施杆线下地工程；关于支持区城投构建新型政企关系问题，区公共工程建设中心会同区发改局对照省市制定的政府投资项目代建管理办法，并就区内出台《代建管理办法》与区城投做进一步论证；关于湖南美术馆周边配套和相关设施完善问题，已按时间节点完善湖南美术馆周边配套设施，为湖南美术馆营造良好的周边环境景观；关于区少年宫、体校及教师发展中心搬迁工作，已完成初步设计概算批复，已进入挂网公开招投标程序。

【项目协调】 协调“断头路、瓶颈路”建设。与市住建局和市交警支队对接协调，确定2019年度辖区范围内实施瓶颈断头路改造项目13个，其中新建4个、续建6个、预备3个，13个改造项目全部完成。其中，由区政府负责拆迁建设的道路项目2个，青山路建设（西二环—杜容路）已完成大部分路段拆迁腾地工作，正在进行土方外运；彩虹路南段已完成拆迁腾地工作，9月12日已进场施工。由湘江新区管委会负责投资

现场勘查并开展省美术馆开馆前周边设施完善协调工作

建设、区政府配合做好拆迁工作的道路项目有8个，湘府路（河西段）快速化改造、绕城高速跨学士路桥梁节点拓改工程，联江路、靳江河路和双塘路5个项目已完成拆迁腾地任务；坦山路（岳华路至观沙路）和北津城路建设已完成签约和腾房任务，岳华路建设（长望路至坦山路）已完成外业调查、资料收集和三轮会审及签约工作；桐梓坡路拓改、观沙路（长望路至坦山路）和岳华路改造（银双路至桐梓坡路）等3个预备项目正在办理前期设计、规划报建等手续，2019年暂无征拆任务。统筹协调地铁建设。牵头组织地铁3、4、6号线项目建设的协调服务工作，妥善解决地铁施工建设过程中的问题，确保地铁建设施工环境良好，施工顺利推进。协调处理地铁3号线中南大学站后湖新村小区房屋开裂问题，阳光100站黄鹤村5片安置房房屋开裂漏水和沉降问题，矿山研究院原机械宿舍实验室和居民小区水灾经济赔偿问题；地铁4号线月宫街房屋开裂道路破损问题，望月湖站望月湖小区3片房屋开裂问题，阜埠河站5号出入口信访相关问题，杜鹃路市政管网堵塞问题；地铁6号线区少年宫和银盆岭派出所搬迁问题，雄海花园（1栋、5栋、6栋）小区墙体开裂、地基下沉影响居民生活的问题等，经协调问题均获妥善解决。由区公共工程建设中心负责统筹协调的其他省市重点工程项目湘雅路过江通道、长赣铁路、大学科技城、人工智能科技城、湖南美术馆和湘江新区骨干道路等项目。截至2019年年末，除坦山路、麓景路南延线、潇湘大道南延线、北津城路等项目仍在拆迁扫尾外，其他项目均已腾地交地。其中，湘雅路过江通道已完成指界认定和勘察工作，过江隧道河西始发井于4月启动施工；长赣铁路已完成风险评估和勘现工作，何时正组织工程设计；绕城高速跨学士路桥梁节点拓改工程、靳西路、谷岳路已完成建设；人工智能科技城一期一批次已完成拆迁腾地工作；湖南美术馆周边公交站点、交警岗亭迁移等相关协调工作全面完成，9月28日已顺利开馆；王家湾片区综合整治项目于11月12日完成拆迁签约工作，11月底全面腾房。配合长沙供电公司、湘江新区供电公司做好市府线、林岸线配电改造工程施工协调工作，确保市府周边区域生产、生活用电需求；配合做好含浦220千伏输变电工程前期工作，有效提升岳麓高新区整体品质和避免重复投资建设；全力为滨江110千伏输变电工程、谷山110千伏输变电工程施工建设扫清障碍，为项目后续顺利推进打下坚实基础；经多方努力和多轮会商，确定“630攻坚”项目之一的西站110千伏输变电工程项目选址位置；助力区政府与长沙供电公司顺利签署电网建设推进协议，推动岳麓电力事业再上新台阶；定期调度岳麓山国家大科城核心区PPP项目电力专项工作，完成后湖驳岸景观专变建设工程和后湖新村立体停车库专变建设工作；为落实区委、区政府关于满帮华中物联港项目落地的工作要求，推进满帮项目配套基础设施和长韶娄供水加压泵站建设工作，同步解决学士街道、莲花镇等区域水资源严重不足问题，满足岳麓高新区中长期发展需求；协调解决麓山外国语实验中学因变压器着火烧毁导致的全校停电问题，确保麓山外国语实验中学2500余名师生和100余户住户的正常学习生活和中秋、国庆佳节期间的和谐。

【安全生产】按照区委、区政府关于安全生产要求，依据安全生产法律法规，对全区重点工程项目多次开展专项督查。对地铁3号线、4号线、6号线等省、市重点项目及联点英才园社区、银桥社区开展定期督查；做好由区公共工程建设中心承建的彩虹路南段建设的现场安全、文明施工管理工作，定期到项目现场进行督查，确保项目施工安全顺利。

【生态环保】协调地铁3号、4号、6号线、后湖片区综合整治和电网“630攻坚”等省市重点工程项目环保工作；配合做好白沙液街两厢地块棚改（一期）项目、望岳片区征拆项目、麓山南路综合整治工程等新拆重点工程项目环保相关工作；完成由区公共工程建设中心承建的彩虹路南段、L—3、月华街等道路排水设计和雨污分流工作；协调解决大科城片区等社区提质提档所涉环保问题；完成省环境保护督察组交办的环保督察问题整改及销号工作。

【文明创建】与长沙市轨道公司、湘江新区供电公司等单位合作，对区文明办交办的多个问题在第一时间指派专人专职处理，迅速处置银双路与银盆南路交界的西南角电缆线乱摆、电力检修井缺少盖板和彩虹路南段风华四季小区西门至金色山庄北门脏乱差等问题。

【落实服务群众工作】 先后为英才园社区群众解决人行天桥修建、损毁道路恢复、路灯及小区线路维修、垮塌护坡加固等民生问题，协助社区打造党建文化宣传栏。11月，拨付5万元工作经费为英才园路桐梓坡路口下坡桥安装中间隔离护栏，为群众的出行提供了安全保障。开展帮扶关怀活动。春节期间走访慰问英才园社区困难群众，“七一”走访慰问困难党员和群众，10月主动对接龙山县帮扶队，协调解决洗洛镇脱贫攻坚，把党的温暖和关怀送到群众心中。

【地铁4号线一期工程通车】 5月26日，历时4年半的地铁4号线一期工程顺利通车，作为长沙轨道交通线网骨干线路之一的4号线一期工程，是继2号线、1号线、长沙磁浮快线之后开通的又一条线路，也是开通最长的线路。作为长沙轨道交通“米”字形架构的重要“笔画”，4号线一期工程通车，将对长沙区域经济发展发挥重要支撑作用，岳麓区也将结束只有一条地铁线路的时代，从此步入地铁“2”时代。

5月26日，地铁4号线开通

自然资源和规划

【概况】 2019年7月，原区国土分局和区规划分局合并，成立区自然资源和规划分局。是年，分局全体员工全面贯彻落实省、市自然资源工作会议精神和区委、区政府工作部署，以机构改革为契机，整合工作职能，狠抓工作落实，为推进岳麓区高质量发展提供有力保障。

【规划编制】 积极推进莲花镇和雨敞坪镇国土空间总体规划编制工作，筹备20个村的“多规合一”村庄规划前期准备工作；协调大科城等重点片区、长沙麓山控股集团有限公司相关用地控规修改，指导观沙岭、靳江村、金岭社区等安置用地控规修改；组织开展观沙岭片区规划优化提升，对接相关部门形成书面报告和规划文本；协助湘江新区开展大科城产业规划编制，协助区委办开展大科城电子地图建设工作，组织设计大科城规划建设一张图，完善大科城综合交通规划；完成70个“15分钟生活圈”建设项目，创新开展惠民服务活动，掌上长沙、星辰在线等媒体多次报道；统筹开展城市有机更新，协助开展白沙液街相关地块控规修改，为白沙液街立面改造提供规划技术服务；积极推进儿童友好城市建设，做好联合国儿童基金会到长沙考察保障；全力配合“630”攻坚战（长沙电网建设“630攻坚”活动由长沙市委、市政府和国家电网湖南省电力有限公司部署，自2017年10月12日起实施，旨在用三年的时间实现长沙“城区电网充分保障、园区电网适度超前、农村电网安全稳定”，全面建成全国省会城市示范电网），全程参与区电力基础设施选址工作；有序推进老旧社区加装电梯，办理既有多层住宅增设电梯案卷27个；有条不紊地推进治房工作，编制完成2019年岳麓区治房行动方案。

【行政审批】 落实行政审批改革，推进“一件事一次办”。优化不动产登记办理环节和流程，2019年5月区不动产窗口发出岳麓区第一本集体土地不动产权证书。强化用地审批和建设工程规划审批管理，全年核发“建设用地许可证”508户，批准用地面积44740平方米；核发“建设工程规划许可证”15份，批准建筑面积2717.35平方米；核发“乡村建设规划许可证”480份，批准建筑面积84307.6平方米；核发“临时建设工程规划许可证”5份，批准建筑面积5328.53平方米。协助湘江新区办理规划咨询、方案审查等审批案卷257个，核发“建设工程规划竣工验收合格证”184份。

【资源管理】 落实第三次国土调查，按省市规定时限完成全区94590个地类图斑的调查举证工作，外调成果已通过国家验收；积极开展房地一体化权籍调查，已完成6000户基础测绘工作；严格落实安全生产主体责任制，创新技术手段，搭建全区地质灾害安全监测平台，保障人民群众生命财产安全；针对上报情况逐点现场踏勘认定区级重要地质灾害隐患点13处，配合省厅、市局技术单位做好25处关停退出矿山的环境治理及修复前期核查；汛期全面投入应急，排查巡查、处险除险，全区范围未发生因地质灾害造成的人员伤亡及财产损失。

【征地拆迁】 2019年新启动和续拆项目56个，完成私房、企业调查及资料收集1644户，拆除房屋1726栋，腾地265.42公顷，拨付征拆资金25.93亿元，启动司法征收程序11户，实现人工智能一期（一阶段）、莲花物联港项目、中南大学科技园研发总部A6、A7地块等29个项目清零。其中，莲花物联港项目用时45天实现涉拆房屋倒地拆除清零，中南大学A6、A7项目片区情况复杂，历史遗留问题多，总用时不到5个月完成278户签约清零。成功推进市人大、市政府督办的多年未解决的观沙岭北津城东路、坦山路、岳华路等几处断头路的征拆工作。

【执法监察】 加强项目批后管理，依法查处违法建设。放线、验线及规划条件核实三个环节到位率均为100%。出具违法建(构)筑物专业咨询意见87份，移送违法建设案件27件，下达整改通知5份，停工通知10份，立案上报市局违法建设案件4件，累计实施现场公示186次。严厉查处违法用地，切实做好耕地保护。立案查处土地违法案件18宗，岳麓区2018年度210处违法图斑已整改到位115处；牵头开展违建别墅问题清查整治工作，排查并处置各层次下发的疑似图斑219个，针对岳麓山风景名胜区开展“双摸排”再清查工作，发现并上报市协调推进小组12处18栋违建别墅问题，均已严格按省市要求整改到位，整改完成率100%，为岳麓山风景名胜区建立违法建设整治长效管理机制提供了翔实的依据。开展“大棚房”清理整治，做好闲置土地清查处置。6次摸排清查各类设施农业大棚数量831个，其中存在“大棚房”问题38个，整改完成率100%；武汉局督察的10宗闲置土地已处置8宗，司法查封1宗。经省厅梳理后重新下发涉及岳麓区的210宗空闲土地完成盘活56.2%，在全市六区三县（市）中排名第二。落实岳麓区蓝天保卫战三年行动计划（2018—2020年），坚决打赢打好三大攻坚战之污染防治攻坚战。严厉打击非法挖山采石及非法洗沙行为，及时立案查处，涉嫌刑事责任的坚决予以移送公安部门处理，阶段性治理成效显著。全年受理答复省委第二巡视组交办信访件9件，完成办理“12345”市民服务热线工单412个、区长信箱10个、来信来访68件、“12336”违法举报12件、依申请信息公开117件，推进梅溪湖正荣府5#栋垃圾站、恒大文化旅游城住宅装饰墙等问题的处理。

【服务大科城规划建设】 2019年，区自然资源和规划分局协助湘江新区国土规划局开展大科城产业规划编制工作，协助区委办开展大科城电子地图建设工作，对接泰源设计公司设计大科城规划建设一张图。对接市规勘院交通中心完善大科城综合交通规划，6月27日向区委、区政府专题汇报。7月18日，协助湘江新区国土规划局召开后湖E13、E14地块设计方案专家咨询会，积极为大科城的建设项目提供规划技术服务。协助长沙麓山控股集团有限公司开展后湖区域绿地规划修改，于8月16日经长沙市规划委员会审议通过。

【“一圈两场三道”建设】 协助区圈办（区“一圈两场三道”规划建设领导小组办公室）、区民政局在全区开展“15分钟生活圈”惠民服务月系列活动，深入17个生活圈中的19个社区举办19场惠民服务活动，直接参与的市民群众达10万余人，《湖南日报》、人民网、红网等媒体多次报道推介。协助区圈办、区委宣传部创新开展“幸福岳麓·幸福家”主题摄影、小视频比赛，活动征集到近千幅摄影作品和上百支视频作品。全年完成70个“15分钟生活圈”建设项目。

【“大棚房”清理整治专项行动】 2018年10月至2019年4月，

3月11日，区长周凡（左三）率队实地督导全区"一圈两场三道"建设工作

与区农业农村局共同组织开展全区"大棚房"清理整治专项行动。通过6次全面摸排，清查各类农业大棚数量831个，占地面积80.14公顷。"大棚房"存在问题共38个，占地面积3.77公顷，已整改到位38个，整改完成率100%。其中全部拆除20个，占地面积1.5332公顷，部分拆除整改合规2个，占地面积0.0972公顷，完善建设用地手续3个，占地面积0.6853公顷，完善设施农用地手续13个，占地面积1.4583公顷。恢复农业生产功能面积3.0888公顷。

【第三次国土调查完成】 3月，协助区政府组织召开全区第三次全国国土调查工作动员部署会，成立国土调查工作领导小组，制定调查工作方案和区分局全员参与方案，落实专项工作经费，组织培训相关人员。按照《长沙市岳麓区第三次国土调查宣传工作方案》要求，广泛深入开展宣传动员，制作宣传横幅200余条、宣传册1000份、宣传折页1000份等，在河西步步高、王府井和村社区电子显示屏滚动播放宣传。5月22日联合岳麓街道在步步高广场举行200余人参加的第三次国土调查工作推进活动，营造良好的舆论氛围。截止到5月底，按省市规定时限完成全区94590个地类图斑调查举证工作，其中提取外业核实图斑5903个、外业举证图斑17982个。8月底，岳麓区调查成果通过省级检查上报国家第三次国土调查办公室。9月，岳麓区调查成果通过国家级核查，差错率为0.19%，对国家级内业核查反馈意见中的2766个图斑进行核实整改，10月15日将整改成果提交湖南省第三次国土调查办公室。

城市管理和综合执法

【概况】 2019年3月，区城市管理和行政执法局更名为区城市管理和综合执法局，为区人民政府工作部门。在区委、区政府正确领导下，区城管执法局全面贯彻落实中共十九大和十九届四中全会精神，围绕区委、区政府"知识岳麓，创新岳麓"战略布局，继续以"示范引领长沙城市管理"为主线，以"精细维护、综合治理、品质提升"为抓手，凝心聚力，真抓实干，发挥党建龙头作用，不断加大城市管理机制革新、专项整治、专业维护、品质提升、为民服务内涵，坚持品质与品位并重，创新与发展并举，城市管理水平显著提高，为服务全区经济社会发展注入强大的动力。全区128个社区垃圾分类覆盖率100%。完成互联网岳麓峰会、国庆70周年庆典、中非经贸博览会等重大活动保障；智慧网联城市运营维护一体化在洋湖、梅溪湖片区正式推行；蓝天保卫战纵深推进，省委巡视整改工作全面落实，百姓幸福感、获得感提升。

【城管品质工程】 以打造"最美景观道"为目标，提质改造西二环两厢（梅溪湖—罗家嘴段）道路绿化，在每条路段栽种不同主题的树种，分别在北段、南段打造春花、秋叶观赏区，形成沿线特色景观，与大科城、岳麓山、桃花岭等景观资源相融合，"一项目一特色"全面凸显岳麓品质。投资500万元在佑母塘路与谷丰路交叉口修建长53.3米，跨径2.25米人行天桥一座。

【夜景亮化维护】 为迎接中华人民共和国成立70周年，实施2019年岳麓区城市管理品质工程新增夜景亮化提质改造项目，对岳麓大道盛大泽西城、毛泽东文学院、湖南科技大

5月27日，岳麓区召开生活垃圾分类全覆盖工作推进会

家单位作表态发言，市城管执法局副局长胡刚对岳麓区的生活垃圾分类工作进行具体指导。区委副书记、区长周凡对全区垃圾分类工作进行部署。

【调研区城市管理工作】 7月2日，区委书记周志凯调研区城市管理工作。区委副书记、区长周凡，区领导杨利成、张永久、谢德良、陈茂学等参加。周志凯一行先后到岳麓区望岳街道大件垃圾和园林垃圾处置场、八方小区、区市政设施维护中心、区市容环境卫生维护中心、区园林绿化维护中心实地查看，边走边看边询问，全面了解全区城市管理工作及存在的困难和问题，并就一些具体问题进行现场研究和交办。随后召开的座谈汇报会上，区城管执法局负责人汇报机构改革后的有关工作开展情况，与会相关区直部门负责人分别就城市管理工作的开展提出意见和建议。周志凯率队赴区城管系统调研时强调，要标本兼治，进一步规范影响城市管理的具体现实问题；要整体联动，进一步形成城市管理的强大合力；要严格对标，进一步加强城管系统党的建设，推动全区城市管理工作再上新台阶。

城市管理综合执法大队

【概况】 2019年，岳麓区城市管理综合执法大队办理各类案件9255件，罚款1118.2万元，各类执法指标继续走在全市前列。

【依法行政】 在全队开展学法、懂法、用法教育，通过如法网对全体干部职工进行法制培训，组织新入人员参加全省行政执法考试，通过率100%。突出城管执法难点热点，针对行政诉讼疑难问题、城管执法风险防范、城管执法工作实务等开展集中法制专项培训，创新对各中队法制员开展为期一个月的跟班培训，提高全体执法干部的办案能力。聚焦主业，与湘江新区相关部门对接，开拓违法建设处罚案件案源，接收办理20余起移送重大违法建设案件。配合对接行政复议、行政诉讼的应诉答辩工作，年内收到行政复议案件6起、行政诉讼22起，均进行了处置。

【标本兼治】 以全区建成区13个街道为主战场，通过科学安排、广泛宣传、综合施策、标本兼治，全面强化日常市容秩序的管控，每周安排2次大型夜市、渣土综合整治，每天进行常态化巡控，从严、从重查处乱停乱放、违规户外广告招牌、流动摊点、渣土运输处置等违法行为，对各地铁口、肿瘤医院、溁湾镇等问题多发区域交办督办，清除“斑点”，根除“毒瘤”。开展迎接新中国成立70周年城市市容整治工作，保障互联网岳麓峰会、中非经贸博览会、国庆焰火保障等150余次重大活动市容秩序，做到科学部署安排、统筹协调调度、领导分段负责、实时问题交办、全程精致精美。

【执法整治】 推进拆违控违，创新新建违法建设简易程序，施行“双交办”制度，全年组织开展拆违行动120余次，拆除各类违法建设300处，4.5万平方米，对14片国土卫片进行拆除，尤其突出别墅区整治，全面完成市、区下达的拆违任务和国土图斑整改，完成率在全市排名第一。整治广告招牌，将广告招牌清理由主次干道向背街小巷延伸，组织拆除违法户外广告行动60余次，拆除违章户外广告314处，拆除广告招牌14813平方米，有力展示岳麓天际线。从严要求静态交通，将机动车人行道违停抄牌数据纳入到公安部门“六合一平台”，全年抄牌6796辆。强力开展共享单车整治，联合共享单车企业设置禁停电子围挡，严格按照《长沙市岳麓区互联网租赁共享单车乱停（乱投）管理办法》严控企业新增，从严从重处罚违规投放等违法行为，为治理共享单车问题提供解决方案。

【蓝天保卫战】以餐饮油烟、渣土扬尘、露天烧烤、焚烧垃圾四大整治为重点，强力打好蓝天保卫攻坚战，全年共办理涉环保类行政处罚案件1226起，罚款371.5余万元。亮剑餐饮油烟污染，以岳麓区城管委名义制定下发《关于进一步推进餐饮油烟污染专项治理工作的通知》，向全区餐饮门店印发告知书，全面完成主城区3928家餐饮服务单位油烟净化设施的安装工作，日常加强对餐饮服务单位油烟排放情况进行检查，制定餐饮门店规范管理台账和动态检查台账，强化日常管理。重点加强渣土扬尘、露天烧烤和焚烧垃圾的执法办案力度，协助街镇加大宣传力度，针对特护期要求推行最严执法，着力从源头上加大治理力度，为岳麓的蓝天白云贡献城管力量。

【综合施策】举全大队之力深化治理成效，在确保面上效果的同时，将治理工作向纵深推进，严格落实步巡责任制、时段责任制、效果责任制，采用特勤管理先行、综合执法保障、快速处置反应的勤务模式，严格落实门前“三包”，开展无空档、全时域管控，全面杜绝占道停车、流动摊档、店外经营、违规广告等问题发生，实现常态长效。以严格执法促门店转型升级，提请研究出台《大科城业态管理办法》，对易产生污染源的餐饮门店开展食品安全、环境卫生、烟油排放、门前三包等综合检查，对存在问题的70余家餐饮门店督促整改，促进业态管理水平，提升“最美大学城”品质。

【创新实践】加强城市管理的宣传引导，开展“建人民满意城管”“3·19”全国城市管理服务主题日集中宣传活动，组织开展燃气安全知识宣传，联合湖南交通频道，采取“执法大直播”的形式，全程直播餐饮油烟、共享单车整治行动，有超过30万人次收看，全年在省市区各级媒体宣传80余次，扩大影响力。针对城管执法新情况、新问题，创新“体验式执法”“集赞式免罚”等执法新模式，购置无人机进行动态巡违，开展新移交燃气执法集中整治行动，为岳麓城市管理工作贡献智慧力量。

【主动作为】全年完成王家湾片区拆迁、白沙液街有机棚改、别墅区综合整治等攻坚任务，为区重点工程的顺利推进保驾护航。在年度文明创建测评中，大队全体停休、全员上路、全时值守，以最高标准、最严要求全面展现岳麓城市管理的全域美、特色美。持续发力群众投诉处置，全年共接到各类群众投诉工单12432条，都是第一时间出警、第一时间处置、第一时间回复，满意率达99%。

【“少年城管学校”持续推进】作为获长沙市精神文明建设指导委员会表彰的“最佳志愿服务项目”，岳麓区城管执法大队深入推进“少年城管学校”工作。2019年先后走进新民路小学、荷塘小学等中小学组织垃圾分类宣传、环境卫生清扫等共建活动，起到“教育一个、影响一家，带动一片”良好效果。依托大科城，联合中南大学、湖南大学、湖南师大等三所高校组织定期的大学生志愿活动，在国庆期间开展“爱祖国山水，护祖国山水”城市管理志愿服务，形成广泛影响。日常聚焦校园周边城市管理问题，深入开展“护苗行动”，推进市容秩序整治，主动开展向考场致静清理整治行动，工作成效得到市考试中心表扬。

【抗洪抢险工作】7月，2019年湘江干流最大一次洪水过境岳麓区，为保障全区人民生命财产安全，岳麓区城市管理综合执法大队日夜兼程、风雨无阻，奋战在全区抗洪抢险的最前线。9日晚组建50人队伍火线支援坪塘街道湘江河堤巡控值守，坚持奋战两天两夜，发现渗水情况1起，协助处理渗水情况2起，充分展示能打仗、打胜仗的城管铁军精神，守护岳麓百姓生命财产安全。坪塘街道向大队赠送“城市卫士援手、大堤转危为安”锦旗。

【燃气执法工作】2019年，燃气执法工作划由岳麓区城管执法大队负责，面对新情况、新问题，大队提前筹划、精心组织，汇编《液化气行业法律法规及标准》，对燃气执法工作流程、证据保存相关要求等内容进行明确，专门组织人员开展法制

7月，城市管理综合执法大队协助防汛抢险工作

培训，在最短时间掌握执法要求。面对燃气管理的特殊安全要求，深入开展“燃气执法专题宣传活动”，采取定点宣传和入户宣传相结合的方式，将2.5万余份宣传资料送到燃气加气点和居民群众手中，提升安全意识。会同区城管局，强化日常巡查，翔实登记《液化气日常监管工作手册》，全年共组织各类安全检查、整治行动120余次，发现违规加气点和破坏燃气管道违法行为加大打击力度，全年燃气类执法案件共10起，行政处罚5.3万元，有力地维护岳麓燃气安全。

市政设施维护

【概况】 根据区委、区政府关于机构改革调整的统一部署，2019年3月，原区市政管理局更名为区市政设施维护中心，隶属岳麓区人民政府，行业指导归口长沙市城管局。调整后的区市政设施维护中心内设办公室、政工科等18个科室，工作人员增至176人（含临聘人员107人），各类机械设备增至93台（套）；2019年中心市政设施维护量：路面设施（含街道）956.64万平方米、排水管网（含部分街道）1016.09千米、各类井4.43万个，涵盖全区的各主次干道、桥面、生活广场。

【维护业务】 编制《岳麓区市政设施维护中心2019年度维护工作计划》，确保维护工作落地。完成金星北路、银杉路、咸嘉湖路、银双路、银盆南路5条道路83638.9延米的开凿、吸尘、灌缝。对道路翻浆病害部位进行全面摸底，经检测统计，全区需专项整治的路面面积达22.62平方千米。加大对数字化案件数量较多的路段、重点区域的巡查、整治力度。全年铺设道路路面沥青16.85万平方米，人行道板维护9.1万平方米，安装更换障碍柱、麻石球（葫芦球）、U型杆6780根（个），更换平侧石1.07万套米。

【路政管理】 制定并执行《岳麓区市政设施维护中心路政管理工作制度》，力求工作不留白、管理无死角、整治有成效。推进“最多跑一次”行政审批工作落地，通过发送电子邮件、主动上门服务等便捷工作方式，节省办事人时间，真正便利百姓。以严审资料、齐全手续为前提，为“一圈两场三道”、湘府路快速化改造工程、电网建设“630攻坚”项目、学士路绕城高速和地铁3、4、6号线等省、市重点工程建设项目开辟绿色通道，加快行政审批，提升工作效率。全年办理管辖范围内临时占用城市道路许可343起，挖掘城市道路许可272起，协同特勤中队查处市政类执法案卷20起。

【应急保障】 履行城区防办职能，编制并下发《2019年岳麓区城区防涝排渍工作应急预案》《岳麓区城区防涝排渍工作通讯录》；检查、指导相关街道的防汛备汛，并与其签订《岳麓区城区防涝排渍责任状》；做好防汛值班，落实24小时备勤备汛。对西二环、雷锋大道等城区重要主次干道及城区渍水点的地下排水管网进行全面检测，建立管网积淤台账。成功处置谷丰北路恒大华府、枫林二路海天酒店对面、茶子山东路协信澜星等10余处道路塌陷、污水外溢突发问题，确保城市环境的宜居宜业。增高桃子湖高排、施家港高排等重要排口截流坎，防止污水下河。对“山水御峰楼盘污水管网裸露、污水气味影响环境”及“新民路井盖异响”等中央及省、市环保督察交办的信访问题进行全面复查，并成功销号。全年检测排水管网9.6万米，排水管道清淤69.58万米，清掏各类井3.86万座，外运淤泥1786吨。

【民生工程】 完成《长沙市“一圈两场三道”建设两年行动计划（2018—2019年）》中岳麓区92.4千米的人行道提质改造。确定以“完善市政管网、改造错接混接、解决东干渠污水问题为民生工程重点，打通污水收集、输送的主动脉”，进一步完善南园路污水干管管网施工方案及西湖汇水区控污截污改造施工方案，两项改造工程分别于8月、11月进场施工。对“12345”市民服务热线、“微问政”“智慧岳麓”等网格化智能政务平台实行24小时值班值守，建立“即时接案、立时处置、及时回复”的“三时”快速民情问题处置机制，确保问题处置的高质高效。全年接收“12345”市民服务热线工单701条、“微问政”信件7封、网格长解决网格问题20余个，处置率100%、回复100%、满意率99.6%，全年无一工单超时。

【组织铲雪除冰护路】 2019年1月，长沙出现降温降雪天气，区市政设施维护中心迅速启动铲雪除冰应急预案，实行领导带班、24小时值守制度。此次铲雪护路，岳麓市政共出动应急处置队伍6支500余人、铲车7台、其他工程车辆60台，清运积雪920余台次，确保市政设施的正常运行，有效保障人民群众出行安全。

【环保督察】 区市政设施维护中心针对中央环保督察、省级环保督察交办的“山水御峰楼盘污水管网裸露、污水气味影响环境”及“新民路井盖异响”两个信访问题进行“回头看”，采取现场交办、督促整改、及时反馈等举措做实做细整改工作，使问题整改到位，并按照市、区关于环保督察交办问题整改销号的相关规定严格规范办结销号程序，于2019年6月销号。

【志愿者服务机制】 2019年，中心完成“岳麓区市政设施维护中心学雷锋志愿服务队”的团队更名、网上注册及审核，实现志愿者网上注册、信息发布、志愿服务供需对接等功能，进一步建立、健全中心学雷锋志愿服务工作注册登记、关系转接、褒奖激励、服务记录、积分考核等工作制度，形成以“扶贫帮困、共建美丽家园、学法普法、市政服务”志愿服务特色。截至2019年年底中心网上注册志愿者112人，占区市政设施维护中心在编职工总人数的70%。

【创新推进市政“四进服务”】 为贯彻落实“不忘初心、牢记使命”主题教育要求，切实增强服务意识、创新服务方式、提升服务效能，区市政设施维护中心创新推进市政服务进机关、进企业、进院校、进住宅小区的“四进服务”工作机制。针对市场服务不能及时提供或者难以提供的应急性市政服务，着力解决企业单位、住宅小区内部的沥青路面修补、人行道板供应、地下管网改造咨询、小区内涝应急救援等市政设施维护难题，并实行服务承诺制和限时办结制。

【人行道提质改造】 按照《长沙市“一圈两场三道”建设两年行动计划（2018—2019年）》岳麓区涉及人行道提质改造路程92.4千米，岳麓区市政设施维护中心通过主动对接沿线商铺、街道社区、小区业主，争取基层群众的支持与理解，严把材料、质量、进度三关，至2019年年末，提质改造工程完成。

环境保护

生态环境

【概况】 2019年，区环境保护局以习近平生态文明思想为指导，以改善环境质量为核心，以保障群众环境权益为目标，围绕污染防治攻坚战，坚决打赢蓝天保卫战，以最坚决的态度、最务实的举措、最扎实的作风，推进生态环境保护各项工作，全面完成环境大治理、蓝天保卫战工作。在市对区年度环保绩效考核中，获内五区排名第一位。

【空气质量】 截至12月31日，岳麓区空气质量监测点情况是湖南师大附中、湖南中医大两站点优良天数平均为275天，优良率75.34%，排名内五区第三；PM_{10}均值浓度分别下降6微克/立方米、5微克/立方米，改善率在全市分别排第1、第2名；$PM_{2.5}$均值浓度分别上升1微克/立方米、3微克/立方米，改善率在全市分别排第1、第7名；臭氧特定百分位浓度上升28微克/立方米、22微克/立方米，改善率在全市分别排第7、第4名；全区空气质量改善排名内五区第一。

【水环境质量】 根据长沙市环境监测站每月定期对“一江六河”水质断面监测情况显示，靳江河入湘江断面水质全年稳定在Ⅲ类及以上；龙王港入湘江断面水质四个季度的季均值均不低于入岳麓区断面水质季均值。制订并实施《长沙市湘江岳麓段及其支流入河排污口排查整治专项行动方案》，对饮用水源地范围内的4栋违法违规建筑项目（馨园小筑）实施拆除清污。

【组织协调】 全年区委、区政府召开区委常委会、区政府常务会、区长办公会10余次，专题研究部署生态环保工作；区人大开展贯彻落实水污染防治法执法检查和专题问询；区政协开展湘江饮用水水源地保护视察；区环委会组织召开环委会全会、专题调度会10余次，下发方案文件10份，交办函34份。起草并以区环委会名义下发《2019年长沙市岳麓区生态环境保护（蓝天保卫战）工作目标考核办法》，以区委、区政府名义出台《长沙市岳麓区一般环境问题责任追究办法》等系列文件，强化源头治理、科学治理、精准治理、严格治理、全域治理的工作推进机制，对损害生态环境行为实施问责追究。

【环保项目管理】 完成长沙市蓝天办、长沙市环委会下达的环境保护重点建设项目32个，其中大气污染防治项目16个、水污染防治项目7个、土壤污染防治项目6个、噪声污染防治项目3个。牵头组织工业窑炉烟气脱硫脱硝除尘治理、城管环保网格化建设、燃气锅炉低氮化改造、餐饮油烟治理、“绿色社区”创建、治污设施智能电表监控、工业污染源普查、土壤污染状况调查、疑似污染地块详查、农用地分类管理、农业污染防控、生态保护红线、企事业单位噪声污染治理等项目建设，均完成目标任务。

【环境准入】 贯彻落实新《中华人民共和国环境影响评价法》，依法依规审批建设项目36个，配合湘江新区出具初审意见39个，服务产业发展立项环保审查18个，备案登记表项目343个。落实《长沙市人民政府关于下放工业投资建设项目审批权限的决定》，下放岳麓工业集中区的环境项目审批权项。

【环境监管执法】 关闭“散乱污”单位55家，关闭非法反弹油漆房12家；联合区直相关部门、街镇开展综合执法行动6次，开展专项执法行动44次，出动人员420余人次；办理一般行政处罚案件29件，处罚金额79.43万元，办理重大案件3件（查封扣押2件，移送公安刑事拘留1件）。开展随机抽查工作，抽检单位105家，发现并处理违法行为3起。

【环境监测】 开展五湖（梅溪湖、洋湖、西湖、桃子湖、后湖）、九河（龙王港、靳江河、白泉河、观音港河、八曲河、肖河、雷锋新河、玉赤河、莲花河）、三库（茅栗冲水库、泉水湖水库、桃花岭洪寺庵水库）水环境质量监测，全年收取有效监测数据2400余个，出具检测报告239份；完成《岳麓区2019年环境质量报告书》并报区委、区政府。

【污染防治】 开展第二次全国污染源普查工作及新增行业质量核查工作。完成并上报普查工作总结、数据分析报告和质量控制报告。完成空气自动监测站点整改，对两个空气质量自动监测国控站点加装安全栅栏和不锈钢楼梯。加强网格化环境监管，将环保网格化工作纳入“智慧岳麓”管理系统，全年办理环保类案件1974件。稳妥处理环境信访问题，全年受理各类投诉495件，结案率100%。加强环境应急管理、废物固废管理，备案企事业单位突发环境事件应急预案76家。持续推进环保督察问题整改，373件中央和省级环保督察信访件均办结销号；94.5件中央生态环保督察“回头看”信访件均办结，正办理销号工作。6项中央有环保督察反馈意见涉及岳麓区的已完成整改，其中6项为省级环保督察反馈意见，1项为个性问题，5项为全市共性问题。

【环境宣传教育】 开展“美丽中国 我是行动者——保护龙王港 岳麓在行动”六五环境日主题宣传活动和第17届湖南大学环保文化节活动；组织全系统开展“一法两条例”培训，开展生态环保知识讲座45场次；及时推介各类环保工作经验和信息84条，被省级以上媒体采用18条。

【机构改革】 根据长沙市委办公厅、市政府办公厅《长沙市生态环境机构监测监察执法垂直管理制度改革实施方案》和岳麓区委、区政府《岳麓区机构改革实施方案》等通知要求，2019年12月25日，岳麓区环境保护局正式更名为长沙市生态环境局岳麓分局，为长沙市生态环境局派出机构。分局领导班子成员由长沙市生态环境局任免，分局党组接受区委和市生态环境局党组领导，党组织关系实行属地管理，党建工作接受本级党组和所在地方党的机关工作委员会的领导。2019年12月31日，市委编办主持召开生态环境机构监测监察执法垂直管理制度改革人员交接仪式，市生态环境局与区政府进行区生态环境机构人员上收交接，区政府将原岳麓区环境保护局干部名册等一应事项清单签章后移交市生态环境局。市委组织部、市委编办、市财政局、市人社局作为鉴证方参加。

【媒体宣传】 2019年在中央电视台、人民网、《光明日报》、光明网、中国网、《湖南日报》等国家和省级媒体宣传推介80余次，特别是7月27日《中央广播电视总台》推出的特别节目《壮丽70年·奋斗新时代——共和国发展成就巡礼 湖南篇》以《长沙后湖：烂泥塘“变身”生态小镇》为题作专题报道；9月5日《光明日报》、10月11日中国网分别以《“艺培村”蝶变记》和《从黑臭水体到“网红”胜地 长沙后湖的“前世今生”》为题专题推介岳麓区后湖环境综合整治成果；6月5日《湖南日报》以《重提菜篮，让垃圾减量》为题推介岳麓区垃圾分类工作；12月27日《湖南日报》第10版专题刊登名为《书写“秀美岳麓”新答卷——长沙市岳麓区打好污染防治攻坚战综述》。

市容环境卫生维护

【概况】 根据岳麓区委、区人民政府科级事业单位机构改革方案，2019年3月，区市容环境卫生管理局更名为区市容环境卫生维护中心，为区城市管理和综合执法局所属正科级公益类事业单位，隶属于岳麓区人民政府的市容环境卫生职能管理部门，业务上接受长沙市城市管理和综合执法局指导，主要负责辖区主次干道清扫清洗、渣土管理、生活垃圾清运、环卫设施设备建设维护及餐厨垃圾集中收运等工作。2019年有正式在职在岗职工139人（含重心下移职工42人）。

【维护任务】 负责467万平方米主次干道、170.69万平方米绿化带的环卫维护，134座垃圾站（含21个收集点）、96座公共厕所、26座地下通道、6座人行天桥以及主次干道果皮筒的清扫清掏和卫生管理以及生活垃圾清运、渣土管理及餐厨垃圾集中收运等工作任务。

【机制建设】 根据全区主次干道各路段的路幅宽窄、门店数量、人（车）流量、破坏因素、难易程度等具体情况，优化清扫网格、科学配置人员机械，量身打造专业化维护方案，做到冲洗网格、机扫网格、清扫网格、人工组合清洗网格等多网格叠加、多工序保障，提升环卫维护效果，实现清扫保洁网格化。推行生活垃圾“五定”清运模式。以“定量、定格、定额、定责、定核”为原则，明确垃圾站守站员监督和驾驶员清运职责，调整优化运力安排，对全区“随水计征”范围内的生活垃圾清运实现全覆盖。创立渣土管理“三机制”（渣土运输线路审核联席会议机制、渣土运输企业红黑榜管理机制、巡查执法深度融合机制），上

4月12日，长沙市岳麓区税务局联合长沙市出租汽车协会组建“出租车税收宣传队”

管质效。加强信息共享，与市监部门建立信息交换机制，及时掌握岳麓区商事主体情况。会同街道和相关部门对楼宇等开展摸排，防止税收流失。

【税制改革】 精准落实减税降费政策，提请区政府牵头成立由岳麓区委常委、常务副区长担任组长的全区减税降费工作领导小组。开展“区长税课”、全区减税降费专题调研座谈等活动。邀请区人大常委会主任及组成人员到税务局调研指导和听取减税降费专题汇报，主动接受纪检监察和审计部门对减税降费工作的监督指导。全年召开减税降费工作布置会及推进会15次，建立减税降费和收入工作领导联点包干责任制、派驻督导责任制。对内组织干部全员业务培训和考试8场次，对纳税人开展政策现场宣讲30次，培训纳税人6818人次，发放各类宣传资料58700余份，推送信息67800余条。坚持全面覆盖和精准“滴灌”相结合，组建政策宣讲队，深入到楼宇、专业市场走访座谈和进户辅导。落实个税新政，成立个税改革集中办公室，实行集中办公，共召开领导小组会议24次、集中办公室会议41次。成立个税改革专家团队，通过政策宣讲会、户外税宣答疑会、专项附加扣除政策辅导培训班等形式，开设专题培训会57场。落实社保非税划转，加强与人社局、编委办、民政局、工商局等单位的沟通联系，累计清洗比对机关事业单位五险各类数据2万多条。不断优化缴费服务，及时建立机关事业单位和城乡居民缴费QQ群，由专人负责收集和解答问题并指导缴费。主动协调区医保局、区人社局联合召开城乡居民“两险”（基本养老保险费、基本医疗保险费）工作动员部署会议，召集全区两保经办人员进行“两险”征收动员和业务培训，加强与区医保局、区城乡居保中心、各经办银行的联系沟通，联动解决各类问题800余个，发放缴费宣传册5万余份。

【提升纳服质效】 持续深化“放管服”改革，积极推行政务公开，深入开展“便民办税春风行动”，在大厅前坪专设纳税人停车位，提请岳麓区委、区政府扩充停车位578个。设置异常处理和绿色通道专项服务窗口，推行“最多跑一次”+“诚信容缺受理”“预约”+“延时”“发票风险提示”+“首问责任、一次性告知”等窗口特色服务，构建“定岗定责”+“志愿服务”融合机制。建立培训常态机制，每季度开展1次全局办税服务人员培训及考试，提升窗口人员服务质效。加强办税服务厅管理，制订《区局办税服务检查情况表》，清单式逐项开展检查，提升纳税服务水平。以税收宣传月活动为契机，开展出租车移动税宣、创客宣传、“税收体验日”、“奔跑税月 追梦人生”户外探秘税收知识闯关赛等活动。全力优化税收营商环境，召开主题教育“优化营商环境 加强作风建设”专题会，成立优化税收营商环境工作领导小组，制订工作方案和责任清单，层层传导压力。设置电子税务局体验区，由专人负责辅导纳税人。设立24小时无人自助办税服务厅，推行自助办税服务，进一步提速新办纳税人即办时间，简化省内跨区迁移办理手续，优化企业税务注销程序，推行网上申请代开发票。组建专家团队和服务园区经济党员先锋队，在市区两级政务大厅、岳麓山大学科技城、省金融中心和岳麓高新园区派驻办税人员，为纳税人提供专业咨询和精准服务。承接第八届长沙金融服务节，举办银企对接税务专场活动，帮助中小微企业解决融资难、融资贵、融资慢的问题。

【走访调研】 1月30日，国家税务总局党委委员、副局长王陆进到岳麓区税务局梅溪湖税务所走访调研，实地了解小微企业税收优惠政策、个人所得税新政等各项减税降费政策落实情况。他要求各级税务机关劲往基层使、事往基层办，既要加强具体业务指导，又要解决实际困难，切实增强税务干部的职业认同、行业认同、价值认同。湖南省税务局党委书记、副局长刘明权，长沙市税务局党委书记、局长文延风陪同调研。

【组建“出租车税收宣传队”】 4月12日，岳麓区税务局联合长沙市出租汽车协会在58小镇举行第28个税收宣传月活动，组建“出租车税收宣传队”，投放税收政策宣传册、税收知识汽车靠垫和车窗宣传画等资料8000余份。在宣传活动现场启动由18位出租车司机义务税收宣传员组成的出租车税收宣传队。全市20家出租车企业（含个体分会）、2万余名出租车驾驶员共同加入到税收知识宣传队伍中，送乘客同时送政策，通过一路“策”税，让乘客在旅途中收获税收知识。

【集体视察】 4月15日，岳麓区税务局特邀岳麓区人大常委会主任会议成员集体视察调研税务工作，向区人大常委会及人大代表问需问计、共话税收、共谋发展。区人大常委会成员一行先后到区税务局西湖税务所、梅溪湖税务所和区局办税服务厅，了解基层办税和办公情况，体验24小时自助办税服务区自助办税流程。座谈会上，区税务局党委书记、局长杨军就区税务局税收收入、减税降费、机构改革、纳税服务等工作向区人大领导作工作汇报。区人大常委会主任胡杰夫对新税务机构展示的新风貌新作为给予高度肯定，并提出四点工作要求：一是要继续加强税收宣传，提高纳税人的税法遵从度；二是要继续抓好惠民政策的落实，特别加大对中小企业和科创经济的扶持力度；三是要继续支持岳麓经济社会发展，确保各项税收工作圆满完成；四是要继续营造好全优的税收营商环境，不断提升办税服务水平。

【税务系统主题教育调研】 9月25日，国家税务总局主题教育第七巡回指导组组长蒋焕民一行，深入岳麓区税务局实地指导调研第二批“不忘初心、牢记使命”主题教育工作。在岳麓区税务局第一税务所（办税服务厅），总局巡回指导组一行认真查看了办税服务厅硬件设施、人员配备等情况，并与基层一线办税人员亲切交谈，了解他们在开展第二批主题教育以来，日常工作开展情况、纳税人和缴费人业务办理情况等。座谈会上，岳麓区税务局党委书记、局长杨军作主题教育专题汇报，详细介绍区局主题教育开展的具体情况。总局巡回指导组组长蒋焕民在听取专题汇报后指出，岳麓区税务局党建阵地建设有新意、办税服务大厅精神风貌有朝气，让人无比振奋。岳麓区局主题教育在成立领导小组和制定实施方案等5个规定动作上全部落实到位，期待下一步结合工作实际，努力挖掘自选动作，找出特色亮点，取得可推介的经验。湖南省税务局党委委员、总会计师方吉杰，长沙市税务局党委书记、局长文延风和省、市局巡回指导组等负责人陪同调研。

【模范宣传引导】 10月14日，岳麓区税务局党委书记、局长杨军，党委委员、副局长易礼文，党委委员、纪检组组长李正强一行到涟源全省税务系统全国道德模范肖光盛家中观摩学习。在学习座谈会上，涟源市税务局党委副书记、副局长扶新明详细介绍肖光盛30年坚持扶危济困的历程，他用三个“爱心十年计划”发动近百万人加入爱心大团队，帮助1100余人。长沙市岳麓区税务局党委书记、局长杨军表示，岳麓税务将从思想上、行动上向肖光盛看齐，坚守初心使命，把握发展机遇，主动担当作为，借助湘江新区、金融中心、岳麓区大学科技城等地域优势，落实减税降费、“最多跑一次”等实打实的便民利民举措，持续优化税收营商环境，为区域经济高质量发展作出更大贡献。会后，杨军代表岳麓区税务局党员、群众，将善款捐赠给肖光盛，助力肖光盛实现至2021年资助200名贫困学生完成博士、硕士学业的爱心目标。

金　融

长沙市岳麓区金融事务中心

【概况】岳麓区金融事务中心于2019年正式成立，为区政府直属正科级公益类事业单位。2019年，区金融事务中心着力做好“金融+活动”“金融+平台”“金融+资本”“金融+环境”等四篇文章，金融机构聚集效应逐步凸现，金融产业贡献度日益显现。

【金融活动】把打造实体经济与金融机构之间的信息壁垒作为工作导向，为企业搭好“舞台”，为项目找到“金主”。举办以“资润岳麓 科创潮涌”为主题的岳麓区重点产业链项目投资路演系列活动2次，参与企业100余家，投资机构40余家，为11家岳麓区中小企业发布项目，达成意向投资近5亿元；组织“创新岳麓”科创企业路演季活动，以“小而精”的路演活动，加大企业与投资机构交流频率和深度，积极促成资本和项目的多种合作模式；开展以“岳麓金融沙龙”为载体的金企对接品牌特色活动，既有业务合作的沟通交流，也有专业领域的知识讲授，破解金融机构与企业之间信息不对称、资源不匹配的瓶颈，共开展岳麓金融沙龙106期，为企业达成融资合作意向10余起，参与人数数千人次。开展专题金企对接会2次，为20余家文创类、科技类企业找“金主”；开展“政策进楼、服务入企、对接帮扶”等活动，深入企业精准施策，在借力资本市场、机构入驻湖南金融中心、金企间业务合作等方面做了大量的工作。

【金融平台】加快推进湖南金融中心政务服务超市建设，创新服务模式，将市场监督管理局、人社局和税务局等部门的服务职能落地到湖南金融中心，为湖南金融中心入驻的金融机构提供商事登记、税务开办登记、单位参保登记等优质、高效、快捷的一站式服务。湖南金融中心聚集金融及金融配套机构448家，汇聚长沙银行、三湘银行、吉祥人寿、长银五八消费金融等6家全国法人机构总部，盛世投资、光大控股等知名基金机构，中金支付、淼峰科技等先进金融科技企业。湖南金融中心政务服务超市于11月20日投入运营，设立法人机构办理大厅、自助服务办理大厅、业务对接服务区、专业活动服务区等，窗口设置采取“前窗统一收单、中岛提供服务保障、后审快速审批”一条龙服务。

【金融资本】聚焦龙头企业、优质企业、潜力企业的发展，搭建岳麓区多层次资本市场，出台较有竞争优势和市场关注度的上市奖励政策，针对主板、中小板、创业板、新三板、科创板、海外市场、湖南股交所上市的企业进行奖励、扶持；举办2019新经济形势下投融资策略论坛，为区内企业解读2019年宏观经济形势及科创板试点注册制政策；开展岳麓区企业扶持政策宣讲进楼宇活动，为楼宇企业送上政策速递；组织开展“资润岳麓 科创潮涌”中小企业资本市场培训营活动2次，为全区160余家有意向股改走资本市场的企业进行上市专业化、系统化辅导，让企业树立金融思维，加快岳麓区资本市场进程。

【金融生态】以“专题宣传、严打非法、平台打造”筑牢金融环境维护全周期防线。首次选聘58名金融志愿者，通过同讲一堂课的方式将非法集资等专业的金融知识以通俗易懂的方式进行宣传教育；全年走进60余个社区，开展150多场宣传活动，参与群众6000余人；整合公安、市监、街镇等各方力量，开展互联网金融专项整治、金融领域扫黑除恶等工作；配合新区探索建立风险控制平台系统，利用大数据手段监测和预警，有力维护全区金融秩序稳定。全年完成打击非法集资12起，公安立案2起，资金清退7起，正在进行资金清退3起。

【破解文创企业融资难题】4月17日，岳麓区召开文创行业金企对接会。长沙银行科技支行、建设银行河西支行、湖南湘江新区国有资本投资有限公司、芒果传媒有限公司、湖南天地人律师事务所等5家金融机构及服务机构负责人，与岳麓区20余家文创企业负责人面对面交流解决融资难题，金融机构根据企业特点和需求提出信用贷款，小微快贷和私募股权基金等不同的融资方案，解决企业融资难题。

【岳麓金融沙龙投融资策略论坛】 4月24日，岳麓金融沙龙之2019新经济形势下投融资策略论坛在岳麓区滨江路楷林国际A座举行，岳麓金融沙龙第七十五讲。南开大学经济学博士、中国人民银行金融学博士后伍超明和湖南大学工学博士李涛，就2019宏观经济形势和上交所科创板试点注册制政策解读与企业家进行交流答疑，岳麓区60余家企业主要负责人参加活动。

【金融志愿者服务】 5月28日，岳麓区58名金融志愿者到34个社区、4个驻区学校，开展“同讲一堂金融课，金融知识进社区、进学校”活动。通过此次活动，进一步提高社会公众对非法集资危害性的认识，营造防范和打击非法集资活动的良好舆论氛围，为推动“平安岳麓”建设打下坚实的群众基础。

【中小企业资本市场培训】 6月12日，岳麓区组织开展“资润岳麓 科创潮涌”中小企业资本市场培训营，为100余家中小企业提供企业治理结构、股权结构设计、股权激励方式、企业上市策略等方面的市场化、专业性培训。湖南思想律师事务所主任律师王小全、湖南元端律师事务所主任律师袁啸和湖南股权交易所挂牌服务部总经理刘振，分别以《企业治理结构优化》《企业股权架构顶层设计与股权激励》《湖南股交所业务介绍》为题进行专题讲座。此次活动让企业树立金融思维，了解资本市场、走进资本市场，借力资本市场规范企业运营、实现多元化融资，促进企业持续健康发展。

【扶持政策】 7月18日，一堂为企业讲解扶持政策的“公开课”在岳麓区湘江财富金融中心开讲。区金融事务中心、区科技局、区统计局等区直部门负责人出席会议，为企业重点解读金融机构、企业上市、企业入规、升高（高企认定）、现代服务业发展等相关扶持政策。岳麓区紧抓产业项目发展和营商环境优化工作，以更高的标准、更实的举措、更快的速度帮助企业解决问题，走访调研并建立企业信息库，举办中小企业资本训练营、金企“一对一”会诊等系列特色活动，让10余家企业成功获得近2亿元意向投资，为近百家企业找到“金主”，累计发放资金近亿元。

湖南湘江新区农村商业银行股份有限公司

【概况】 湖南湘江新区农村商业银行内设18个职能部室，下辖1家营业管理部、29家支行、41家分理处。截至2019年年末，有各项存款余额236.54亿元，各项贷款余额110.97亿元，不良贷款余额1.57亿元，实现总收入12.33亿元，利润4.66亿元。全年缴纳税费1.65亿元，资本收益率12.35%，资产收益率1.06%，综合费用率21.15%，杠杆率7.2%，拨备覆盖率227.78 %，贷款拨备率3.23%，资本充足率14.85%，核心资本充足率13.73 %。

【经营工作】 多次与区委、区政府沟通对接，与辖区内街道党（工）委逐一签订《党建共创 金融普惠》合作共建协议。推进党建共创。2019年，行党委与辖区内各街道签订金融惠普合作协议17份，各支部与各行政村（社区）签订金融普惠合作协议208份，成立由33名宣讲骨干组成的“金融普惠宣讲团”，与街道、社区、村组合作布设宣讲室、宣传栏64个，开展金融宣讲161次，联合开展公益活动41次，开展专题讲座、知识宣传、友谊竞赛、文艺会演等161场，分发金融知识宣传手册13425份，惠及万余人。综合考虑区域经济的发展趋势和各网点实际，及时制定全年工作计划和经营发展目标，下发系列考核办法，明确经营目标。以大额存单和智能存款为契机，多次实行存款目标任务划分和奖励措施力促存款任务完成，促进奖金有效运营。2019年，日平均各项存款215.65亿元，较上年增加 21.62亿元，增长11.14%。按照能贷尽贷的要求，遵循重质量、拓市场、增效益、控风险原则，通过加大涉农贷款、小微企业贷款投放，促进辖区内小微企业发展壮大、农户增收致富、农村居民消费升级，支持地方发展。全年累计发放信贷资金79.48亿元，同比增加7.84亿元，满足重点领域的合理信贷需求。继续与长沙高新区促进就业小额担保贷款中心、长沙市岳麓区小额贷款担保中心合作，做好扶持创业、推进就业工作，促进村行平稳发展。截至2019年年末，由主发起行设立的6家村镇银行存、贷款规模总计分别为17.40亿元、9.39亿元，净利润3876.31万元。组织村行开展柜台业务风险防范、财务费用管理规范、信贷业务知识、反洗钱、柜台服务管理等学习培训7次，召开村镇银行专题工作会议5次和村镇银行务虚会议1次。受理村镇银行贷款业务咨询12笔，共计6083万元，提出贷款咨询意见36条。对6家村镇银行组织一次全面性的稽核检查，下发整改通知书6份，收回整改报告6份。

【管理工作】 2019年，完成公司章程修订工作，与监管部门进行有效沟通并办理工商备案。组织召开董事会17次，审议通过议案87个；召开监事会5次，审议通过议案32个；召开董事会下设专门委员会会议51次，审议通过议案125个。深化财务管理。继续实行“费用包干限额、严格审批、按季监测、超支自付”管理制度，费用使用实行年初核定，总数按季平均使用，分季考核，年终结算，超支自理的办法，确保各网点经营和管理费用开支既严格执行财务制度，又有利于促进业务发展。启动财税咨询项目，聘请咨询公司、税务师事务所对各项财务制度进行全方位梳理并对日常涉税事项提供咨询服务，进一步规范涉税操作，做好风险评估抵御税务风险，确保各项税务合规。细化信贷管理。开展专题培训提高信贷从业人员综合素质，制订经营性物业抵押贷款管理办法（试行）、循环贷款管理办法（试行）、新建商品房预售《资金监管业务管理办法（试行）》、《项目融资业务管理办法（试行）》等工作制度。强化对借款申请人信用状况、用途真实性审查，加强对大额贷款现场调查审核要求，强化对企业客户财务信息与非财务信息的交叉验证与多渠道核实，防范因信用不良、非正常经营信息等因素导致主体资格不合规情况产生。明确总行、分管行领导、部室负责人对接不良贷款催收任务，逐层传导至各网点负责人及其他信贷人员，逐笔建立台账，分解催收任务，跟踪催收进度，及时上报催收情况。根据借款人及担保人情况及时启动诉讼保全措施，通过下达律师催收函、启动法律诉讼等举措震慑借款人。强化内控预防。全年开展各类审计36项、130次，其中，专项稽核30次、库存现金突击检查12次（累计291个网点）、飞行检查5次（15个网点）、全面审计2次（71个分支机构和6个村镇银行网点）、经济责任审计78人次、整体移位稽核3次（14个网点）。参与稽核审计674人次，累计审计时间1153天。严格落实安全“一把手”负责制和“一票否决制”，层层签订目标责任状，实行专项评分考核责任制约机制。加强纪检监察工作，推动党风廉政建设和反腐败工作深入开展，促进全年工作目标顺利完成。借助各营业网点业务宣传渠道，包括电子显示屏、多媒体播放设备、宣传折页手册、报纸杂志、电视、广播等媒介，采用广告、新闻报道等形式，配合各级主管部门开展“3·15消费者权益保护日”“金融知识进校园”“金融知识进万家普及宣传月”等金融消费者权益保护宣传系列活动，引导社会公众科学合理使用银行产品和服务，提升消费者保障自身资金财产安全的意识和能力。

【党建工作】 “党建共创、金融普惠”行动是与地方基层治理相结合的党建共创模式的大力创新，主要包括三种共建模式，即党委合作共建，湘江新区农商银行党委与乡镇（街道）党委合作共建，落实产业普惠和公益项目普惠要求；支部协同共建，农商银行各党支部与行政村（社区）党支部协同共建，落实集体经济普惠要求；党员互助共建，农商银行党员与行政村（社区）党员互助共建，落实就业创业普惠要求。该行动是开展“不忘初心、牢记使命”主题教育的重要载体，是推进党的核心作用引领工程、金融核心业务提升工程的战略举措，旨在进一步实现党建和业务的有机融合，坚定服务“三农”初心，履行支农支小使命，更好发挥农村金融主力军、普惠金融先行者作用。

旅游·运输

文化旅游工作

【概况】2019年3月，区文化体育新闻出版局、区旅游局合并为区文化旅游体育局。是年，全局干部、职工以习近平新时代中国特色社会主义思想为指导，加强阵地建设、打造岳麓品牌、提升服务效能、推进文旅融合，各项工作取得成效。

【文旅服务效能】完善文体服务网络，推进区图书馆、文化馆建设，确定“两馆”选址麓枫和苑并进行改造建设。打造15分钟公共文化生活圈，高标准完成5个市级标准化村（社区）综合文化服务中心、7个文化活动室、1个社区全民健身中心、3处健身驿站、1条健身步道及60余处全民健身工程点建设任务。丰富“以文化人”品牌，组织开展“文化直通车·民心零距离”—庆祝中华人民共和国成立70周年文艺巡演活动。按照“走进社区”“走进乡村”“走进楼宇”“走进高校”“走进机关”五个序列，在全区17个街道（镇）组织开展17场文艺巡演，现场观众5万余人次，线上观众60万人，其中，在八方社区举办的巡演启动仪式，现场发放15家文旅企业优惠券1.4万张，文旅地图1万份，同步启动网络直播，在线观众10万余人次。在后湖国际艺术园举办的大学生音乐节，汇集多所大学校园乐队及独立音乐人，现场直播流量46万人次。在咸嘉湖街道、坪塘街道、含浦街道、雨敞坪镇、莲花镇等街镇的文化巡演，紧扣区委、区政府中心工作，突出垃圾分类、岳麓好人、乡村振兴等主题，新创主题歌曲，小品，设计游戏、有奖问答，引发观众广泛参与。组织文化惠民公益性活动。持续开展“五送五进”和全民艺术普及活动。区文化馆开展全民艺术公益培训大课堂136场，送戏下乡文化惠民活动28次，受益群众2万余人次。区图书馆积极推进“书香岳麓”建设，开展“岳麓公益大课堂”“岳麓小小向日葵”“我们的节日”系列活动200余场，惠及群众2万余人次。为基层配送书籍3600册。制作文化旅游宣传片《人文山水精彩岳麓》和“五篇文章”宣传片《岳麓山水皆文章》。“翼之梦”艺术团舞蹈《呼唤》入选第十二届中国艺术节“群星奖”决赛。岳麓区“欢乐潇湘”获全省群众文艺会演一等奖。长沙市庆祝中华人民共和国成立70周年群众合唱比赛银奖。深挖历史文物资源底蕴，开发“特色”文物资源。组织开展4次文化遗产调查和文物认定工作，做好12家全国重点和省级文物保护单位的申报工作。做实文物保护项目，多渠道融资修缮保护文物，形成多元文物保护机制。推进对曾国藩墓、甲子桥和谭仲麟墓及碑亭的修缮保护工作；加强白沙液街有机棚改和潇湘大道南沿线等重点工程建设中的文物保护指导工作；完成全区86处不可移动文物保护单位标志碑说明碑设立。开展文物保护宣传，举办“中国文化和自然遗产日”系列宣传活动，开展红色革命文物点保护区相关规划及宣传工作。

【文旅融合发展】指导佳兴世尊酒店成功创建国家五星级酒店，洋湖湿地艺术旅游区通过国家AAAAA级旅游景区省级初评，渔人码头成功创建国家AAA级旅游景区，中青旅、教育国旅成功创建为湖南省5星级、4星级旅行社。岳麓山—橘子洲旅游景区再次蝉联全市十佳等级旅游景区。持续深化文化旅游供给侧结构性改革，华谊兄弟电影小镇、后湖科创文创产业园成功打造为全市十大文旅消费示范区。创新发展文旅“夜经济”，与区商务局联合举办2019“璀璨新岳麓·最美夜长沙”岳麓区首届夜经济消费节，渔人码头、梅溪湖国际文化艺术中心、长沙303阳光剧场获全市十大“夜间经济”示范项目和全市夜间文旅消费集聚示范区。引进文旅融合新业态项目，莲花镇获全市十佳文旅特色小镇，谷丰生态园、星海休闲农庄获全市十佳乡村旅游点，美季民宿获全市精品民宿示范项目，长沙市中小学生素质教育实践基地获全市示范性研学旅行基地，铁骑营马术馆获全市特色文化演艺旅游基地，圣峰果业露营基地获全市示范性自驾车房车露营基地。制作、发放岳麓文旅地图1万册。策划、开展“诗与远方在岳麓”文旅推广影像展活动，收到参赛作品1478件次，线上推广点击率达200万次，吸引5万群众关注参与影像展活动，获全市文旅影像推广与传播示范项目。扶植产业，对接上级文旅部门，通过奖项评比、资金申报等形式，争取资金近千万元，帮扶全区文旅产业项目50余个，补贴旅游厕位800余个，助推湘江欢乐城、大王山假日酒店等文旅产业项目建成运营。

【文旅营商环境】 优化行政审批事项，全面梳理和优化编制政府服务事项目录清单。梳理权力清单150项，其中，依申请类权力42项、依职权类权力108项。梳理“马上办、网上办、就近办、一次办”清单42项，“最多跑一次”清单42项，公共服务清单3项，中介服务清单9项，特别程序清单16项。完善“互联网＋政务服务”一体化平台在线审批服务，全局167项政务服务事项实施清单填报率、发布率100%，网上可办率95%以上。依法办理各类行政审批服务事项，全区共办理演出、网吧审批、旅行社网点备案、年检等行政审批服务事项607件。完善文化旅游市场监管体系，净化文旅市场环境，全年共办理各类案件34件，罚款15.65万元。组织开展各类专项整治行动60余次，检查各类文旅场所2400余家次，收缴各类非法出版物5000余册，取缔黑网吧2家。开展“扫黄打非”、扫黑除恶、禁毒专项行动，全年悬挂横幅、张贴海报、发放“绿书签”3000余份，张贴“扫黄打非”工作海报1500余张、警示标语800余条，制作禁毒宣传展板10块，检查文化经营场所2400余家次，开展全区文化娱乐场所经营业主宣传培训5次。强化文旅场所安全生产监管，完成省、市对区安全生产和消防工作考核任务。全年共进行安全生产联合检查30余次，检查文旅企业场所等1350余家次，下达整改通知书60余份，现场整改安全隐患150余处。聘请第三方公司对岳麓区进行安全生产隐患排查试点，做好五一、国庆、中非经贸博览会等重大活动期间的焰火燃放安全保障工作。妥善处理来信来访，坚持依法行政，主动服务，突出抓好文化旅游市场“12301”“12318”举报电话与“12345”热线工单办理，核查率、处置率和反馈率100%。

【公共文化服务】 2019年，区文化旅游体育局整合资源，优化区、街、社区（村）三级联动，与各类协会、社会组织、高校和企业资源互惠共享，实行定点服务与流动服务相结合，采用“点单式”将公共文化服务送到基层，向不同群体延伸，服务均等化，提升全区居民群众“家门口”公共文化服务品质。

【文艺队伍】 根据《岳麓区群众文体团队管理奖励办法》规定，对群众文体团队实施积分评定和配套奖励。2019年，全区有群众文艺团队234支，其中注册团队38支。2013—2019年，给予团队补助经费共计150余万元。组织评选2019年岳麓区基层优秀文化公益项目。围绕中华人民共和国成立70周年重大时间节点和重大题材，创作出《于斯为盛》《我们村的喜事多》《扶不扶》等一批弘扬民族精神和时代精神、讲述岳麓故事的优秀文艺作品13个。在长沙市总工会主办的“庆祝中华人民共和国成立70周年·以舞筑梦”比赛中，望月湖街道老小孩艺术团表演的“逐梦未来”和银盆岭街道英才艺术团表演的“歌唱社会主义核心价值观”喜获金奖。

【“文化直通车·民心零距离”活动】 2019年，组织开展岳麓区“文化直通车·民心零距离”——庆祝中华人民共和国成立70周年文艺巡演活动。采取“走进社区”“走进乡村”“走进楼宇”“走进高校”“走进机关”五个序列，在全区17个街道（镇）组织开展17场文艺巡演，参与巡演的演职人员1800余人次，现场观众和线上观众达65万余人。活动突出“垃圾分类”“岳麓好人”“乡村振兴”等主题，以歌曲、小品、游戏、有奖问答等表现形式，吸引观众互动，生动活泼，寓教于乐。

【“岳麓小小向日葵营地”系列活动】2019年，区图书馆持续开展“岳麓小小向日葵营地”系列活动，组织全区19个社区青少年开展公益性文化艺术培训；举办绘本阅读、创意手工课、环保小卫士、垃圾分类等各类培训讲座42场；收集绘画、手工、剪纸参赛作品90幅。经过专家评审，绘画、手工、剪纸三个系列各评出一等奖1名、二等奖2名、三等奖3名。

【“爱运动爱岳麓”全民运动会】6—11月，岳麓区举行“爱运动爱岳麓”全民运动会。设工间操、拔河、羽毛球、趣味运动会4个项目，区直单位、街道（镇）、企业共70支代表队、2000余名运动员参加比赛。11月23日，举行全民运动会闭幕式，区委常委、宣传部部长罗予武，区人民政府副区长王海潮，区总工会主席华良等参加，并为获奖团队现场颁奖。区公安分局、城管局获全民运动会团体总分一等奖，岳麓山风景名胜区、区法院、财政园林联队获二等奖，区教育局、文旅体局等8个部门和单位获三等奖。

岳麓山风景名胜区

【概况】长沙市岳麓山风景名胜区管理局下辖麓山景区管理处和橘子洲景区管理处两个二级管理机构（其中，麓山景区管理处为副处级事业单位，橘子洲景区为正科级事业单位），代管望月公园管理处。2019年，景区接待游客1500余万人次，旅游经济收入5805.11余万元。圆满完成年度任务目标。

【资源保护】推进《岳麓山风景名胜区总体规划》修编和旅游、交通、消防专项规划编制工作。落实规划要求，在前期完成咸嘉湖景区、桃花岭景区（北片）综合整治的基础上，推进后湖景区的整治和岳麓后山基础设施建设，实现景区提质扩容。整治景区范围内违法别墅建设、非法葬坟行为，配合开展景区违建别墅摸排清查工作。完成景区35.2平方千米范围内植物本底资源调查、实地数据拍照记录工作，建立植物资源数据库、植物资源档案、古树名木资源及后备古树资源库。

【综合管理】落实“放管服”“最多跑一次”改革要求，完成行政权力清单和责任清单清理，行政审批事项纳入“一网通办”和“多规合一”平台办理。探索景区资源资产特许经营，促成《岳麓山风景名胜区特许经营管理办法》出台，完成橘子洲景区观光车重大项目特许经营权招标许可。引入第三方公司（湖南展通安全科技有限公司），对景区安全生产进行全程技术指导和监督检查，提升景区综合管理专业化水平。推进麓山景区消防管网、危房提质改造工程基础设施建设，消除天马山亮化工程引发的火灾隐患，全年未发生重大安全生产事故。

【旅游服务】推进后湖景区综合整治和产业招商，后湖国际产业艺术园区初现雏形。探索“旅游+”模式，完成橘子洲非物质文化遗产展示馆、毛泽东青年艺术雕像展馆、海关博物馆等文化旅游项目建设并对外开放，“两山一湖”双创基地正式挂牌，“58集团”落户咸嘉湖景区，旅游产业和文化、科技、创意、体育等产业实现深度融合。做好“长沙国际马拉松赛”重大节会活动服务。组织开展岳麓山风景名胜区讲解员培训，打造“爱晚亭”和“青年毛泽东艺术雕像”两个红色文化宣讲阵地，开展红色文化宣讲。打造“橘洲音乐节”“麓山红枫节”“红色半程马拉松”等节会活动，市民游客旅游体验感和满意度攀升。

【常规巡察】2019年11月29日，市委第一巡察组对岳麓山风景名胜区管理局党委进行常规巡察，并反馈了巡察意见，为落实整改岳麓山风景名胜区管理局党委成立整改工作领导小组，制定整改方案，分解任务，明确时间节点、责任到人，统筹安排各项工作，针对存在问题，落实问题整改。

【植物资源实地数据拍照记录】为摸清景区范围内植物资源家底，建立植物资源数据库、植物资源档案、古树名木资源及后备古树资源库，为景区生态资源保护提供科学依据。2019年，岳麓山风景名胜区管理局麓山景区管理处聘请中南林业科技大学相关专家组建岳麓山风景名胜区植物资源调查队，通过样方设计、实地勘查、拍照对景区35.2平方千米范围内植物本底资源进行摸底调查，掌握大量实地资源数据和图片，尤其是发现一株极其罕见的苦槠钩栲（锥）树。

麓山景区

【概况】2019年，麓山景区管理处有带编职工188人，政府雇员3人，人事代理制16人。接待游客705万人次。完成总收入7730.1万元，比上年减少113.05万元。上级拨款3572.6万元，比上年减少424.79万元；索道分成收入1589.73万元，比上年增加390.94万元；观光车分成收入1513.79万元，比上年增加232.98万元；门店收入比上年减少324.03万元，停车场收入比上年减少66.25万元。观光车、索道分别运载乘客154万人次和86万人次，比上年同期分别增长40万人次和30万人次。

【综合管理】出台《消防安全管理制度》《禁车管理制度》《停车收费管理制度》《点工劳务管理制度》《麓峰观光车公司财务管理制度》，下发《消防员等级考核评定办法》、《星级讲解员考核评定办法》以及《义务消防队员管理办法》等。绩效办全年开展多种形式的考核，发出考核通报22篇，通报批评违反纪律或不作为行为54人次，处理违规或不作为人员75人次，处理扣分252.65分、扣奖2.52万元。

【设施维修维护】全年完成水电设施、危旧房屋、消防安全维护作业950处次，对餐饮门店环保设施巡查100多次；加强公房管理，收回违规转租公房8套，对2处D级危房进行封闭围档。完成文物墓葬、南门门楼、党建阵地、沟渠沉井、东门国旗台杆、420米路肩6处修缮工程；新增“分区导览图”24块，完善古游道标示标牌系统全套，增补禁烟、禁骑及指引标识牌200多处。按时完成重点工程建设。其中市财政投资1700万元的消防管网建设项目已竣工验收；区财政投资2100万元的古游道建设一期工程完工70%；湘江新区投资500万元的智慧景区建设和景区管理处投资的Wi-Fi一期工程、智能停车收费系统、蔡锷墓庐维修以及消防队维护项目已完成并交付使用。

【安全工作】公开招聘8名专职消防队员，有专职消防员30人。同时组建一支由处领导、中层干部和驻山单位、经营门店年轻男性职工组成的“义务消防队”。开展“夯实企业安全生产主体责任年”活动和安全生产专项行动。全年开展安全生产大排查20次，消防安全检查64次，发现问题隐患318处，更换各类灭火器498具，新建消防站10个，设立水带箱44个，建成消防水管11640米、新建消防水池4处，完成露天消防水池清淤11处，整修自然水体7处，消防用水总容量已超万吨。通过禁车、测速、停放秩序的管理考核，对景区交通进行严格管控，全年未发生交通安全事故；同时联合管理局、治安三大队开展违章建筑拆除行动，共拆除违章建筑2处约100平方米。

【生态资源保护】全年完成8株古树名木的防护治理和森林虫情调查、预测预报、松材线虫、红枫白粉病等病虫害防治，保障核心区域苗木安全。举办第15届秋花展，展示菊花300多种1.5万余盆，新种杜鹃2000株、盆景62盆、栽种麦冬1500平方米。

【景区调研】2月24日，新华社副社长严文斌、新华社湖南分社社长丁锡国一行到麓山景区进行实地调研。中共长沙市委常委、宣传部部长高山，岳麓区委常委、宣传部部长罗予武陪同调研。调研组到爱晚亭、放鹤亭等景点参观调研，并在HI.悦麓会议室召开座谈会，听取周竹平主任关于景区开发管理、文化建设等工作情况汇报。调研组对麓山景区近年来在管理工作上取得的进步表示肯定，并要求景区不断加强文化建设，大力发展文化产业，为湖湘文化的传承和发展积极作为。

【宣讲红色文化】自2018年5月开始，景区义务讲解员在爱晚亭为游客免费宣讲岳麓山的红色文化。已有711批（场）次，10688人次到爱晚亭讲习点，接受红色文化洗礼。2019年9月24日，新华社湖南分社、《湖南日报》、湖南卫视、湖南经视、长沙新闻、岳麓新闻网等多家新闻媒体，对麓山景区红色讲习活动进行集中采访报道。

橘子洲景区

【概况】2019年，橘子洲景区管理处在区委、区政府及岳麓山风景名胜区管理局的正确领导下，紧紧围绕“精致精美”总体目标，以品质为核心，以细节为抓手，深入推进资源保护，规范综合管理，加强产业发展，完成年初既定目标。全年接待游客748.9万人次，完成各层级接待任务947批次，景区管理处获评长沙市文明标兵单位、景区游客服务中心获评湖南省工人先锋号班组。

【生态治理】启动林下空间改造，采取“乔木+地被”方式，选用吉祥草、麦冬、鸢尾等储备植物，对桃园、竹园、绿化边坡等1.68万平方米的林下空间实施整体改造，试点混播二月兰、紫云英等草花，解决林下黄土裸露问题。突出景点主题，挖掘文化内涵，实施桃园下沉式广场、梅园水榭、主席雕塑周边等12处、8675平方米区域的景点改造，用乔灌草多层绿化造景和色叶树种的配置，营造色彩丰富、季相分明的主题园林景观。创新工作举措，出台《绿化维护标段景观创新专项奖励办法》，设立季度、年度景观改造奖项，鼓励标段创新，做到奖优罚劣，实现绿化维护高质高效。创新工作机制，引入卫生保洁专业服务外包团队，实现绿化维护、卫生保洁、厕所保洁科学分离，景区维护精细化、智能化、专业化水平得到提升。强化环保执法检查，持续打好蓝天保卫战，定期督查经营户门前三包、雨污分流情况，开展油烟净化专项整治及厨房排风设施清洗，推广垃圾分类宣传，配合做好橘子洲污水泵站运营。落实防汛抗旱工作。2019年7月，橘子洲遭遇特大洪水，此次洪水周期长、水位高、破坏性大，景区采取闭园举措，对被淹区域两次组织大清洗，恢复因灾受损绿化，补种乔木29株、灌木及小苗5430株，补植草皮4.53万平方米。洪灾过后又启动“百日抗旱”战役，采取标段全员上岗，轮班错峰作业，滴灌、喷灌、定点浇灌等方式为树木防暑解渴，出动人员6000余人次，日均浇水200吨，中耕作围14278株，确保58.43公顷植物安全度夏。

【治安管理】遵循“有黑扫黑，无黑除恶，无恶治乱”的原则，对景区重点行业、重点领域进行地毯式排查。坚持打防并举，联合工商、交警、城管、交通等部门对非法营运、非法传销、非法传单发放及流动摊贩等乱源进行集中整治。设置文明法治宣传教育室，重点区域专人值守，管理流动摊贩。采取流动巡查和区域布控相结合的方式，打击非法传销高压态势。关口前移，外部交通管制区域上移至南北支桥口，解决节假日摩的非法营运问题。全年开展综合执法行动12次，依法处理非法营运车辆5台，抓获传销人员68人，管理违法摊贩200余人次，非法传单发放人员600余人次，劝离垂钓人员1500余人次，教育劝导不文明行为2000余人次。强化源头治理，开展“大排查、大体检、大整治”专项行动，排查特种设备、交通道路、施工项目、食品安全、消防安全等重点领域，通过交叉检查、自查、第三方公司检查等方式，确保安全检查“横向到边、纵向到底”。严格落实“一会三卡”制度，规范作业操作流程，做到安全意识“入脑入心”。全年召开安全专题生产会议4次，完成焰火保卫任务6次，开展安全检查27次，排查整改安全隐患94起，下达整改通知书22份。结合重大节假日客流管控经验，从安全秩序、客流疏导、卫生保洁、经营管理等方面入手，排查整改各类问题40余个。创新实施“景警”联合执勤模式，采取“公安+志愿者+工作人员”的形式，在人流密集区域设置义务咨询点，现场受理游客咨询投诉、报警求助，及时处理突发事件，化解各类纠纷矛盾，景区节日旅游安全水平得到有效提升。

【设施维护】抢抓工期如期完成桂园水榭、桃园亭廊、洲头献花台、大草坪入口广场、洲头经营服务点及游船码头观光车站建设改造。改造望江亭、焰火广场等13处给排水系统，全面修补边坡游道，对管理处周边、洲头步石实施细节处理。完成望江亭、神职人员寓所等6处建筑亮化检修工作，修复159盏庭院灯、150个中国结及14套高杆灯具。完善隐患排查制度，加固音乐喷泉花岗岩装饰板面，更换百米高喷水泵及电缆，消除安全隐患。创新选用坚固耐腐蚀材料（钢方通及黑钛金板）加固亲水游步道跑步服务站、休憩亭廊及配套用房主材门窗，以减少洪水冲刷损失。加强日常巡查维护和项目作业安全监管，推行高空、深井及受限空间作业申请备案制，落实作业流程规范，做到“班前有会议、作业有台账、总结有记录”。实行建设项目专人负责制，每日对在建项目施工围挡、安全绳索、脚手架等安全设施进行检查登记，对施工安全操作流程实施全程监督，确保项目实施规范有序。加快智慧景区建设步伐，实现无线Wi-Fi全覆盖，主席雕塑展馆人脸身份证对比入馆系统、智慧机器人投入运营，观光电瓶车互联网购票系统全线开通，智慧语音导游、飞越橘子洲VR项目上线。

【文旅融合】 依托博物馆群，结合“红色讲习所”品牌，开发“五个一”专属旅游服务产品，通过“在主席雕塑前向伟人献一束花，在红色展馆内重温一次入党誓词，在非遗传习所中体验一次剪纸艺术魅力，在两型社会展馆中感受一次当代科技发展成果，在海关博物馆里接受一次爱国主义教育”主题活动，使广大游客切身体验“游中学、学中游”的独特魅力，吸引各大中小学校、机关事业团体争相前往，橘子洲成为“研学游”“主题党日活动”首选场所，全年景区各大主题展馆共计接待游客110余万人次，开展研学讲解1500余场次。“文博+旅游”新模式，顺应了景区旅游蓬勃发展的内在需求，丰富了旅游深度和广度，使橘子洲成为宣传湖湘文化的思想阵地。发挥“体育+旅游”“节会+旅游”的品牌影响力，通过专业化、规范化的活动组织，提升“为爱而来公益马拉松赛”“橘洲女性主题公益跑”“橘洲音乐节”“橘子洲红色半程马拉松赛”等一系列成熟活动的品牌价值，扩大景区影响力。全年景区共举办各类活动63次。清理景区闲置资产，完成地铁口配套服务用房等5个项目入驻，共享咖啡机、共享充电器、纪念币自动售卖机投入运营，完成观光车经营权项目招商及合同签订。对照文明创建和国家AAAAA级旅游景区标准，创新经营管理模式，采取经营单位每日微信自主打卡和督查管理相结合的方式，实现经营管理动态监管。定期开展经营服务检查，深入推进“日巡查、周通报、月考核”机制，及时发现存在问题，督促指导经营单位做好整改。落实食品安全城市创建要求，联合区市场监督管理局等部门不定期开展食品安全执法检查，全年开展食品安全检查24次，从源头上保障了食品安全。

【旅游服务】 强化标准化建设，完善讲解员培训考核办法，采取单月讲解词创作、双月讲解考核、定期读书笔记分享等方式，营造学习氛围。做好讲解员招聘考核工作，选送优秀讲解员外出参赛、培训，通过内训、外训、以赛代训等方式提升讲解员综合素质。将橘子洲党员群众讲习所与红色讲解员试点单位建设有机结合，强化思想政治教育，开展红色主题活动，打造“党建+研学”品牌。健全投诉处理机制，细化部门分工，强化考核举措，出台投诉先行赔付制度，规范常见投诉案例处置程序，有效预防化解矛盾，保障游客合法权益。全年景区受理投诉66起，咨询建议118起，投诉回复满意率98%以上。依托“学雷锋志愿服务基地”建设，发挥“景校共建活动”品牌作用，联合签约高校、中小学学校及社会志愿者创新推出“绿色当铺环保活动”“文明随手拍”“向不文明行为说不”等一系列活动，全年，景区开展志愿服务活动342批次，提供义务讲解647批次，参与人数13155人次。

【工会工作】 开展“我为景区发展建言献策”活动，倾听职工心声，完成工会换届选举。开展“下基层、送温暖”系列活动，全年慰问困难党员、职工及老干部22人，支出慰问金2.1万元。慰问探望生病住院等职工18人，支出慰问金1.08万元。丧葬慰问4人，支出慰问金5000元；慰问结婚生育职工6人，支出慰问金6000元；为在职职工购买医疗（住院）互助计划，减轻职工住院医疗费用压力，为15名职工办理医疗补助申请。开展“跟党迈进新

1月9日，橘子洲景区召开第十一次职代会和工代会

时代，同心共铸橘洲红”迎新联欢会、“不忘初心、牢记使命——职工劳动技能大赛”，组织全员职工分批前往浏阳开展秋游活动，组织女职工前往浏阳皇龙大峡谷开展健身拓展活动，组织青年团员前往浔龙河考察学习。

【橘子洲景区第十一次职代会（工代会）】 2019年1月9日，橘子洲景区召开第十一次职代会（工代会），选举产生第十一届工会委员、经审委员、女工委员。

【长沙关近代历史陈列馆开放】2019年1月10日，长沙关近代历史陈列馆免费对外开放。长沙市副市长邱继兴、长沙市海关副关长姜奎为长沙关税务司公馆揭牌。

【文化宣讲】 2019年7月1日，橘子洲景区党总支举办“不忘初心、牢记使命”红色文化宣讲暨“红色橘洲，薪火相传”讲解员大赛，来自橘子洲景区管理处、长沙非物质遗产展示馆、湖南省两型社会规划展示中心及部分高校的18名讲解员参赛。

【纪念五四运动100周年火炬传递活动】 为纪念五四运动100周年，4月2日，湖南省疾控中心联合橘子洲景区团支部举行“薪火相传志满星城，五四火种百年传承”暨纪念五四运动100周年火炬传递活动。湖南省疾控中心青年职工代表及橘子洲景区青年团员120余人出席活动。

【2019长沙红色半程马拉松赛】 2019年12月26日，长沙农商银行·2019长沙红色半程马拉松赛在橘子洲景区高喷广场开赛。

望月公园

【概况】 望月公园于1993年建成开园，因1978年被发掘的西汉长沙王吴著寝墓而闻名，2013年升级为全国重点文物保护单位。2018年7月，根据全市机构改革的相关要求，公园下放至岳麓区，由岳麓山风景名胜区管理局行业管理。望月公园管理处为差额拨款事业单位（正科级公益二类），核定差额拨款事业编制数82名。2019年年底，实有在职在编人员74人，其中，班子成员5名。内设办公室、人事科、财务科、绿化科、经营科、文保科和保卫科，下设园林班、保卫班和机修班。

【设施建设】 完成部分基础设施维修改造工程，新增休闲广场约3000平方米，增添十余组健身器材以方便市民健身使

1月10日，长沙关近代历史陈列馆开放

用；对主干道拓宽改造、铜盆湖环湖路面拓宽及配套设施改造；完成汉文化景观长廊维修改造及月亮桥重建；更换主干道给水主管，新建排水沟，迁改更换电缆沟，新增智慧路灯18组，方便游客及时了解当天天气、环境信息、时政信息和热点新闻。改造后公园景观品质更好、游道更宽、休闲广场更多、文化标识更准、便民设施更优。

【综合治理】 成立由公园主要领导任组长，领导班子成员为副组长，各科室负责人为成员的安全生产领导小组，开展“大排查大体检大整治”“打非治违”“排雷行动”等一系列活动，落实领导干部“一岗双责”，形成主要领导亲自抓、分管领导具体抓、科室负责人共同参与的综治工作格局。全年召开安全工作会议15次，开展“安全生产活动月”森林防火专项宣传等系列活动，及时通报各类重大生产事故，举一反三、汲取教训，并建立安全隐患台账，落实“夯实企业主体责任年”的相关要求，与经营户签订目标责任书，健全生产主体责任公示牌，安全生产监管责任公示牌上墙，明确责任、形成齐抓共管的安全工作氛围。对园内重点区域和各联营单位开展全面排查，针对高温天气特点，加强文物保护区森林防火巡查，发现问题，立即整改、限时整改。全年组织不定期安全检查12次，查出安全隐患11处，发出整改通知书11份，安全隐患整改率100%。

【绿化管理】 制订园林绿化精细化管理办法，管理日常的养护及卫生清扫工作，落实除草、修剪整形、防病、除虫、防寒、卫生、保洁、水体治理等工作措施。对120余株（丛）铁树、竹子进行防冻包扎和捆扎处理，对非山林区的1500棵乔灌木进行涂白处理，确保全园植物安全过冬。抓实园林植物病虫害防治工作。2019年，全园喷药防治7次，在病虫害高发时段小范围防治30余次，有效控制公园病虫害发生；针对全园范围内的白蚁防治需求，大面积施药15次，喷施药剂800千克，累计防治面积66.67公顷，白蚁活动得到有效控制。抓好常绿草坪维护工作。对热季型草进行重剪，撒播冷季型草籽，播种面积近7000 平方米，覆盖绿色无纺布并浇水，安装防护栏，防止游客踩踏。清理文物保护区，清扫面积近20万平方米，清理枯枝落叶60余车，清理园林垃圾20余吨，既排除安全隐患，又优化了公园环境。

【经营管理】 科学谋划、提档提质，汽车影院项目，改造升级部分配套设施，为观众提供环境更好、品质更优的服务。对园内所有的经营项目统一制作安全责任公示牌，并悬挂上墙，制作周一安全工作会议记录本，建立经营项目“一企一档一清单”，规范服务和管理。整治园内经营乱象和不文明经营服务行为，杜绝店外经营、占道经营、违规搭建、项目场地卫生不达标等现象发生，对园内经营场所证照齐全、亮证经营、诚信经营、文明餐桌、核心价值观广告上墙、消毒记录、会议记录、台账等工作内容不定期进行抽查，建立和谐文明的经营秩序。培训经营项目一线人员和经营管理人员，开展消防安全、食品安全等业务培训，将文明游园知识、文明服务、消防安全、食品安全等内容纳入到日常工作中。

交通运输

【概况】 区交通运输局原为主管全区交通运输工作的行政类事业单位，2019年3月，机构编制调整为正科级政府工作部门，不再加挂市交通行政执法局岳麓区分局牌子。机构调整后，交通行政执法职能上收至市级，区交通运输局不再负责区域内交通行政执法；增加原区农业林业畜牧局的渔船监督管理职责。2019年，区交通运输局共有工作人员80人，其中在职干部38人。2019年，区交通运输局完善交通基础设施建设，加强道路运输市场整治，推进城乡公交都市建设，突出抓班子、带队伍、理思路、完成全年工作任务。

【基础设施建设】 干线公路、农村公路建设，起草制订《岳麓区乡村振兴战略村组公路四年建设实施方案（2019—2022年）》，完成自然村通（水泥）沥青路建设13.2千米、通村组公路建设90千米、村道提质改造16千米，总投资6430万元。完成雨九线、惊袁线雨敞坪段路面大修10.53千米、岳宁公路岳麓区段与重要县道交叉口顺接路项目14处、莲花镇华宝公路—第五实验小学路段大修0.3千米，总投资3570万元；启动许广高速莲花互通—岳宁大道公路建设项目手续办理。桥梁改造，完成鹅洲渡改桥桥梁主体工程和桥面建设，完成含浦新桥拆除重建项目，完成2018年5座危桥改造续建项目；启动推进2019年5座危桥拆除重建项目，完成建设总投资约5710万元。安防设施，完成校车线路隐患点整治47处，增设波形护栏798米、反光镜25个、减速带14组、防撞墙30米。养护管理，引入农村公路管养综合服务平台，对全区农村公路进行全面系统的路况评定和基础数据摸底；加强道路巡查，及时发现和处理道路运行当中出现的各类问题，县乡道路运行通畅安全；突出日常养护，落实养护定期考核通报制度，农村公路通行能力保持良好水平。

【道路运输市场监管】 牵头制订《岳麓区交通问题顽瘴痼疾集中整治行动方案》，会同相关部门和街镇共同推动全区交通顽瘴痼疾集中整治。全年累计开展集中执法行动301次，出动执法人员6856人次，检查生产经营单位356家次。开展非法营运专项整治，查扣非法营运车辆46台，行政处罚37.7万元。治理货车超限超载，强化对重点货运源头企业的监管，联合交警部门对重要路段经常性开展联合治超，累计检查车辆4037台次，查处超限超载车辆283台次、非法改装改型车辆49台次，卸载货物6500余吨，移交交警记分处理车辆125台次、记702分，对超限车辆处罚和卸载到位率100%。加强客货运市场管理，深入开展道路运输驾驶员安全文明驾驶教育培训专项行动，督促运输企业加强对驾驶员、车辆的安全管理，督促客运站和驾驶员严格执行交通运输部要求的“三不进站、六不出站”和“五不两确保”规定，防范违禁物品进站上车。落实环保督查，开展维修企业巡查30余次，拆除4家违规经营的烤漆房；协调市局、城管、市交通集团等部门，迁移桃子湖公交首末站，改善师大附中环境监测点周边空气质量。

【交通综合服务】 完成政务服务事项“四级九统”标准化梳理工作、政务信息资源目录和电子证照梳理及完成19家货运公司道路运输经营许可证办理。迅速推动“一件事一次办”，提升政务窗口人员业务水平，优质高效服务群众，全年年审车辆2057台，新车入户车辆335台，区内过户车辆26台，转出车辆169台，受理异地年审车辆613台。推动大科城公交线网优化方案的落实，开展民意调查，为大科城建设提供交通网络支持。将社区5号线、6号线及望新小学公交站点调整到位，为周边市民出行提供便利。

教育·科技

教　育

【概况】2019年，岳麓区有中小学校108所，其中区属公办中小学校92所、驻区中小学校16所，中小学生10.1万人；街道中心学校4个、二级机构9个；幼儿园194所，其中公办幼儿园43所（区属公办幼儿园34所、驻区公办幼儿园9所）、普惠性民办园127所、非普惠性幼儿园24所，在园幼儿4.4万人；在职在编教师3542人，离退休教师1971人，编外合同制教师3864人，下属单位管理干部264人，其中正职171人、副职93人。

2019年，区教育局围绕“岳麓山下好读书”的目标任务，推进岳麓教育全域优质均衡发展。获2019年国家义务教育质量监测实施县级优秀组织单位、湖南省文明单位、“青春心向党建功新时代”2019年长沙市少先队辅导员风采大赛特等奖、全国第六届中小学生艺术展演活动优秀组织奖、湖南省第四届中学生建制班合唱比赛优秀组织奖、长沙市幼儿园园长专业素养展示研讨活动优秀组织奖、长沙市“新时代好少年”主题教育读书活动“我为祖国点赞”优秀组织奖荣誉；获批全国儿童青少年近视防控试点区、湖南省校园足球试验区、长沙市智慧教育示范区培育区；教育信息化案例《智慧驱动的区域跨校联动式校园安防体系建设》入选《湖南省教育信息化优秀典型案例成果集》。

【学校建设】2019年，阳光壹佰、奥克斯、谷山庭苑、保利西海岸、金域缇香5所公办幼儿园开园，新增幼儿学位1800个，由省市级示范性幼儿园对其进行统一管理。交付使用西雅博才小学、博才白鹤小学（西校区）、长郡双语洋湖实验中学、湖南师大附中博才实验中学（湘江校区），新增优质学位8580个。通过对12所中小学校改扩建，增加学位2745个。投入4000万元改善77所中小学校、幼儿园办学条件。拨付73.5万元专项资金对16所中学危化品储藏室进行改造。完成潭州实验小学等7所学校的标准化学校建设。

【教师队伍建设】2019年，招聘教师232人，其中教育部直属师范院校应届公费师范生4名，优秀应届毕业生、名优教师42名，面向社会招聘在职教师或应届毕业生186名。交流校长、教师82人，其中骨干教师25人。8名教师公派出国访学任教。依托6个校长专业成长工作坊，开展长沙市教育科学“十三五”规划重点资助课题“基于区域的‘导师制’校长专业成长团队建设研究”。完成国家及省、市级培训计划324人，区级参培教师3525名。组建第七批9个区级“名师工作室”，遴选第二批区级卓越教师80人，并推荐23人成为长沙市第二批卓越教师。推广教师志愿辅导活动，推出教研员公益课堂15节，卓越教师、名师公益课堂95节，辐射学生近万人。加强师德师风宣传，举办“守初心、担使命，争当新时代好教师”师德师风主题教育故事会，6000名教师分六批次观看。在“岳麓教育”微信公众号宣传12位优秀中小学教师事迹，编写《思齐集》。出台《长沙市岳麓区教育系统编外合同制教师“星级”评定实施方案》，成立编外合同制教师星级教师评定小组，设至三个星级。2019年，57名编外合同制教师被评定为“三星级”教师。

【信息化发展】2019年，投入3600万元用于92所新改扩建学校的液晶电视触摸一体机、透明计算智慧黑板、电脑、智慧教室、计算机教室、校园电视台、网络视频摄像头、实验仪器装备等信息化设施设备采购。博才咸嘉小学、博才卓越小学、莲花实验中心小学以校企合作方式进行AI智能教室试点。湖南师范大学附属中学博才实验中学和长郡双语洋湖实验中学被认评为“首批长沙市未来学校创建校”，湖南师范大学附属中学博才实验中学和岳麓区实验小学被评为“长沙市首批中小学网络学习空间应用优秀学校”，博才咸嘉小学获“长沙市网络联校优秀案例”一等奖。

深化“放管服”“最多跑一次”改革，完善“互联网+政务服务一体化平台”实施清单填报，实现依申请类政务服务事项网上可办率达95%。2019年，办理68件民办学校（幼儿园）设立审批，完成89所学校（幼儿园）的分类登记及举办者、法定代表人等项目的变更审批工作。2019年秋季，推行教师资格认定确认在长沙市一网通办平台办理。截至2019年年末，现场受理高中教师资格审查认定1074人，初中、小学及幼儿园教师资格现场认定4531人。

【综合管理】 通过政府公开招投标方式接收普惠性民办幼儿园11所，其中6所开园。出台《岳麓区城镇小区配套幼儿园专项整治工作方案》，对住宅小区配套园停建、缓建、建而不交等问题进行专项治理。推进“课程、课堂、课题”项目建设，重点加强音乐、体育、美术、综合实践、心理健康等课程建设。开展高中教学改革，高中学校推进“分层分类、选课走班”教育管理模式改革。2019年，累计化解义务教育大班额32个，大班额占比降至1.7%，被长沙市教育局推荐参加“湖南省化解大班额工作先进区县”评选。落实《健康中国2030年规划纲要》和《岳麓区中小学体育艺术“2+1”项目实施方案》要求，实现学生体质健康标准优秀率提前达到25%的目标。2019年，岳麓区有15所全国校园足球特色学校、6所全国校园篮球特色学校、2所湖南省重点体育后备基地学校、6个市级体育后备人才基地学校，70所学校参与“健康促进学校”的创建工作并通过评估。

【安全工作】 2019年10月，岳麓区区属中小学校、幼儿园在中小学封闭化管理、一键式紧急报警与公安机关联网、视频监控系统与公安机关联网率、城市中小学专职保安员配备率、护学岗建设完成率均达到100%，人防、技防、物防设施安装到位。333名校园保安实行24小时门卫值班巡逻制度，统一配备保安服装、防刺背心、防暴钢叉、防暴盾牌等应急处突安防设备。完善校园安全“一键通”监控智慧教育平台，实时联网监控全区学校、幼儿园重点部位、明厨亮灶、126台校车，实现“三网联控”。招标核工业230研究所对中小学校地质灾害进行全面排危。组织“3·25”全国中小学生安全教育日“关爱生命、快乐成长”校园安全教育活动启动仪式、“5·12”防震减灾宣传教育活动、“庆六一·学消防”主题消防宣传活动暨中小学校消防安全知识教育课件发放仪式。做好防溺水教育，发放《防溺水致家长的一封信》10万份。岳麓区在长沙市率先推行“星城园丁群防群治护校安园”工作试点，6所中小学校成为试点校。处置阳光服务平台受理事项6621件，其中受理来电1493件，窗口受理163件，网络阳光服务平台受理1110件，受理市“12345”热线2856件，受理网络问政27件、区长信箱237件，受理局长热线539件，受理舆情系统28件、信访169件。按信息类别分，投诉1129件、咨询3296件、求助1929件、建议119件、表扬3件、其他145件，办结率100%。办理人大建议14件，其中，市级建议2件、区级建议12件。办理政协提案12件，其中，主办8件、会办4件，办结率100%。

【培训管理】 出台《岳麓区民办学校标准化建设工作方案》，统一制作“岳麓区民办培训学校信息公示栏”，公示证照信息、教师信息、开班情况及收费标准。组织政策宣讲专题会议4次，开展专项督查3次，发现57个违规办学问题，督促相关校外培训机构限期整改到位。长沙市委改革办在《改革交流》上以《不断擦亮“岳麓山下好读书”的民办教育品牌》为题推介岳麓区民办学校分类登记做法。成立区无证办学清理整治联席会议领导小组，建立联席会议制度，形成政府统筹、部门参与、属地负责、多方配合的工作机制。召开联席会议5次，专题调度无证办学清理整治工作。扶持58所校外培训机构办理证照，取缔关停48所不符合设置标准且存在安全隐患的校外培训机构。通过岳麓教育信息网、“岳麓教育”微信公众号发布《致全体家长的一封公开信》及合法民办学校基本信息、年检情况。

【教育资助】 2019年，资助贫困学生5545人次，发放资助资金301.85万元。发放贫困幼儿补助614人次31.6万元；义务教育学校贫困寄宿生补助956人次59.52万元，建档立卡等非寄宿生补助3000人次116.8万元；贫困高中学生助学金462人次46.8万元，免学杂费、教科书及教辅材料费280人次19.29万元；中职学生助学金6人次0.6万元，免学杂费227人次27.24万元。

进一步完善特殊教育工作，

切，师德师风建设要量化、细化、实化，经济发展离不开教育的支撑，教育兴城任重道远。

【第35个教师节庆祝会】 9月9日，岳麓区委、区政府举行庆祝第35个教师节暨教育工作会议，区四大家主要领导、分管领导及长沙市教育局副局长缪雅琴出席，区直单位、各街道、镇党（工）委书记、分管教育工作副职，区属中小学、幼儿园、教育系统二级机构党政负责人和部分教师代表，教育工作考核及尊师重教先进个人近600人参加。《长沙晚报》红网等新闻媒体对此次庆祝活动作专题报道。

【办学成果汇报】 12月7日，湖南师范大学附属中学博才实验中学十周年办学成果汇报会在博才实验中学举行，湖南省教育厅副厅长王玉清，湖南师范大学副校长王善平，湖南师范大学附属中学党委书记黄月初，岳麓区委书记周志凯，岳麓区教育局党委书记、局长李鸿等出席。湖南师范大学附属中学博才实验中学校长许小平以《做幸福的追梦人》为题作十周年办学成果汇报。

科　技

【概况】 岳麓区科学技术局，是主管全区科技工作的政府工作部门，科协机构独立设置。2019年，全区高新技术产业增加值464亿元，新增高新技术企业60家，同比增长58%；促进技贸合同成交17.1亿元，同比增长67%；全年全区有效高新技术企业128家。

【科创产业】 大科城是长沙市落实中央"中部崛起"战略、湖南省实施"创新引领、开放崛起"战略的重大平台，是科技创新的核心区域。2019年，大科城新增科创企业1012家，科创企业总数3118家，新认定高新技术企业25家，新引进科技人才1200余名。大科城聚焦"最美大学城、领先科技城、一流创业城"的愿景目标，着力从创新政策供给、发展平台经济、汇聚科创资源、突出场景应用、强化资金支持、夯实人才支撑、优化营商环境、推进环境提质八个方面，搭建大科城科创生态体系"四梁八柱"，构建科创经济发展新格局。2019年大科城引进全国最大的知识产权运营平台（新净信）、科技成果转化平台（迈科技）、仪器共享平台（聚仪网）、科创路演平台（飞马旅）、科技人才服务平台（博士科技）等标志性平台27个，国内人工智能领军企业云天励飞、产业互联网领军企业集商网、京东智联云、华锐金融、芯球智能科技、安恒信息技术、创瑾科技研究院、树图区块链研究院等标志性企业24家。推进建设大科城科创生态数据应用平台，编制《大科城建设三年行动计划（2019—2021年）》。2019年，先后举办"创之星"中美创新创业大赛年度总决赛、全球初创企业奖（GSA）2019长沙颁奖盛典暨产业对接活动等国际赛事，以及《创业英雄汇》海选长沙站总决选，推出"岳麓·创讲堂"活动7期。创建大科城种子基金、医工交叉专项扶持资金、数数交叉基金等，助力培育更多科技型初创企业。2019年，举办各类创业论坛、沙龙100多场，创新创业氛围更加浓厚。对接美中创新联盟、科技部国际技术转移协作网络等平台及俄罗斯、以色列双创机构，"中西创投岳麓中心""中美创新创业大赛国际合作基地"已揭牌并落户大科城。与清华、北大就加强产学研协同创新、科技成果转化等方面达成合作共识。与上海交大签订了全面战略合作协议，重点围绕产教融合、人才培养、成果转化3条主线，深化16个领域的具体合作。清华大学、北京大学、上海交通大学等26所国内名校湖南校友会整体入驻大科城办公。

【产业招商】 夯实产业招商基础，建立资源清单。在产业领导小组的领导下，成立岳麓山国家大学科技城招商工作组，定期对项目落户过程中遇到的问题进行及时梳理、调度和解决。建立详细资源清单，摸清大科城产业空间、招商底数等基础信息，制定"两图两库"，建立16个标志性平台和20家标志性企业名录库；开展产业招商活动，强化招商对接。举办产业发展年"重大项目集中签约"暨营商环境优化年"产业政策集中兑现"活动，大科城6个重大产业项目在会上签署合作协议；参与"2019湖南粤港澳大湾区投资贸易洽谈周活动"；在区长周凡率领下，赴深圳、杭州等地开展精准招商活动；参加由市委副秘书长谭慧慧领队的赴上海考察飞马旅、新净信、迈科技总部基地活动，就项目落地进行深度交流。全年，接待来访团队64批次。围绕"一圈、一廊、一街、一镇"抓产业导入，中南大学科技园累计注册科创企业176家、入驻企业43家、专业服务机构21家、税收逾3500万元；依托湖南大学设计类优势学科，为后湖导入设计类企业81家；西湖58小镇导入企业132家，德必集团岳麓人工智能中心、大米科技、迈科技、新净信全国第二总部、聚仪网、码尚定制、云天励飞、华锐金融已完成签约。

【区校合作】深化区校合作。中南大学各类资源全面实现共享，湖南大学成立成果转化中心，湖南师范大学设立资产管理处。至2019年年末，企业员工办理校园卡328张，汇总6108件有效专利，57个省部级以上实验室，120余位优秀科研人才（含院士、杰出青年等）信息，四张清单收集工作全面启动。开展联谊活动。以区域化党建工作为引领，区校互相认领问题项目，60余个项目正在推进；整合金融中心资源，开展“潮涌湘江、创富岳麓”金融路演活动，其中，中南大学开展“创新岳麓、智汇中南”主题系列活动21场，湖南大学开展成果转化对接峰会活动2场，联合驻区各高校、双创孵化平台，组织筹备“麓山杯”创新创业挑战赛，制定1+6+N活动方案，相关活动正有序举办。持续推进“一圈、一廊、一街、一镇、一区”建设和发展。中南大学科技园配套建设全面完工，完成展厅建设及市级孵化器答辩，省级知识产权示范区已进入公示。对接省市相关部门，启动岳麓山国家实验室建设工作，完成“岳麓山创新指数”指数体系编制框架。深度对接国内知名高校，与清华大学、北京大学、西安电子科技大学就加强产学研协同创新、科技成果转化等方面达成合作共识。与上海交通大学多次接洽，签订全面战略合作意向协议，上海交通大学将全面助力长沙22条产业链建设，并助推大科城和“长沙半导体研究院”等平台建设。

【项目管理】制订企业“登高行动方案”，建立高企后备企业库。根据形势变化制订《2019年岳麓区加快高新技术企业培育工作方案》，建立《2019年高企、小巨人企业后备库》，企业总数近100家，为高企申报奠定坚实基础。全年组织23家科技型企业申报2019年第一批国家高新技术企业认定，27家科技型企业计划申报2019年第二批国家高新技术企业认定，19家科技型企业计划申报第三批国家高新技术企业认定，最终60家科技型企业获国家高新技术企业认定。开展高新技术企业认定培训，指导获批高企和小巨人企业兑现奖励政策。在市科技局支持下，岳麓区科技局会同现代服务业发展中心、岳麓高新区、中南大学科技园（研发）总部于4月17—19日连续举办“科创政策进园区、进企业、进楼宇宣传宣讲活动”3场，组织150多家企业参加高企申报和研发费用加计扣除等实务培训。鉴于科创企业对科技项目立项和奖励政策不熟悉，在创新过程中又急需政策扶持，为企业开辟“绿色通道”，合规合法快速兑现奖励。助推技术贸易合同成交，走访中南大学、湖南大学、矿冶研究院等技术贸易大户，摸清技术合同登记工作底数，做好技术合同登记备案工作，联合技术合同登记处室及时为企业提供指导，2019年，技术贸易合同成交额17.1亿元。引导企业加大自主创新，提高全社会R&D经费投入。5月，制订《2019年岳麓区加快高新技术企业培育工作方案》，有效改善科技型中小企业结构，积极宣传企业研发投入普惠性政策，为扩大全社会R&D经费投入夯实了基础。举办“科创政策进园区、进企业、进楼宇宣传宣讲活动”4场，对270多家企业，组织研发费用加计扣除、研发经费奖补等政策申报培训。通过培训，帮助企业了解政策申报程序。对42家申报省科技厅研发奖补的企业进行业务指导，共获奖补资金925万元；帮助获评2018年的9家科技小巨人企业和34家高企申报市局研发补助，获补助资金540多万元。由区领导带队走访驻区高校领导，沟通R&D经费投入工作进展，共推科研成果转化和工作机制建设。

【科创服务】全年累计开展科创服务活动80余场次。成功举办中国智能汽车路演活动、“创富岳麓，潮涌湘江”路演活动、专业服务机构对接会、创客沙龙、政策宣讲、纪念五四运动100周年等。围绕高校科研成果转化，会同中南大学、美年大健康筹建“岳麓健康智谷”，会同湖南大学积极推进机器人学院等创新创业人才培养特区建设。“麓山杯”创新创业大赛、“中美创投之星”大赛总决赛，同时和新净信在2019年11月联合承办2019年全球GSA大赛。团市委会同中南大学等三校团委积极筹备推出“岳麓·创讲堂”系列活动。会同天舟文化等探索在大科城共建“创业吧”等实体书店，进一步浓厚大科城的双创氛围。加强知识产权服务，对岳麓慧云平台模块进行设计与优化，多渠道宣传推广平台。对新云网、天云软件为代表的软件企业开展知识产权确权服务。与中南大学、湖南大学、湖南师范大学共建专利池。全年举办知识产权法律普及活动3场，知识产权强区建设已进入公示阶段。科技金融方面，完成基金小镇一期主体建设并交付使用。积极筹备建立风补基金，筹备建立大科城投资基金，优先设立风险补偿基金。梳理区内上缴100万元以上税收企业、湖南股权交易所挂牌企业、路演活动参与企业，建立企业信息库、上市企业后备库，开展金企对接活动6场次。农业科技方面，组织长沙市阡陌休闲农庄、长沙市正伟农业科技有限公司、湖南湘田农业科技有限公司等5家单位申报市科技助农直通车项目。指导长沙新中荷生态农业有限公司、长沙金霖农业等4家企业和农业特派员专家做好年度考察工作。

【电子科普大课堂走进青少年寒假生活】 1月27日，岳麓区科协联合岳麓街道麓山南路社区在山语林居多媒体教室开展电子科普公益大课堂活动，丰富学生寒假生活，提升青少年科学素质。此次电子科普公益大课堂安排7天的课程，既能满足孩子们的理论需求，又能进行实践操作。课程不但可以激发孩子们的兴趣爱好，培养正确的学习思维方式，假期不沉溺于网络手机游戏，为青少年提供了一个和谐、友好、互助的成长环境，让孩子们度过一个快乐的寒假。

【星火科技“12396”长沙科技助农直通车2019年工作部署会召开】 3月8日，长沙市科技局、长沙市科技成果转化服务中心组织召开星火科技“12396”长沙科技助农直通车2019年工作部署会议，市科技局农业科技处和市科技成果转化服务中心相关人员，岳麓区科技局分管领导和长沙县、望城区、浏阳市、宁乡市负责人员，2018年度先进信息服务示范站、新认定信息服务示范站代表参加了会议。会议对2018年度8家先进信息服务示范站和25家新认定的信息服务示范站进行授牌。

【项目签约】 4月10号，岳麓区委、区政府在金茂豪华精选酒店三楼三号厅召开“重大项目集中签约及产业政策集中兑现”活动。会议由区长周凡主持，湖南湘江新区党工委委员、副主任罗社辉，湖南湘江新区管委会副主任，岳麓区委书记周志凯及长沙市发改委党委委员雷光裕等领导参加活动。中南大学、湖南大学等高校相关处室负责人、岳麓区相关区直部门、各街镇主要负责人、相关企业代表及优化营商环境特约监督员出席当天的会议。本次活动岳麓区共与12家企业签署合作协议，向优质企业兑现政策奖励，为20名受聘为岳麓区营商环境的特约监督员颁发聘书。集中签约及政策兑现活动，标志着岳麓区“产业发展年”和“营商环境优化年”活动开展取得实质成效，迈出坚实步伐。

【大科城路演季启动】 7月5日，由长沙市大科城推进委员会主办，岳麓区委、区政府承办的“创新岳麓 科创企业路演季”活动正式启动，此次路演季采取了更小规模、更细服务的“小而精”模式。活动启动仪式上，岳麓区委副书记刘亮介绍岳麓区将持续开展常态化、精准化的路演活动，借力专业风投、PE、VC的专业判断，筛选优质企业进入季度集中路演项目库，加大企业与投资机构交流的频率和深度，促成资本和项目的多种合作模式，实现“招商一批、入库一批、培育一批、助力一批”优质企业的目标。岳麓山国家大学科技城产业导入进入了集中发力期，创新创业的市场主体大量汇聚大科城。以“资润岳麓、科创潮涌”为主题的岳麓区创新企业投融资路演、岳麓区金企对接、中小企业资本训练营、金企“一对一”会诊等系列特色活动相继召开，10余家企业成功获得近2亿元意向投资，为近百家企业找到“金主”，累计发放资金近亿元。

【科普游园进社区】 9月21日，由岳麓区科协、科技局主办，麓枫社区及博识科技创新公益发展中心联合承办的“科普嘉年华 智慧新生活”科普互动实践活动在麓枫社区广场顺利开展。活动分为科技展览区、科学实践区和趣味科学游戏区。3D打印、微观世界探秘、ABO血型自测、物化魔法台等互动活动，营造一个神奇的科技世界。岳麓区科协在“全国科普日”期间举办形式多样的科普活动，以趣味性强的科学实践游戏引起大家的兴趣，打通科学与普通大众之间的壁垒，通过一系列更深入的科学普及活动，营造学科学、爱科学、用科学的良好氛围，不断提升居民科学素养。

医疗·卫生

卫生健康

【概况】2019年3月，岳麓区原卫生和计划生育局更名为区卫生健康局。是年，全区卫生健康工作全面贯彻落实上级工作部署，完成绩效考核、民生实事考核指标和其他各项工作。2019年全区共有医疗卫生机构801家，其中医院54家(一级医院30家、二级医院17家、三级医院7家)，门诊部289家，医务室（保健所）44家，诊所213家，社区卫生服务中心16家（桔子洲、观沙岭、梅溪湖和咸嘉湖4家为民营，业务托管高新区麓谷街道社区卫生服务中心），镇卫生院2家，社区卫生服务站57个（高新区9个），村卫生室79个（高新区7个），中医诊所47家；全区卫生系统共有职工1353人。

考核指标。全面完成市对区绩效考核任务。无偿献血完成3856人次。超额完成省市民生实事指标。免费产前筛查、免费新生儿多种遗传代谢疾病筛查等4项省市民生实事项目考核指标全部超额完成任务。

【依法行政】根据《中华人民共和国传染病防治法》《中华人民共和国母婴保健法》《中华人民共和国基本医疗卫生与健康促进法》等法律法规，强化依法管理能力建设。开展法制宣传教育工作，利用宣传栏、宣传册等宣传工具，以儿童预防接种日、“5·29”协会活动日等节点活动为载体，宣传卫生计生法律法规，共发放各类宣传资料4万余册，制作宣传展板1000余块，各基层医疗单位发放各类宣传资料（法律法规、健康知识等）10万余份，培训卫计人员2万余人次。健全和完善行政审批制度，制订《岳麓区卫健局行政审批若干规定的通知》《岳麓区社区卫生服务管理办法及设置审批程序的通知》，落实行政审批责任制，卫健行政许可审批全部“一站式服务”。完成行政许可和服务2276件。推进卫健综合执法，出动执法人员1.5万余人次，查处案件113起，结案106起，有效净化医疗服务市场，打击“两非”工作共出动执法人员321人次，检查各级各类相关医疗机构155家次。规范检验检测，严格按照程序文件、质量手册和相关法律法规执行检验检测，在人员、设施设备、环境条件、试剂、耗材五个环节实施严格监督全年累计检测公共场所各种监测样本975份，为全区公共卫生安全严把检测基础关。

【公共卫生】全面推进14类公共卫生健康服务，全区建立居民电子健康档案62.9万份。全年共接种疫苗50万剂次、全区共管理0~6岁儿童6.7万余人，3岁以下儿童3.7万余人。为92名危重孕产妇提供转诊救治。完成65岁及以上老年人免费体检5.1万人。共服务管理高血压、2型糖尿病患者6万人，严重精神障碍、肺结核患者3000余人。

【卫健服务】加强公共服务阵地建设、卫技人员队伍建设、制度机制建设、健康场所建设、基层医疗卫生机构中医建设。完成区公共卫生大楼主体建设，完成7个村卫生室标准化新改扩建，建立完善、下发实施《岳麓区卫计系统人事管理办法》《岳麓区社区卫生服务站管理办法及设置审批程序》等文件39个，按照程序公开招聘、竞聘卫生专业技术人才40名、基层医疗单位负责人10名，建成59个健康社区（村），396户健康家庭，17个健康单位，7个健康主题公园与步道。区级突发公共卫生事件应急体系建设进一步完善。

【计划生育】全年全区出生14408人，为98.79%。全区应用自主研发的免费孕前优生健康检查智能服务辅助系统。全面落实奖励扶助政策，5万余名符合奖励扶助条件对象的奖励扶助资金及时足额准确到位。加大计划生育特殊家庭扶助关怀力度，继续在桔子洲、望城坡、观沙岭等5个街道开展以政府购买服务的方式，帮扶计划生育特殊家庭。落实流动人口卫生计生均等化服务。

社会生活

人力资源和社会保障

【概况】 2019年，岳麓区人社局以习近平新时代中国特色社会主义思想为指导，贯彻落实全市人力资源和社会保障工作会议部署，围绕“不忘初心、牢记使命”主题教育总要求，稳步有序推进各项工作。

【就业创业】 落实就业创业帮扶政策。通过报刊、网站、微信、招聘会、宣传品等多种渠道对各项就业创业优惠政策进行宣传，并对前来咨询、办理业务的单位或个人提供指导，确保各项优惠政策落实到位。全年发放灵活就业社保补贴1810.5万元、高校毕业生就业见习补贴30.65万元、企业招用建档立卡贫困劳动力社保补贴和岗位补贴101.3万元、创业担保贷款610万元、新办就业创业证3148本。以开展“就业援助月”“春风行动”“民营企业招聘周”“高校毕业季”“长沙市高校毕业生就业服务行动”等系列专项招聘活动为依托，促进辖区就业工作。全年组织各类招聘会29场，吸引759家企业到场招聘，提供就业岗位26275个，达成就业意向3568人。持续推进劳务协作脱贫，于2月、10月组织长沙企业前往劳务协作对口地区郴州市桂东县开展专场招聘会，在助力农村贫困劳动力就业的同时，更加有效地服务辖区企业用工需求。推动驻区企业创新创业。全年举办四场“创业服务三湘行系列活动”之高校行活动，到中南大学和湖南工业职业技术学院，通过邀请知名创业导师授课等方式，将创新创业教育融入人才培养全过程，着力增强大学生创新精神、创业意识和创新创业活力，并通过把创业服务、政策送进校园，帮助区内创业项目与创业资本、创业导师、创业政策有效对接。开展技能培训，增强就业创业能力。全年举办各类就业创业培训班70期，培训人数2799人，拨付就业创业培训资金95.58万元。

【社会保障】 保障基金运行安全。严格执行《社会保险稽核办法》《社会保险财务制度》《社会保险会计制度》等基金风险内控制度，认真把好基金“入口关”和“出口关”。根据《湖南省人民政府关于〈完善企业职工基本养老保险省级统筹制度〉的通知》要求，从7月1日起，企业职工基本养老保险实行省级统筹。岳麓区制定工作方案，进行部署安排，确保政策落实到位。根据全市社会保险费征管职责划转工作要求，从9月开始，全区200多家机关事业单位社会保险费实现税务部门全责征收。保障待遇发放。全年办理企业养老保险退休2098人，新机关养老保险退休332人，确保退休人员按时正常享受待遇；全区21464名企业退休人员、3736名机关事业单位退休人员的养老金待遇已调整到位，分别人均调增111元和187元。截至11月，全区累计60406名被征地农民纳入社会保障，正常享受社保待遇，基金收入4.27亿元，基金支出4.62亿元。落实降费政策，优化营商环境。根据《长沙市人力资源和社会保障局长沙市财政局关于印发〈长沙市养老保险缴费费率过渡试点实施细则〉的通知》精神，岳麓区完成湖南光琇医院有限公司等66家企业养老保险费费率过渡试点工作。承接失业保险经办业务。从5月开始，原由长沙市失业保险管理服务局经办的失业保险待遇申领登记备案及发放等5项失业保险经办政务服务事项，下沉至区社保服务中心，实行城区通办，年内已办理1100件失业保险业务。

【人事人才】 扎实做好2019年事业单位工作人员考录工作。根据区委、区政府工作安排，全年全区面向社会公开选调、招聘74名事业单位工作人员，已完成报名、资格初审、笔试、面试、体检，基本完成考察工作，人员于年内可到位入职，优化全区干部的知识和年龄结构。为推进岳麓山国家大学科技城建设，11月，全区面向全国公开选调10名具有硕士研究生及以上学历的事业编工作人员，已完成体检工作，将按计划进行考察。不断优化人才服务。严格落实专业技术人员职称评审认定政策，完成中小学教师系列中级职称评审95人，完成专业技术人员有关系列相关等级职称资格认定122人。“人才新政”服务窗口共办理职业技能晋级奖励业务504件，留学生租房和生活补贴业务46件，高校毕业生租房和生活补贴业务1537件。

【劳动关系】 重点做好根治拖欠农民工工资工作。2019年，全面畅通举报投诉渠道，规范和优化受理流程，确保拖欠农民工工资案件及时查处。全年处理农民工举报投诉及劳动争议案件431件，举报投诉案件法定时效内结案率100%，政府投资项目没有发生拖欠农民工工资案件。全年开展4次大规模的专项行动：年初专项执法行动、二季度专项整治工作、7—9月根治欠薪夏季行动、四季度根治农民工欠薪问题专项整治。根据长沙市根治拖欠农民工工资工作领导小组安排，开展2019年度根治欠薪冬季攻坚行动。全年办理农民工劳动报酬保证金业务269件，缴存农民工劳动报酬保证金3.3亿元，实现建筑领域新开工项目农民工劳动报酬保证金全覆盖，七项制度落实排查全覆盖。加大宣传培训力度，不断规范企业守法用工。通过“12333宣传日”、日常巡查、专项检查以及业务培训等方式，不断提高用人单位遵守劳动保障法律法规的自觉性。提升人事劳动争议仲裁能力，宣传落实仲裁政策，推进仲裁标准化、专业化、规范化、信息化建设。全年处理劳动人事争议案件530件，案件到期结案率95%，全部案件“零撤销”，为823名劳动者挽回1500余万元损失。

【落实降费政策】 根据《长沙市人力资源和社会保障局长沙市财政局关于印发〈长沙市养老保险缴费费率过渡试点实施细则〉的通知》精神，从2019年2月开始，岳麓区全面启动企业养老保险费率过渡试点工作。按照长沙市统筹部署，岳麓区高度重视，精心安排，积极与园区对接，至4月底，共有湖南光琇医院有限公司等66家企业获得养老保险费费率过渡试点批复。

【就业服务】 开展高校毕业生就业服务。先后与湖南大学、湖南商务职业技术学院、湖南工商大学联合举办多场校园招聘活动，并将校园招聘与政策宣传相结合，通过在招聘会设置政策咨询展位、发放高校毕业生就业创业政策服务口袋书等方式，向高校毕业生宣传就业创业、就业援助等政策。同时，在区政务服务大厅、岳麓高新区设立人才服务窗口，受理高校毕业生租房和生活补贴、人才购房补贴、职业技能补贴、高校毕业生落户等业务。不断推动高校毕业生创新创业。在每年举办的“麓山杯”创新创业挑战赛中，开设高校比赛专场，为高校毕业生、即将毕业的在校学生以及大学生团队提供一个展示创业成果的舞台。2019年，举办四场“创业服务三湘行系列活动”之高校行活动，深入到中南大学和湖南工业职业技术学院，通过邀请知名创业导师授课等方式，将创新创业教育融入人才培养全过程，着力增强大学生创新精神、创业意识和创新创业活力，并通过把创业服务、政策送进校园，帮助区内创业项目与创业资本、创业导师、创业政策有效对接。2019年，岳麓区获评全省落实高校毕业生就业政策示范典型。

民族宗教

【概况】 2019年3月，根据《中共长沙市委办公厅长沙市人民政府办公厅关于印发〈长沙市岳麓区机构改革方案〉的通知》《关于长沙市岳麓区机构改革涉改科级事业单位调整的批复》，长沙市岳麓区民族宗教事务局是区政府工作部门，为正科级，由区委统战部统一领导和管理。核定全额拨款公务员编制4人，在职在编工作人员3人，改非干部1人。

【民族团结进步创建活动】 “全国民族团结进步示范社区”岳麓区梅溪湖街道阳明山庄社区多年来探索“五四三”模式，民族团结进步工作开展有声有色，营造辖区内各民族交往、交流、交融的良好氛围。加强少数民族流动人口服务管理，少数民族群众服务站望月湖街道岳龙社区积极开展服务救助、创业就业、法律援助等便民服务，得到各族群众的好评。主动作为切实维护少数民族权益。继续深化与新疆驻湘工作组合作，与青海化隆、循化县签订合作协议书，拓展共建共管平台。参加首届长沙市少数民族务工经商评选活动，全区7家诚信经营示范门店，5位诚信经营个人受到表彰。维护少数民族群众合法权益，为全区151名少数民族考

区民宗局举办“传承中华文化传统，弘扬爱国主义精神，促进民族团结进步，展现岳麓宗教风采”为主题的书画、摄影作品展

生办理了高考加分初审，为8名群众办理少数民族成分更改，为14名到长沙务工少数民族群众子女解决就近入学。5月，对清真企业和清真餐厅全区93家门店开展去“三化”（去沙化、阿化、清真概念泛化）整治工作全部完成。协助处理2起涉及少数民族群众的投诉纠纷的事件，指导少数民族群众通过司法途径维护权益。在元旦、春节等传统节日和民族团结进步宣传月期间，走访慰问少数民族困难户群众34户，发放慰问经费1.36万元，切实解决少数民族困难家庭生产生活中的实际困难和问题。

【依法管理宗教事务】 继续做好与宗教代表人士谈心谈话，积极引导各宗教代表人士在政治上自觉认同、在文化上自觉整合。深化“五进五好”主题活动，组织宗教界讲爱国故事，逢重大节日、重大活动各宗教活动场所举行升国旗仪式，在场所宣传展示社会主义核心价值观、习近平总书记关于宗教工作的论述、《宗教事务条例》等内容；开展庆祝中华人民共和国成立70周年书画、摄影作品展。规范宗教场所内部管理，开展场所“大排查、大体检、大整治”行动，加强财务监管，开展对宗教场所财务审计。充分发挥爱国宗教团体的桥梁纽带作用，指导区佛教协会完成换届。治理场所过多过滥，开展专项整治，坚决抵御境外利用宗教进行渗透，全年开展境外宗教势力渗透传教专项整治行动7次；强化安全责任，继续推进宗教活动场所危房修缮。推动宗教在社会事务中积极作为。引导宗教团体、场所为社会公益事业做贡献，2019年区佛教协会对雨敞坪敬老院及当地困难群众开展春节送温暖慰问活动。区民宗局利用传统节日开展困难宗教教职人员走访慰问活动，部署访贫送暖活动，切实为生活困难的教职人员帮扶解困。

【工作法治化】 加大“三级宗教工作网络和两级责任制”构建力度，各级履行宗教工作主体责任意识明显增强。加强民族宗教政策法规培训，5月，组织各街道（镇）分管领导，参加市局组织的民族宗教工作培训班。11月，开办区委干教领导小组组织的统一战线培训班，培训对象扩展到村（社区）党组织书记。翻印《民族宗教工作知识手册》，方便民宗工作干部学习和查阅。加强“互联网+政务服务”工作，进行服务事项“四级九统”标准化梳理，实现民族宗教政策法规及行政审批工作质的提升。

民　政

【概况】 2019年，区民政局围绕“保民生、促发展、保稳定”中心，发挥“政府主导、社会参与”两种力量，着重解决困难群众的实际问题，突出抓好社会救助、社会福利、基层政权和社区建设、社会事务管理以及社会组织管理等工作重点，完成2019年工作任务。

【社会救助】 开展低保救助，制订《2019年岳麓区社会救助专项治理工作方案》，集中治理“人情保”“关系保”“错保”“漏保”，2019年取消低保户451户、938人；新增低保户243户、467人。落实低保经办人员和村（居）委会干部近亲属申请救助备案制度，备案低保家庭8户。截至2019年12月底，全区有城乡低保对象3657户、6330人，累计发放金额2870.37万元。从2019年10月起低保标准由每人550元/月提高至650元/月。落实特困对象救助。2019年，岳麓区有城乡“特困”对象（五保对象）956户、

980人，年发放保障金1092.03万元。组织开展城市特殊困难群体帮扶活动，全年走访特困家庭41266户，其中，帮扶2126户，发放帮扶资金599.16万元。全年临时救助730人次，支出救助金139.6万元。依政策标准认定低收入家庭202户。

【基层政权和社区建设】创新省级城乡社区治理实验区，在社区（村）建立“前台综合受理、后台分类承办”服务模式，对群众办理事项做到即时办和帮代办，实现群众办事“就近跑一次”和“最多跑一次”。推行社区员额管理人员“坐班制”转“值班制”改革，出台《岳麓区关于建立社区员额管理人员值班制的实施方案》，下发《社区业务工作手册》，召开社区员额管理人员值班制工作培训会，组织社区员额人员“坐班”转“值班”观摩活动，对实行社区值班制的14个街道进行考核评估。10月，区城乡社区治理创新实验区工作通过省厅民政评估。指导街道（镇）开展“15分钟生活圈”惠民活动月宣传，营造“共建共享、便民惠民”浓厚氛围。对完成2018年“十五分钟生活圈”工作任务的27个社区（村）发放“以奖代补”资金745.69万元；督促2019年社区(村)公共服务中心达标建设进度，11个建设项目综合进度为100%；对2020年“十五分钟生活圈”工作作统筹安排，经搜集整理，审核确定18个申报项目。开展2019年度国际社工日主题宣传活动。组织“追梦新征程 社工在行动”国际社工日宣传周活动，下发《关于开展岳麓区2019年国际社工日主题宣传周活动的通知》，召开2019年岳麓区“国际社工日”主题宣传周启动仪式暨岳麓区社会工作发展主题研讨会，指导各街道、社区组织开展不同形式的宣传活动。建立区级社工站指导服务平台和街道（镇）社工站。建立区级社工站指导服务平台1个、街道（镇）社工站17个，其中，示范社工站8个，合格社工站9个，配备社工27名。全年各社工站开展社区活动11场，区民政局协助街道、社区开展活动12场，有效提升了社会工作的知晓度和认同度。组织2019年岳麓区社会工作职业水平考试考前培训。全区816人参考，考试通过176人，通过率21.57%。

社会组织管理。落实社会组织登记。全年新登记注册社会组织32家，变更登记37家，注销登记17家。至2019年年末，全区有登记注册的社会组织414家。新登记注册社会组织现场核查率和社会组织法定代表人变更约谈率100%。深化社会组织登记制度改革。注重发挥街道、社区贴近居民的优势，发动各类文体队伍、服务团队等进行备案。2019年全区民政部门备案的社区社会组织872家。开展各项专项整治。加强对社会组织的监管，依法开展“打击整治非法社会组织”“扫黑除恶”“规范社会办学行为”“社会组织安全生产”等专项整治行动。加强与业务主管单位及相关职能部门的管理信息交换共享，及时掌握社会组织最新动态，实时监管社会组织的活动和行为。组织2018年度社会组织年检。下发《关于开展区本级社会组织2018年度检查工作的通知》，通过民政网站、社会组织QQ群和电话等方式加强宣传，调动社会组织参检积极性，提高年检工作效率，提升服务质量，让社会组织享受“最多跑一次”服务。

【养老服务和社会福利】持续开展养老院服务质量建设专项行动，按照“安全第一、综合治理”方针，抓实养老机构养老服务质量建设和安全管理工作。联合区打非办制定《岳麓区养老领域非法集资风险排查和整治工作方案》，掌握辖区内养老领域非法集资风险底数，对民办养老机构相关资料实施审核和备案登记，开展打击养老领域非法集资专项斗争。组织民办养老机构和敬老院工作人员进行培训学习；圆满完成区人大《中华人民共和国老年人权益保障法》执法检查和区政协对区社会福利中心建设的调研工作。推进养老服务设施建设。望岳街道八方社区、观沙岭街道滨江金融社区居家养老服务中心、洋湖街道洋湖明园小区居家养老服务中心、岳麓街道科学村社区居家养老服务中心已完成装修并投入运营，桔子洲街道后湖新村居家养老服务中心完成了主体建设，梅溪湖街道润龙社区、望城坡街道长华社区居家养老服务中心升级成4A级。完成新建区社会福利中心办公房项目的立项、选址、国土确权、规划方案评审、施工单位招投标等实质性工作，并启动主体建设。落实残疾人两项补贴。2019年，岳麓区有享受困难残疾人生活补贴和重度残疾人护理补贴的残疾人49907人次，年发放补贴金937.24万元；享受高龄津贴约5.76万人次，年发放高龄补贴金额1865.89万元，完成“五类老人”意外伤

2019 年清明节期间，祭扫市民在免费兑换鲜花和绿丝带

害保险投保工作。开展慈善救助。岳麓慈善会独立出资完成援助低保尿毒症患者289人次，援助资金33.24万元；开展慈善助学活动，资助贫困学生210人，资助金额68.4万元。

【社会事务管理】 至2019年12月，全区有雷锋超市70家，区财政下拨社区（村）雷锋超市经费35万元。有精减退职人员217人，发放生活费13.93万元。组织区17个街道（镇）儿童督导员、162个社区（村）儿童主任进行专业技能培训。创市级示范性儿童之家3家，创省级示范性儿童之家1家，岳麓区50个建制村村级儿童之家挂牌，工作全覆盖。开展农村留守儿童和困境儿童暑期关爱活动或监护人家庭教育讲座，对农村留守儿童、困境儿童摸底走访，及时录入全国农村留守儿童和困境儿童信息管理系统，以社区（村）为单位组织农村留守儿童监护人签订《委托监护责任确认书》。开展岳麓区事实无人抚养儿童摸底排查工作。通过摸排，全区共有事实无人抚养儿童39名。开展“6·19”全国救助开放日活动宣传，做好寒冬送温暖、夏季送清凉专题活动，2019年，累计救助流浪乞讨人员3605人次，救助率100%。做好婚姻登记工作。2019年办理结婚登记 6641对，离婚登记 3425对，补领结婚登记证件794对，补领离婚登记证件232件。稳步推进殡葬改革，全年发放殡葬服务费1515人、170.41万元。推进岳麓区第二次全国地名普查工作。做好道路命名及行政争议区域的调解和处理工作。配合公安部门落实“二维码标准地址建设”，完成坪塘、洋湖、西湖、咸嘉湖、梅溪湖等街道10条无名道路的命名上报、通知及督查指导工作。完成“长潭线”“岳望线”行政区划界线联合检查工作。

【机构改革】 根据中共岳麓区委《关于长沙市岳麓区民政局机构编制调整有关事项的通知》，2019年3月，区委、区政府对区民政局机构编制及工作职责范围实施改革调整：将原由民政局管辖的退役军人优抚安置工作、军休干部管理工作划归于区退役军人事务局；原由区民政局管辖的救灾减灾工作划归于区应急管理局；原由区民政局管辖的医疗救助工作划归于区医疗保障局；原由区民政局管辖的老龄工作划归于区卫生健康局。调整后的民政局新增城市生活无着流浪乞讨人员救助工作，新增慈善事业促进科内设机构。

潇湘园管理

【概况】 长沙潇湘园管理处位于长沙市岳麓区望岳街道谷峰村，占地51.13公顷，正科级自收自支全民事业单位，有干部职工71人。管理处始终遵循“亲情、诚信、主动、周到”的服务宗旨推动规范管理、优化环境和品牌塑造工作，坚持墓葬形式多元化。依山就势先后开发并建成“莲台山庄、仙鹤故里、狮王护珠和龙子福地”四大墓区，壮大潇湘园管理规模，使陵园在全市乃至全省同行业中占有显著地位。2019年荣登中国公墓百强榜第67位。

【销售经营】 坚持以“建设生态墓园”和“创新服务模式”为抓手，优化服务流程，规范服务标准，公开服务价格，提高服务水平，打造“一站式”服务模式，提升核心竞争力。2019年完成营业收入5443万元，销售墓位958座，主营业务利润3684万元。与上年比，营业收入增长478万元，墓位销售量减少37座，主营业务利润增长566万元。

【工程建设】 以项目建设为抓手，围绕建设工程“系统化、标准化、法治化、信息化、公开化”要求，对各项工程项目进行管理把控。完成“墓碑刻字箔金”“墓体抬运安装”“仙鹤故里7区栏杆”“仙鹤故里7区墓体采购”“老墓区维修”“忆亲轩石材”“龙慧苑、龙德苑石材”等项目招投标。完成龙慧苑、泽恩苑、知恩苑、怀湘园墓区1350米挡土墙工程建设；完成忆亲轩壁葬墓区建设；完成仙鹤故里7区配套设施工程建设；完成怀湘园边坡挂网喷锚处理工程。根据殡葬行业发展趋势和潇湘园的发展需要，以挖掘企业文化、打造特色景点为主线，从“节地增效、创新增收、附加增值、持续发展”四个方面，实现建设“潇湘福地、生态墓园，城市中最美憩息地”工作目标，显现整体规划更加完善，土地利用更加优化，节地生态更加多元，人文纪念更加凸显，产品特色更加鲜明，园区环境更加美丽。

【惠民殡葬】 坚持以“生态节地”为载体，全面践行绿色惠民殡葬。贯彻落实国务院《殡葬管理条例》、民政部《公墓管理暂行办法》和《湖南省实施〈殡葬管理条例〉办法》、省民政厅省发展改革委等九部门《关于推行节地生态安葬的实施意见》精神。规划建设包含壁葬、花坛葬、树葬、纪念墙等多种节地生态葬式，建设“怀湘园”“怀瑾园”“忆亲轩”节地生态葬示范性园区，可供墓穴格位1093个。对已规划墓区进行结构调整，将原开发的“龙慧苑”墓区，调整为一梯双排小型化、艺术化墓区，新增单位面积不到1平方米的墓位714个。继续为符合条件的低收入人群免费提供骨灰抛撒生态葬服务。全面推行惠民绿色殡葬服务，面向市场推出低价位墓型400座。

【安全保障】 投入近百万元开展墓区安全隐患的专项整治。针对墓区特别是几处老墓区由于地质结构原因、建设历史因素存在的山洪灾害和滑坡隐患问题，组织安全评估并制定整治方案，消除安全隐患。着力抓好防洪、防火、防盗工作。制订《防洪工作预案》《防火工作预案》，每个区域确定责任人、每个环节确定负责人，严格落实日常巡查。做好群众祭扫服务和安全保障工作，制定《祭扫群众接待工作方案》、《接待安保工作预案》、《突发事件应急预案》和《人流车流疏导工作方案》。春节、清明“两节”期间，共接待祭扫市民20多万人次，疏导祭扫交通车辆4万余台，整个祭扫期间秩序井然，安全稳定，实现“两节”接待“无火灾、无重大安全事故、无群体性事件”发生的工作目标。

【开创祭扫新形式】 为落实长沙市人民政府关于“禁燃禁放”的指示精神，倡导文明祭扫活动，潇湘园管理处在陵园内设立大型禁燃禁放告知架，向前来参与祭扫的市民发放告知卡，出动劝导员、安保员160余人次，分区分片巡查、劝导，投入价值10余万元鲜花，用鲜花替代鞭炮，向参与祭扫者免费提供服务，累计提供鲜花1500余盆，共替换鞭炮2000余封。

街道·镇

岳麓街道

【概况】岳麓街道办事处下辖左家垅、桃花岭、五星、黄鹤4个村，靳江、枇杷塘、云麓园、麓山南路、科学村、麓枫、阳光、中海、湘桥、兰亭社区（筹委会）10个社区。总面积19.66平方千米，常住人口11万人，总人口21万人。

【经济发展】全年完成区级税收1.10亿元，基础税收4839万元，固投项目数41个，固定资产投资36.89亿元，社会消费品零售总额31.81亿元，完成年度各项经济指标任务。

【项目建设】承担市、湘江新区及区政府重点工程项目5项及中南大学自管公房腾房搬迁项目。紧紧围绕大科城建设这一核心，推进大科城王家湾片区集体土地综合整治项目（A6A7地块）签约和大科城科创服务中心项目（71.87公顷）预调查；王家湾片区集体土地综合整治项目在签约奖励的第一阶段实现278户征拆签约；后湖综合整治项目已启动施工；长沙靳西路项目涉及原建的靳江加油站建筑物成功拆除，确保省美术馆的按时开馆；麓景路南延线项目五星村、桃花岭村按约交地腾地；协助中南大学仅用75天时间完成14栋324套自管公房签约腾退；麓山南路综合整治项目中12户未签约户已完成法院判决，其中2户房屋已完成拆除，剩余10户进入司法征收程序。

【产业发展】主动服务阳光100凤凰街建设提速，于年底顺利实现开街；推动云栖路国际汽车长廊引进一家规模以上4S店；积极服务中南大学科技园（研发）总部、后湖科创·文化产业园的企业招商工作，共引进企业279家；全面跟踪大麓名山科技产业园（岳麓山综合楼）的主体建设和矿冶新材料创新园的提质改造，实现燕麓教育等多个项目落地；中南大学科技园研发总部已引进企业212家，达成楼宇经济年税收贡献超5000万元的计划目标。

【民生实事】分两批完成惟盛园小区729户、1847个指标的分房安置工作，破解麓枫和苑三期转移安置等12个历史项目的遗留问题；推进"一圈两场三道"建设工作，增建生态停车场10余处、停车位180个，新建中海卫生服务站、综合文化活动室和兰亭社区文化活动室并投入使用；促进农村无害化厕所改（新）建，完成全部旱厕改造任务，进一步推动城乡发展一体化建设；新增科学村社区与长沙矿冶研究院有限责任公司居家养老服务中心合作项目；全年慰问困难群众478人，发放慰问金20万余元；举办岳麓街道"全民健康"教育知识讲座1次，组织"助力大科城我们在行动"系列活动5场及"文化直通车民心零距离"文艺会演等群众文化体育活动6场。

【城市管理】查封关停"散乱污"企业7家，督促整改辖区餐饮门店、单位食堂33家，处罚露天焚烧事件11起；拆除68处7118平方米违法建筑；拆除违建别墅6栋并复绿地面。全面落实垃圾分类工作，举办垃圾分类宣讲活动70余场次，发放入户垃圾桶3.8万余个，设置垃圾点位327个，垃圾分类工作通过市级验收。开展文明创建，城管执法中队、市场监管所等多部门联合对左家垅、黄鹤两个生鲜市场等重点区域常态化开展环境卫生整治，组织上万名志愿者深入开展全街环境大清扫，完成文明创建迎国检任务。

【综治维稳】将黄鹤村两个文化广场由"传销集中地"打造成"反传销宣传阵地"，多次在高校及艺培举办"三贷""防电信诈骗"知识讲座；全年开展打击传销行动30余次，驱散涉嫌传销人员400人次；完成中央扫黑除恶第16督导组交办的督导整改工作，从严管控6类涉黑涉恶情况发生并实现扫黑除恶专项整治重点地区摘牌；全面提升网格化管理水平，全年受理市热线工单1410条，工单办理平均满意率99.74%。

4月21日，中央督导组听取岳麓街道"扫黑除恶"专项斗争工作汇报

【安全生产】区级联点领导和街道党政班子成员多次深入企业进行安全调研，清查整顿辖区内的24家燃气点和10个加气站，对发现的20多个问题全面落实整改；坚决杜绝安全隐患。

【党组织建设】开展"不忘初心、牢记使命"主题教育活动，组织主题教育工作推进会议及集中学习4次、研讨交流4次，党政班子成员讲授专题党课13次，班子成员合计检视问题101条并全部完成整改；建立"能者上、平者让、庸者下"用人机制，提拔社区正职3人、副职6人，社区主任降职2人；严肃规范党内政治生活，坚决贯彻"三重一大"事项集体决策、党政正职"三个不直接分管"和"一把手"末位表态制度，全年开展监督检查26次，查处问题6件；进一步完善靳江社区党组织设置，完成枇杷塘社区党总支整顿工作；根据市、区机构改革的要求，按时完成机构改革任务，设置"6办1队1中心1所"；在云麓园社区创新资源共享、多方共治的自治管理新模式，打造特色鲜明的"最美楼道""最雅楼道"，楼道微自治理念取得显著效果，市、区及其他兄弟街道多次观摩学习，发挥了示范典型的带动作用；务实开展恳谈问政工作，在桃花岭村走访谈话群众1910户、企业60家，梳理出6大类62个具体问题，已协调解决40个；结合岳麓区智慧党建工作平台，实现了党员的全面网络化管理。

【督导检查】4月21日，中央扫黑除恶第16督察组到岳麓街道督导扫黑除恶专项斗争工作。督导组一行在街道扫黑除恶专项斗争领导小组办公室仔细查阅街道扫黑除恶专项工作的相关资料，听取街道扫黑除恶专项斗争工作情况汇报，对岳麓街道在扫黑除恶专项斗争工作中坚持政治站位、落实分析研判、开展区校共建、发动群众广泛参与的做法给予肯定。督导组还实地考察了云麓园社区、五星村和岳麓派出所。通过与群众交谈、入户沟通等方式了解群众对扫黑除恶专项斗争工作的知晓率，广泛听取居民群众对开展扫黑除恶工作的意见和建议。

【拆迁项目签约清零】岳麓山国家大学科技城王家湾片区综合整治集体土地拆迁，涉及征拆用地15.01公顷、私房278户。项目于2019年6月29日召开动员会，11月12日正式启动签约，在第一奖励期内实现私房征拆全部签约，为大科城产业项目发展空间扩容提供了有力支撑。

美丽楼道一角

12 月 27 日，大学城科创港启用

【项目签约】12月27日，岳麓山国家大学科技城科创产业项目集中签约暨岳麓科创港启用仪式举行。岳麓山国家大学科技城是贯彻落实中央“中部崛起”战略、湖南省实施“创新引领、开放崛起”战略的重大平台。作为综合性服务枢纽的岳麓科创港，担负大科城科创生态服务体系构建与高技术服务业发展职能，汇聚科创政务、知识产权、技术转移、仪器共享、科技金融、科创活动、科创人才、上市辅导、国际合作、财税法商十大服务功能。湖南省教育厅副厅长唐亚武，中南大学党委常委、副校长陈春阳，湖南师范大学副校长王善平，长沙市委副书记朱健，长沙市副市长邱继兴等参加岳麓科创港开启仪式。共同见证大学科技城推进委员会、湘江新区管委会、岳麓区政府与12家最新引进的标志性平台（企业）签订合作协议。

望月湖街道

【概况】望月湖街道办事处下辖岳龙社区、荣龙社区、荣华社区、湖中社区、湖东社区、溁湾镇社区6个社区居委会。辖区总面积1.57平方千米。总人口11836户（含门面商铺），总人口21204人。其中，流动人口7406人。

【项目建设】2019年完成白沙液街征拆扫尾工作。对白沙液街有机更新改造项目所涉及的83个单元楼栋1101户进行上户走访宣传，累计收集并调处解决施工方和居民反映问题122个。白沙液街有机更新（二期）项目中有25栋独栋私房、共144户。完成4栋楼栋房房屋立面改造。林荫大道、防空洞、古樟台、溁湾古井等重要项目节点顺利完工，进一步完善片区基础设施配套，街区品质明显提升。加快绿地项目招商。绿地缤纷汇商场于12月25日开业，招商完成75%，引进品牌商家85家；绿地湖湘中心S2地块3栋住宅房屋10月完成验收交房。

【产业发展】2019年完成区级税收1585万元，完成基础税收845万元，同比增幅77.21%。完成社会零售商品销售总额6943万元，完成固定资产投资12.8亿元，完成外贸进出口129万美元，新增个体经营户251家，新增企业主体90家。进一步盘活闲置厂房和物业管理。京程实业酒批仓库闲置厂房已完成招商。溁湾新街市招商已完成82%。新外滩商业街闲置物业已在清理，苏宁易购湖南总部于年底迁驻办公。

【综合治理】做细做实“党建引领”文章。新增共建单位2家，新增共建项目18个，“荣龙之声”广播站联合13家共建单位打造专业版块7个，成为媒体关注、群众喜爱的共建项目。高标准建设“美丽楼道”，在6个社区打造“美丽楼道”36个，做到“一楼道一主题”“一楼道一特色”，实现6个社区全覆盖，其中，岳龙社区“美丽楼道”被推荐为全区“美丽楼道”观摩点。新成立小区党支部6个，打造小区党群服务示范站2个，探索建立小区新制度、新模式。做细做实“教育引导”文章。强化意识形态阵地管控，突出以文化人凝聚群众，用典型示范带动群众，全年在中央及省级媒体作新闻报道3次，在市、区级媒体上稿137篇。完善文化阵地建设，组织“文化直通车，民心零距离”等文艺巡演活动，老小孩艺术团获全市群众文体团队一等奖，岳龙社区获批湖南省老年教育学习体验基地。做细做实“依法治理”文章，深入推进扫黑除恶工作，制定专项斗争行动方案，广泛宣传、加强摸排、集中整治。全面落实禁毒工作，街道5名脱失人员全部归位，加强在册吸毒人员管理，增设禁毒文化长廊，街道禁毒社戒社康标准化工作站顺利通过验收。全力推进“三零社区”

（零上访、零事故、零发案）创建，做细做实“服务下沉”文章，加强服务工作，全年共走访解决群众问题3389件，办理“不予立案”42件，办理“集中诉求”处理29件，办理“不满意工单”申诉12件，办理有效工单295件，工单同比上年减少12.7%，办结率100%，群众总体满意度99.67%。全年共走访居民群众4150户，接待群众来访626户，走访企业项目527次，收集解决民生问题3615个。做细做实“深度融合”文章。进一步整合辖区资源，理清机制，凝聚各方力量，以“放管服”改革为抓手，推进“马上办、网上办、就近办、一次办”，实现企业和群众办事“最多跑一次”，推进“互联网+政务”平台深度融合，按照规定时限和流程审核、回复、办结业务事项，确保不出现“红、黄牌”，社会治理效能不断提升。

【**民生事业**】坚持底线思维，兜牢底线民生。坚持信访积案化解与维护社会和谐同步发力，全年化解信访积案5户。组织开展退役军人再就业及困难救助工作。抓实建设工地、校园、食品行业等重点领域安全生产工作，完善安全生产体系，开展专项整治行动，结合网格化工作抓好常态检查，实现辖区全年无事故。加大社会救助力度，完善“百万助老济困益寿”工程，推进城市困难群体帮扶工作，保障和改善困难群体基本生活。着力发展卫生和健康事业，开展健康促进活动16次，岳龙社区通过全国健康促进区省级评估验收，完成省级群众服务平台建设项目，㳘湾镇社区创市级计划生育群众自治先进社区。持续推进社区建设工作，社区全面实行员额管理，实现“坐班制”向“值班制”转变，切实打通服务群众“最后一公里”。以环境维护、市容秩序、专项整治等工作为重点，开展市容秩序整治行动65次，交通集中整治行动12次，不断提升城市品质。深入开展文明创建工作，圆满完成中央测评组测评，街道获评市级文明标兵单位。全面推进垃圾分类工作，组织垃圾分类活动140余次，小型垃圾桶发放率超90%，入户宣传率100%，所有社区均完成垃圾分类工作验收。坚持源头治理，注重精细管理，完成“透明厨房”提质改造10家，“蓝天保卫战”工作有序推进。

【**队伍建设**】加强政治建设。树牢“四个意识”，坚定“四个自信”，做到“两个维护”，把学习贯彻中央十九大精神作为首要政治任务，坚持工委班子带头学习，全年组织专题集中学习13次，组织街道机关、各社区开展微党课、主题党日学习活动。参加学习人员累计1852人次，为群众办实事、好事643件，全街党员检视问题1482个，其中落实整改1352个，建章立制130项。街道工委《关于如何优化街道营商环境》的调研报告在《岳麓工作》刊登。接受市委组织部调研及市、区两新工委专题调研。街道18个下属支部“五化”建设全面达标。新成立书记工作室2个，区级“两新”书记工作室落址雅智教育党支部。加强党员兜底管理，党员志愿者队伍不断壮大，湖东好人陈树冬先进典型事例得到省市多家媒体推介。抓好区委巡察整改工作，由纪工委牵头制定71项整改措施，逐项对账销号。党政会议专题研究党风廉政建设工作4次，召开全街性会议5次。开展“效能提升年”活动，针对存在问题，全年约谈提醒23人次，督查通报批评2人次，办理群众投诉3件，执纪审查案件2件。贯彻落实中央八项规定精神要求，以“互联网+监督”工作为载体，对全街财务账目定期进行审计，完善对建设项目的专项审计，共审计建设项目34个，节约资金15万余元。

区委组织部部长彭利芝（左二）视察岳龙社区美丽楼道

荣龙之声广播站邀请湖南卫视主持人开展小主播培训

【探索“美丽楼道”建设】 为建设通畅整洁的居民住宅楼道，望月湖街道构建以小区党支部牵总头、党员群众共参与、驻区单位齐助力的楼栋治理新格局，将脏乱老旧楼道改造成居民温馨舒适的休憩点、邻里和谐文明的展示平台，推动邻里一家亲。整合麓山国际实验学校、长沙市红十字会等10家区域化共建单位资源，打造枫林小区13个“美丽楼道”，获评岳麓区示范“美丽楼道”，作为全区观摩点接受观摩，其经验在长沙市委主办的《长沙通讯》专题报道推介。

【岳龙社区搭建“五彩暖心桥”】 望月湖街道岳龙社区实施红色管家服务、橙色少儿成长、金色天平服务、绿色健康养老、蓝色两型环保项目。社区通过整合社区党员、麓山国际实验学校团员志愿者、岳麓区法院法律团队、湖南发展集团、垃圾分类桶边指导员等多支团队力量，以建设“四个岳龙”为目标，深入落实区委“五篇文章”，共建“五彩暖心桥”，发挥基层党建引领作用，创新社会治理，整合优质资源，做好深度融合文章，构建有温度、有故事、有情怀、有欢乐的社区生命共同体。

【创新社区卫生服务中心】 望月湖街道将辖区楼栋划分为40个网格，配备全科医疗服务团队及卫生专业人员，组建“党群志愿服务团队”。为网格楼栋居民提供国家基本公共卫生服务和健康管理服务，实现公共卫生全覆盖，压实网格健康管理责任，确保公卫服务常态长效，将“资料公卫”和“报表公卫”逐步转换成“服务公卫”。

银盆岭街道

【概况】 银盆岭街道办事处下辖11个社区和1个行政村，辖区面积7.99平方千米，总人口138679人，其中常住人口32304户、106603人，流动人口32076人。2019紧扣打造“大河西高端服务业中心”目标，扎实开展各项工作，完成全口径税收11亿元、区级财税收入2.28亿元、基础税收1.1亿元，完成固定资产投资40亿元，社会消费品零售总额增长10%，新增商事主体2573家，坚实推动有实力、有品质、有温度的“幸福银盆”建设。

【经济发展】 以楼宇经济为主线，推项目、拓平台、优环境，产业发展不断优化加速。重点项目不断推进。全年共铺排27个项目，按照“一个项目、一名领导、一套班子、一抓到底”要求，加强项目调度和管理。依托精确调度、深入沟通、高效对接、依法打击的“组合拳”，着力破解新银洲土地权属遗留问题、弘坤公寓规划方案争议等难题。弘坤君寓项目正常施工，新银州城项目积极推进，圆泰国际广场完成公寓毛坯房交付工作，保利天禧C、D区主体完工、公寓房开售，世贸希尔顿主体建成，三湘银行进行土方建设。楼宇经济不断壮大。按照“两站三单四制”模式，推进服务模式推广、楼宇企业整治、产业引导扶持三项工作，探索绿地、奥克斯、兰卡威、金湘大厦等二桥西楼宇组团式发展新模式，街道楼宇品质逐步提高，税收贡献明显增加。2019年全街重点楼宇企业贡献税收3.38亿元，同比增加2165万元，占比35.84%，在保持绿地亿元楼宇的基础上新增金湘大厦、创远大厦2栋五千万楼宇。启动火炬城文化教育特色产业街区物业归集工作，持续推进项目招商引资洽谈等工作，引进乐学、学而思、麦田格等优质社会教育机构，全街教育培训机构已办证42家。营商环境不断优化。推进“放管服”和“最多跑一次”改革，大力开展“千人帮千企百日大行动”，强力推进扫黑除恶专项斗争，持续优化企业发展壮大外部环境。提供代办服务48次，解决工商、税务、物业等方面问题30个，楼宇高质量发展氛围不断浓厚。

【社会治理】 以小区治理为重点，围绕小区治理做实党建引领文章。建立26个小区党支部，在11个小区探索成立“小区党组织+业委会+监事会+调委会+物业服务企业+志愿者”自治委员会，培育景秀三期、相许二期等治理示范性小区。小区党组织负责人兼任小区业委会、监委会负责人，引导成立自治委员会，实行多方共治机制，在小区党支部引导下成立业委会19个、调委会40个、监事会7个，不断增强党在小区治理中的主导地位。开展主题教育做实教育引导文章。结合“不忘初心、牢记使命”主题教育，广泛开展新思想、新理论、新政策进基层宣讲活动，建设群众讲习所7个，组织道德讲堂19次、其他各类讲座37次、文化演出26场次。深度挖掘、广泛甄选好人模范，选树“岳麓楷模”，突出“以文化人”凝聚群众和典型示范带动群众。提升社区效能，做实服务下沉文章。优化街道、社区（村）两级政务（公共）服务中心工作清单、功能布局、管理机制，深化“最多跑一次”改革，12个社区（村）变坐班制为值班制，不断提升社区服务效能。创建“三零”（零上访、零事故、零发案）社区，做实依法治理文章。化解信访积案16件，处理群体性突发情况36起，治安发案率下降24%；深挖彻查“涉黑涉恶涉非”线索37条，打击整治非法企业23家，惩处责任人20人。推进扫黑除恶专项斗争，加快社区“三零”建设，提升居民幸福感。优化融合全街网格，做好城市管理、安全生产、文明创建等日常工作，实行机关干部进网格每周不少于8小时服务制度，收集并解决民情问题1887个，签收并办结市民热线1020条，办结率100%，工单满意率99.3%，同比上升1.28%。

【民生保障】 有效化解滨江、桐梓坡、湘岳南路等拆迁项目推进过程中的信访问题11个。完成恒万西溪里小区、英才园片区安全隐患整治。开展消防隐患排查工作，走访排查单位300余家，排查整改安全隐患844处。开展11项食品安全整治活动，完成38家餐饮食品单位专项整治。保障城市低保对象364人，医疗救助45人，慰问各类人员1998人，支付金额64.16万元，开展就业援助，帮助1300多名群众实现再就业。开展“千人帮千企百日大行动”，推进“放管服”和“最多跑一次”改革，走访企业580多家，提供代办服务274次，解决工商、税务、物业等方面的问题115个，营商环境进一步优化。全年投入惠民资金220万元，完成惠民项目59项。按照“补短板、提效能、创特色、优服务”的工作思路，打造“市府—湘雅”15分钟示范生活圈，完成5个社区文化活动室、3个社区公共服务中心、1个幼儿园建设，完成2个生鲜市场提质、3个停车场新建。

【党建工作】 强化街道党政班子自身建设和核心作用，发挥党建引领作用，推进“不忘初心、牢记使命”主题教育，营造干事创业的浓厚氛围。加强政治建设。深入贯彻习近平新时代中国特色社会主义思想和中共十九大精神，落实中心组学习制度，开展宣讲进小区、进企业、进学校41场，听众3000余人。开展“不忘初心、牢记使命”主题教育研讨交流3次，完成3个调研报告，班子检视问题15个，成员检视问题53个，将整改落实贯穿始终。

银盆岭街道开展爱老敬老志愿服务

有序推进党支部“五化”（支部设置标准化、组织生活正常化、管理服务精细化、工作制度体系化、阵地建设规范化）建设，全街支部达标率超90%。建设26个美丽楼道，完成870多户党员家庭户挂牌，引导党员在小区治理、志愿服务等方面发挥模范带头作用。压紧压实意识形态工作责任制“六个纳入”（纳入重要议事日程、纳入党建工作责任制、纳入党的纪律监督检查范围、纳入领导班子和领导干部目标管理、纳入党委政府绩效考核）、“四个一同”（与经济建设、政治文化建设等同部署、同落实、同检查、同考核），对重要事件、热点问题及时回应，有效引导社会舆论。整合区域力量，与91个辖区单位签订共建协议，打破壁垒围墙，形成85项需求、86个资源、62个项目，开展“下基层、解难题、见实效”结对共建活动，召开2019年度区域化党建联席会议。抓好巡察整改。针对区委第一巡察组反馈的问题，成立由工委书记任组长的巡察整改工作领导小组，全年召开党委会议、方案研究会议、责任分解会议、调度会议10余次，制定巡察整改方案，将巡察反馈的6个方面23个问题进一步细化分解为34个具体问题，并将整改任务落实到全体班子成员和12个主体责任部门，建立整改落实台账，逐一研究、剖析原因、完善举措。激发队伍活力，强化党员教育管理，严格落实组织生活制度，深入开展自查，建立问题清单，做好党员兜底管理。采取能上能下的选人用人机制，街道机构改革成立五办一所两中心，优化街道职能配置，提拔中层正职3人、中层副职2人，调整中层干部13人，让想干事、能干事的干部有平台。举办街道气排球赛等活动，进一步激发全街干事创业热情、凝聚活力。

【探索小区综合治理新方式】 4月13日，银盆岭街道举行加强小区综合治理工作推进会，按照区委、区政府提出的社会治理写好“五篇文章”、落实“十项举措”要求，创新实施系列小区治理方式方法，成立“小区党组织+业委会+监事会+调委会+物业服务企业+志愿者”的小区自治委员会，组建小区党组织，搭建监事会、调委会等新机构，选优选强业委会、监事会、调委会、楼栋长等队伍，凝心聚力为居民帮困解难，着手破解小区治理中的难点和痛点，推动小区治理举措的民主化、合理化、科学化，全面夯实小区治理的组织基础。

【文艺巡演】 11月3日，岳麓区“文化直通车民心零距离”文艺巡演活动暨银盆岭街道专场活动在绿地中央广场举行。开场歌舞《走进春天》，快板《我为岳麓喝彩》展现了岳麓发展新篇章，小品《扶不扶》以幽默诙谐的表现方式引人发笑；情景歌舞《邻里之间》表现温暖人心；三句半《垃圾分类要搞好》让垃圾分类文明新风入脑入心。10个精心编排的节目轮番上演，让千余名居民群众在家门口就享受到了文化大餐，也让基层群众感受到了岳麓区文艺发展的优秀成果，进一步加强基层群众文化建设。

观沙岭街道

【概况】 观沙岭街道办事处下辖观沙岭村、岳华村2个行政村，滨江金融、长望、钰龙、岳北、三汊矶、桔洲新苑、金岭、石岭塘、土城、公园里、观裕、滨汇和施家港13个社区，金阳筹备1个筹备社区，总面积14.17平方千米。总人口104950人，其中，常住人口63278人，流动人口41672人。2019年全街实现区级税收7.59亿元，增幅59.16%，完成年度目标的100.1%；区级基础税收完成4.13亿元，增幅48.69%，完成年度目标的107.2%，实现全社会固定资产投资89亿元，完成年度目标的109.8%，社会消费品零售总额完成1.45亿元，完成年度目标的142.1%。新增“四上”企业8家，新增市场主体2778家，规模以上服务业营业收入增速、消费升级增速分别为36.7%和33.4%。

【产业发展】 2019年街道印发《观沙岭街道2019年产业发展工作实施方案》，对全街22个重点产业项目、4个重点商务楼宇建立“三级”联系机制。年初开始福晟国际、弘坤滨江招商，广发银行、地宝大厦、卓越中寰、龙湖春江郦城正加速建设。金融中心片区入驻企业486家，其中总部企业27家，引进1家世界五百强企业（五矿证券有限公司湖南分公司），湘江基金小镇入驻基金机构211家，管理资金2166亿元。街道围绕优化楼宇企业服务，提升楼宇“四率目标”（楼宇入驻率、登记注册率、税收贡献率、企业满意率），制定《观沙岭街道楼宇服务体系实施方案》和《观沙岭街道楼宇服务工作指南》，建立商务楼宇例会制度、走访制度、问题交办制度、信息反馈制度、督查考核制度等，使楼宇服务工作站更加规范化、流程化。2019年，街道累计走访企业400余家，在楷林国际、湘江财富开展招聘、知识讲座、专业培训、公益活动、文体活动等20余次，收集解决企业反映的各类问题21个，完成吉祥人寿、福晟集团、中青旅、通联支付等8家重点企业和17家楼宇企业迁转。2019年，金融业税收对全街区级税收的贡献率达48%，金融、商贸及配套服务产业潜力进一步释放。

【项目征拆】 2019年，街道共铺排征地拆迁项目10个，总面积45.67公顷，拆迁房屋760户，动迁人口约2300人。印发《观沙岭街道2019年度项目征拆计划》，规范高效推动项目征拆，上年度遗留的滨江金融社区3公顷征拆扫尾项目2019年初实现签约腾地，年内启动的湘水听澜、文秀阁、高新电子城、北津城东路、观沙岭路5个新拆项目33.33公顷387户完成签约。长沙铬盐厂生活区棚改、西江小学建设拆迁征收工作有序推进。进一步推进“一圈两场三道”建设，印发《观沙岭街道2019年“一圈两场三道”工作实施方案》，万科金域国际生鲜市场已建设完毕，锦尚生鲜市场正加速建设，总计1600个泊车位的观沙岭农贸市场停车场、凯德壹中心地下停车场、钱隆金融中心地下停车场建成并投入使用；观沙路、岳华路人行道改造如期完工，茶子山路、含光路、银杉路自行车道建设有序推进。

【民生保障】 2019年，依照相关政策全街发放各项奖扶资金2042人（户）249.74万元，受理审核城镇奖扶档案并录入系统527本。至年末，有街道城镇居民医疗保险参保人32928人，新增2079人，参保率98%；新增城镇就业607人；接受大病救助182人次，累计金额98.28万元；走访慰问困难群众1253余户，发放各类慰问金、慰问品合计金额42.8余万元；兜底保障城市低保对象576户932人，发放低保金46.5万元。“观沙·颐年”项目为街道20户（34人）计划生育特别家庭提供电话咨询、个案走访、医院陪护、心理辅导、生活照料等服务652户次。开展各类主题健康教育讲座11场次，受益群众1200余人。全年组织开展形式多样的义诊咨询活动10场，受益人群1300余人。3月12日街道卫计办联合长望社区居委会举办的“落实母婴保健法”暨“三八妇女节”健康知识讲座，先后被红网、《长沙晚报》等主流媒体报道。

【城市管理】 2019年，街道处理数字化案件10646条，结案率100%。开展市容环境专项整治，组织背街小巷和学校周边环境综合治理联合行动100余次，规范店外经营，劝导流动摊贩5000余次，拆除历史违法建设面积约2100平方米。辖区内近98%的门店使用清洁能源，95%的门店安装油烟净化器。全年举办安全知识专题讲座60场次，发放安全生产宣传资料3万余份，受教育人数4万余人。利用政府购买服务方式，聘请湖南展通安全科技有限公司安全工程师在街道驻点，对全街所有行业（领域）进行安全隐患排查。2019年全街检查生产经营单位274家，排查安全隐患926条。

【综合治理】 全年接待信访群众2050余人次、受理群众网上信访276件、办理上级交办27件、化解积案1起、调解矛盾纠纷305起，调解成功率95%；开展扫黑除恶专题讲座和宣传活动64次，在辖区重要路段和广场悬挂扫黑除恶宣传横幅62条，制作宣传展板70块、出动宣传车6台，发放宣传手册2万余份，粘贴海报3000余份，张贴《岳麓区扫黑除恶举报方式的通告》400余份。截至12月，查验门店及食品企业近2560人次，处理投诉84起，组织三级联动检查食品生产经营单位560余家次，消除安全隐患216处，责令56户生产经营单位停产整改，立案查处食品安全行政案件18起。

【安置建设】 有序推进安居工作，指导各村安置户建设和分配好住房，并做好维修保养及工程款结算审计工作。全年街道完成规划建设工单150余条。配合区工务局完成辖区内国土空间规划调整工作。认真落实“河长制”工作，全年出动工作人员500余人次，参与上级部门联合执法。

【社区管理】 将辖区12个社区划分为52个片区，在全街实行“值班岗”和“走访岗”上班新模式。5月，召开网格管理坐班改值班现场经验交流会。全年街道共走访群众1205户，接待群众655人次，收集及受理民生问题748条，解决问题740条，解决率近99%。

3 月 19 日，观沙岭街道长望探索创新型社区“网格化”管理模式

对疑难工单现场勘查，及时整改，切实提升工单满意度。截至12月31日，共召开点片长网格民情问题调度会议11场、网格长联席会议521场，签收“12345”市民热线派发工单2799件，上报民情日志2327篇，开展群众活动359场，收集问题670个，街道层面问题全部办结。

【党组织建设】 推进“不忘初心、牢记使命”主题教育，全街65个支部主题教育做到全覆盖，1706名党员参加志愿服务活动，为身边群众办好事实事428件；与8个驻街单位党组织双向认领20个区域化党建项目，开展活动28次；新成立8个小区党支部，将谷山乐园D区“美丽楼道”和恒大御景湾小区党支部重点打造为区级示范点；在876个楼栋单元对2431户党员家庭实行挂牌，激励党员亮身份，做表率。2019年组织党员干部集中学习15次，中心组集中理论学习12次，街道主要负责人上党课3次，邀请市、区宣讲团开展宣讲3次，召开党政会议5次以上，专题研究党风廉政建设工作，组织开展意识形态领域形势分析研判会4次，充分运用四种形态，加大谈话函询力度，着力营造敢于担当、满怀激情、风清气正的干事创业环境。

【创新工作模式】 2019年3月19日，观沙岭街道长望社区正式启动社区网格化管理“值班岗”“走访岗”创新型工作模式。“值班岗”安排三名工作人员负责接待，为前来办事的居民提供民政、低保、计生、社会保障等日常方面的社区服务；“走访岗”共六组，每组由两名工作人员组成。按照“网格化”管理分工，实行片区责任包干制，工作人员负责每日入户走访，开展政策宣讲、党建工作、文明创建、卫计服务等方面的社区工作，有针对性地征询居民意见，了解走访对象的基本情况、困难诉求和意见建议等，确保及时发现问题、解决问题。创新型工作模式的启用，为观沙岭街道网格工作开展新局面，有效提升街道网格工作水平。

【获评“融资中国2018—2019年度十佳特色基金小镇”】 2019年7月18日，在“融资中国2019股权投资产业峰会”上，湘江基金小镇获评“融资中国2018—2019年度十佳特色基金小镇”。湘江基金小镇于2017年7月26日由湖南省政府正式授牌，是湖南唯一由省级层面打造的基金小镇，并纳入首批长沙特色小镇创建培育名录，2019年5月28日正式开园，一期展示区已对外开放。湘江基金

湘江基金小镇获评“融资中国 2018—2019 年度十佳特色基金小镇”

7 月 26 日，观沙岭街道首个“新时代文明实践基地”落地

小镇致力于为入驻投资机构提供募投管退全周期服务，通过“政府+市场”“基金+基地”“产业+资本”的运营模式，打造基金产业生态圈；开设一站式服务平台，为入驻机构提供集群注册托管、精美办公空间、工商登记、优惠政策申请等全流程服务。

【首个“新时代文明实践基地”落地】 2019年7月26日，由长沙市岳麓区观沙岭街道主办，观裕社区、凯德壹中心协办的新时代文明实践站（基地）成立仪式，在凯德·壹中心举办，长沙市岳麓区政府副调研员陈茂学出席成立仪式并向凯德壹中心授予“新时代文明实践基地”牌匾。观裕社区建立新时代文明实践站，是推动传播习近平新时代中国特色社会主义思想，加强长沙市宣传思想文化和精神文明建设工作的重要举措。而凯德·壹中心成立‘新时代文明实践基地’，有效地整合了辖区三湘银行、长沙先导恒汇、中影国际影城、湖南省中青旅等多个优势楼宇资源，通过志愿服务的方式，宣讲党的政策、推进基层学习实践、有效地践行主流价值、丰富活跃群众文化生活，持续推进辖区移风易俗发展进程，打通宣传群众、教育群众、关系群众、服务群众的“最后一公里”。

【湖南首个湘江金融科技孵化空间揭牌运营】 2019年5月23日，湖南金融中心在观沙岭街道楷林国际C座举办湖南金融中心金融科技专项政策发布暨湘江金融科技孵化器揭牌仪式，湖南首个金融科技孵化器正式投入运营。湖南省政府副秘书长、办公厅党组成员张志军，湖南省地方金融监督管理局副局长周晖，长沙市人民政府副市长邱继兴等多位省市领导共同为“湘江金融科技孵化器”揭牌点赞。

【获批省级服务业示范集聚区】 2019年11月4日，湖南省发改委公布第三批湖南省服务业示范集聚区名单，由湖南湘江新区管委会推荐的湖南金融中心正式获批湖南省服务业示范集聚区。位于新区滨江新城片区的湖南金融中心定位为科技普惠金融，打造以金融科技为特色的国家区域性金融中心。2019年，金融中心片区入驻企业486家，其中总部企业27家，引进1家世界五百强企业（五矿证券有限公司湖南分公司）。“传统金融+基金小镇+金融科技+中介机构”四柱支撑的产业格局已经形成标志。

西湖街道

【概况】 西湖街道办事处辖1个村（茶场村），1个管区（二三管区），8个社区居委会（咸嘉湖社区、金星社区、黄泥岭社区、龙王港社区、谭家冲社区、先锋社区、省委党校社区、石佳冲社区），常住人口10790户、26901人；流动人口9749人。总面积8.22平方千米。2019年，区级财税完成4524万元；基础税收完成2170万元；社会固定资产投资完成6.6亿元；社会零售销售总额完成1.02亿元。引进省外境内资金形成固定资产1360万元，外商直接投资完成100万美元。引进总部经济企业1家、楼宇企业60家，迁转企业20家，新增商事主体512家。

【招商引资】 依托西湖互联网58小镇、佳兴世尊酒店、金谷大厦楼宇工作站，建立楼宇数据库，以“千人帮千企”为契机，做好楼宇企业精准服务，收集并解决企业问题30起，为130余家企业办理工商注册、变更和咨询服务，牵线“茶颜悦色”湖南茶悦餐饮管理有限公司与西湖建筑集团的谷丰生态园林达成5年租赁协议，建设培训基地。引进湖南牵引文化传媒有限公司、湖南扫地僧网络科技有限公司等20余家明星企业入驻西湖互联网58小镇。至2019年年末，西湖互联网58小镇入驻企业117家，入驻面积7.12万平方米，入驻率98.8%。

【工程建设】 2019年，在街域范围内计划投资建设项目20个。市属重点万豪大酒店项目已完成主楼25层及裙楼混凝土浇筑。保利壹号公馆和越秀项目主体正在建设，已对外预售。双塘路项目、谷丰南路项目、桃花岭景区东入口及岳麓山景区西大门项目已完成房屋签约及拆除腾地。白沙液街有机棚改项目是长沙市重点棚户区改造项目，也是岳麓区国家大学科技城“十大项目”之一。项目由岳麓区政府组织、麓山控股集团实施，项目总投资约8亿元。白沙液街有机棚改更新项目涉街的62栋居民楼已完成28栋改造，改造的主要内容包括整修房屋屋顶漏水、落水管脱落，整体提质房屋外立面、统一更换窗户、完善消防设施等。至年末，白沙液街街面改造工作完工。

【社会事业】 全面开展“蓝天保卫战”“河长制”工作，严格落实“六控十禁”（“控尘”“控车”“控排”“控烧”“控煤”“控油”，禁各类车辆带泥上路、禁违法倾倒渣土、禁工地裸露黄土、禁重污染天气下土石方施工、禁燃烧散煤、禁露天焚烧垃圾、禁露天烧烤、禁露天焚烧秸秆、禁拖拉机等高排放车辆进城、禁在禁燃区域时段燃放烟花爆竹）举措。协助龙王港河道清淤工程工作和撇洪渠段整治，改善居民群众的生活环境。街道获评“湖南省文明单位”，石佳冲社区和咸嘉湖社区获评“长沙市文明社区”，居民李赞获评“中国好人”、王江明获评“长沙好人”。开展零上访、零事故、零发案“三零社区”创建活动。推进扫黑除恶专项斗争。街道获评“全市综治工作红旗等次街道”，龙王港社区获评“全省和谐社区建设示范社区”。加强基本公共卫生服务工作，街道卫生服务中心获准为“中国社区卫生协会培训基地”，湘雅附三医院获准为全科医生培训基地，获评湖南省50强基层医疗机构。推动干部服务下沉，拓展网格化管理服务功能，社区服务管理由“坐班制”变“值班制”，全年收集并解决民生问题2101个，市民服务热线满意率99.61%。

【组织建设】 开展“不忘初心、牢记使命”主题教育，抓好对区委巡视反馈意见的问题整改，推进社区、小区、非公企业等14个党支部“五化”（支部设置标准化、组织生活正常化、管理服务精细化、工作制度体系化、阵地建设规范化）建设达标，龙王港社区党总支获评市级示范五化支部。打造阿普阿布小区、啤酒厂宿舍等4个小区党群服务站，新成立3个小区党支部，实现全街小区党组织全覆盖。积极筹建西湖互联网58小镇党委，合力共建西湖互联网58小镇党群服务中心阵地。举办“书记秀论坛”，为基层党组织书记和年轻社工搭建学习交流平台，新发展中共党员9名。打造麓山名园小区“美丽楼道”10个，完善格林星城小区“小区党支部+物业公司+业主委员会+楼栋长”治理新模式，实现小区“共管共治”。聚焦区域化党建融合，打造“红枫讲师团”“党健家”“书香文化建设”等特色共建项目。

【开展扫黑除恶专项斗争】 4月1日至5月31日，西湖街道成立“扫黑除恶专项斗争”领导小组，集结工作人员、社区民警、网格长、党员、物业等多方力量，通过悬挂横幅、播放视频、张贴海

4月1日，西湖街道召开扫黑除恶专项斗争部署会

报、入户走访等形式开展宣传，在社区楼栋长群、党员群、居民群等转发扫黑除恶的相关资料，鼓励和号召大家勇于同身边的各类黑恶势力作斗争，举报和检举黑恶势力及黑恶势力保护伞，揭发涉黑涉恶违法犯罪线索，营造全社会参与扫黑除恶的良好氛围，提高人民群众的知晓率、参与度。4月18日，西湖街道党工委书记沈毅主持召开街道扫黑除恶专项斗争工作调度会，安排部署街道扫黑除恶专项斗争工作，听取各村（管区）、社区书记工作汇报。街道办事处主任吴卫、西湖派出所所长谢良安及各村（管区）、社区书记和各相关部门负责人参加会议。5月7日，岳麓区委书记周志凯率区领导袁精华、杨利成、喻英姿、肖志贤、宋德雄及相关区直部门主要负责人到西湖街道调研。周志凯一行先后到保利壹号公馆项目建设现场、嘉桐街实地查看，与相关负责人交谈，详细了解西湖街道经济社会发展及扫黑除恶专项斗争进展情况并召开座谈会，街道负责人就全街经济社会发展及扫黑除恶专项斗争情况进行汇报。与会区领导和部门负责人分别就相关工作提出意见和建议。

【依法拆除违建别墅】 6月11日，国务院审计署长沙特派办将审计中发现的11处别墅和1处园林建筑违建问题向岳麓区人民政府进行反馈，其中，涉及西湖街道3处，分别违建在茶场村四组与梅溪湖街道联络村交界处，均为四层（地上三层，地下架空一层），总建筑面积1415平方米。为落实区委、区政府相关会议精神和《岳麓区进一步加强拆违控违工作的实施方案》要求，经街道工委、办事处研究决定，并报区委、区政府同意，决定对违章别墅予以依法拆除。为拆除工作顺利进行，街道成立“协助拆除违章建筑工作”领导小组，抽调相关工作人员，调集数台机械设备，经过7个工作日的连续奋战，8月10日三栋违建别墅全部拆除。

及时处置西湖文化园内滨湖路堤脚渗水险情

【渗水险情处置】 7月10日凌晨，街道巡堤人员在龙王港右岸西湖文化园内滨湖路处巡查时发现，西湖文化园内堤脚出现两处检查井冒水现象。区防汛指挥部凌晨6点接到险情报告后，迅速组织市、区两级专家赶赴现场查勘，发现两个出水点随外河水位上涨冒水逐步增大，至上午8点冒水流量达每秒0.8立方米，返流至滨湖路局部路段。险情发生后，长沙市副市长陈中、李蔚、廖建华和岳麓区委书记周志凯等市、区领导第一时间赶往现场指导处险；区长周凡、区政协主席袁精华、副区长刘雄辉和市水利局党组成员肖索夫指挥，迅速启动应急处险。上午8点，包括市、区水利专家组在内的抢险人员计200人迅速投入抢险，先由潜水员人工作业并配合岳麓蓝天救援队采用声呐装置搜索，摸清闸门位置及开闭情况，同步调集1台排水车不间断排水，用17个装砂千斤袋，经吊车精准吊至闸门前减缓漏水量。至当日下午5时30分，漏水量和水压大幅度减小，7时30分，潜水员用棉絮作进一步封堵，漏水得到控制，排干路面积水，交通恢复正常。

【创建“书记论坛”活动】 为进一步深化“城市基层党建年”工作成效，推进城市基层党建创新发展，加强基层党组织书记队伍建设，促进全街各领域基层党组织书记队伍整体素质和能力水平的提升，经街道工委研究决定，组建西湖街道社区（村）书记论坛。10月10日，“书记论坛”组织首次交流会，西湖街道党工委班子成员、各社区党委书记、党建工作人员共50余人参加，交流共享城市基层党建工作如何高效开展。12月20日，在龙王港社区召开第二次交流会，采取主题发言、经验介绍和自由讨论三个形式，围绕基层党建工作主题让“书记秀一秀，大家论一论”。龙王港社区书记沈材政从新时代基层党组织书记的定位、新时代基层党组织书记应具备哪些基本要素、当好新时代基层党组织书记注重那些工作能力和方法作“如何当好新时代基层党支部书记”主题发言。与会书记和书记后备干部争先发言，大家畅谈工作中的感受和体会，对工作中的难点痛点问题、瓶颈问题发表见解，探索举措，共谋未来发

10 月，街道工委创建社区（村）“书记论坛”活动

展之路。街道利用“书记论坛”活动，建立书记工作室，通过论坛交流、学习观摩、座谈会等形式，着力解决街道基层党组织书记队伍老龄化，年轻社工经验断层等问题，打造政治过硬、能力够强、素质优良的基层党组织书记队伍。活动将在各社区村每月轮流开展，逐渐常态化。

望城坡街道

【**概况**】望城坡街道办事处下辖10个社区，辖区总面积4.96平方千米。截至2019年12月，总人口约14万人，其中，户籍人口3.68万人，流动人口近10万人。辖区内有达美D6区、长房时代城、西中心大商务楼宇3个，有湘浙小商品、望城坡大市场、郁金香家具等专业市场6个，注册个体工商户8000多家、企业单位5000余家，并有湖南工商大学、长沙市气象局、湘江新区交通枢纽等省市驻街单位70多家。

【**经济发展**】推进项目建设，全年铺排建设项目6个，其中，湖南工商大学经管综合楼项目已投入使用；街道社区卫生服务中心正进行融资招商；华伟时代广场、凯悦酒店、中冶长天二期项目进行前期施工；望新大厦办理建设工程规划许可证。全年完成全社会固定资产投资9.9亿元，为年任务的110%。全力抓好财政税收，完成湖南长益高速公路、长沙市富湘建筑公司的税收迁转，全年完成区级税收1.52亿元、区级基础税收7320万元，超额完成20%。充分运用四经普工作成果助推产业发展，筛选符合申报“四上”企业28家，新增“四上”企业7家，全年完成限上社会零售1.9亿元，超额完成45.04%。提质楼宇经济，西中心、长房时代城2个区级重点楼宇入驻企业230家，注册率91.7%，引进湖南华滨集团等企业58家、迁转企业28家。对西中心交通配套、内部设施以及周边环境实施综合治理，探索创建西中心夜间经济示范片区，楼宇经济规模效应逐步建立。

【**社会治理**】以“一升两降三归零”（群众满意度上升；发案率、投诉率下降；零上访、零事故、零案件）为目标，将社会治理下沉至小区、楼栋等四级网格，固化每周二网格工作日和每周五网格会议调度机制，打造“最美网格”。全年收集各类民生问题20382个，处置率99.74%；受理“12345”有效工单1269条，同比下降17.49%，工单办理满意度100%。品质城区持续提标，全年处置数字化案卷9525件，综合执法办案1329件、罚款31.8万元。全面推行垃圾分类，建立长华社区垃圾分类示范点，垃圾分类基础设施在区域内全覆盖。深入推进“蓝天保卫战”，整治、关停违规企业29家，餐饮门店安装油烟净化设施率100%。落实“河长制”工作，扎实推进龙王港沿线治理，西干渠防护网项目顺利完工，南园路污水改造等项目全力推进。综治安全持续向好，深入开展扫黑除恶专项斗争，查处涉黑涉恶案件4起、处置23人，完成中央扫黑除恶专项督查工作。切实抓好信访工作，初信初访一次性办结率及结服率100%；解决望城坡大市场、箭弓山农安小区电改等遗留问题。全力压实企业安全生产主体责任和街道监管责任，实现全年零事故。全年刑事立案769起、行政受案1188起，同比下降25.70%、16.33%。

【**民生保障**】全面施行“放管服”改革，全年政务服务中心接待群众7500人次，基层政务平台办件量10877件，办结率100%。全面落实社区值班制度，全街设置22个值班岗、89个走访岗，全年社区员额管理人员入户走访10385户，解决各类诉求989个，政务服务效能明显提升。2019年申报社区惠民资金项目34个，自筹资金修复涧塘等社区的公共设施，对郭家湾等高危边坡实施排危加固，有效改善辖区居民生活生产环境，民生福祉水平明显提高。开展“文明排队礼让”等主题活动50余次，推选“岳麓楷模”王石乔等候选人4名，营造“以文化人”氛围。开展帮扶救助工作，发放养老津贴近80万元，发放救助、慰问资金47万余元，公共服务事业明显提质。

【党建工作】 2019年圆满完成机构改革和职能调整，在机构改革中推进“一支队伍管执法”新模式。完成望新社区软弱涣散党组织整顿工作验收，完成社区支委9名委员缺额补选工作，街属党支部“五化”建设达标90%，打造示范小区党支部3个。创新开展网格党组织“四对接”（体制对接、机制对接、制度对接、工作对接）活动，打造党建引领下的“党组织+网格+物业公司+业主委员会”“四方共治”物业管理新模式，长华社区与湖南工商大学共建区级示范美丽楼道。全面部署主题教育工作，全街党员检视问题全部整改到位，实现所有党员学习教育全覆盖。深入推进党风廉政建设，2019年区委巡察反馈的43个问题、省委巡察反馈的2个问题全部整改到位，有效地将巡察整改成果转化为推动全街发展的强劲动力。结合“扫黑除恶”等工作重点整治基层形式主义、官僚主义，从严查处违法违纪行为，2019年共处置问题线索20余起，给予组织处理10余人、党纪处分2人、开除党籍1人。

【表彰大会】 3月9日，望城坡街道2018年度“网聚新时代，扬帆新征程”网格化工作总结表彰暨2019年工作动员大会在岳麓区人民政府13栋会议室举行，为表彰先进，树立典型，增强网格凝聚力与责任感，大会对18个优秀网格、26名优秀网格长、94名优秀网格员予以表彰。岳麓山风景名胜区管理局党委副书记、局长胡德强，区人大常委会副主任林俐俐，区政协副主席曾高杰，区人民政府副调研员李平出席会议，望城坡街道全体党政领导、驻街派出所、交警中队、城管执法中队、工商所、供电所、消防大队、驻街企业、物业、网格化管理平台设计公司负责人及全街各层级网格长、网格员600余人参会。

【调研工作】 5月29日，省委常委、省委政法委书记李殿勋调研望城坡街道扫黑除恶专项斗争、综治中心和网格化服务管理等工作，李殿勋实地考察了街道网格化管理平台和体系，充分肯定街道依托网格化管理创新社会治理工作。长沙市委常委、市委政法委书记钟钢及公检法等职能部门主要负责人等陪同调研。

【文化惠民进基层】 为庆祝中华人民共和国成立70周年，全面推进公共文化事业发展，促进全民艺术素养普及，丰富和满足基层群众业余文化生活，9月10日晚，望城坡街道以“共建共享宜居望城坡”为主题，在望城坡街道西中心广场举行岳麓区2019“文化直通车民心零距离”巡演活动，活动现场吸引400多名居民群众参加。

【圆满电改暖民心】 由于历史遗留问题，望城坡街道箭弓山小区、大坝咀小区一直存在电表、线路老化，变压器容量小等用电安全问题，2019年11月，街道组织实施电力设施改造工程，对339户居民用电线路实施改造、更换电表，小区居民用电不便的问题得到解决。

望岳街道

【概况】 望岳街道东西宽4.2千米，南北长5.7千米，总面积达13.6平方千米，下辖3个村，9个社区，总人口约4.7万人。2019年，全街完成区级税收14832万元，同比增长20.37%，超全年任务数4632万元，其中，完成基础税收4191万元，同比增长46.78%，超全年任务数691万元；完成固定资产投资26亿元；实现社会消费品零售总额6.8亿元；完成外贸进出口总额4000万美元；引进省外境内资金4亿元；实际利用外资约100万美元。

【项目建设】 全年铺排建设项目22个，其中，续建项目10个，新建项目2个，预备项目10个。藕塘片区征地拆迁项目6个，面积42.8公顷，涉及征拆对象292户（含线外代征78户），年初完成签约，全部腾房，房屋倒地283户。谷峰安置小区用地项目，总投资5亿元，已进入施工阶段。山水新城二期建设项目总投资4.5亿元，已启动建设。北辰时光里建设项目，总投资12亿元，已启动建设并开盘预售。长望路西沿线建设项目总投资1.2亿元，正进行腾地工作。谷山片区建设项目完成摸底调查。

【产业发展】 开展“营商环境优化年”活动，实施“亿元楼宇”计划和“企业满楼”工程，推进恒晟湘江中心等重点楼宇建设。2019年，恒晟湘江中心入驻总部企业2家，一般企业转为规上服务业企业2家，新增外贸实绩企业2家，入驻企业70家，实现税收1.4亿元、社会零售销售总额3.67亿元，实现“亿元楼宇”目标。街道统筹规划荣泰广场、万象府台、八方金街等楼盘配建商业及社区（村）物业，打造社区商业圈。沃尔玛、肯德基、星巴克、保利影院等知名品牌入驻八方24品生活广场，商业氛围日益浓厚。

【城市管理】 以整治违章建筑、打赢污染防治攻坚战、严格推进垃圾分类、维护市容市貌、规范城区经营秩序为提升城市形象的五大工作重点，全年共接收市城市综合管理服务平台数字化案卷8052件，处置率100%；接收区“智慧大数据平台”督办（交）办案卷1052件，按期处置率99.8%；开展专项整治行动44次，收缴并教育劝离摊贩402个，规范店外经营1220次，处置灯箱63个，拆除违规广告招牌74处，清理牛皮癣小广告3689余处，拆除违章建筑21处、面积2489.46平方米；建立生活垃圾“分类投放、分类收集、分类运输、分类处理”体系，实现辖区垃圾分类全覆盖；发放垃圾分类宣传资料40000余份，悬挂宣传横幅160余条，设置宣传栏68个，对辖区3万余户居民家庭发放湿垃圾桶、湿垃圾袋、垃圾分类手册等实物资料；八方小区成功打造为垃圾分类市级示范小区。

【综合治理】 开展扫黑除恶专项行动，对案件多发、问题突出的农民安置区、廉租房小区和拆迁区域等实施重点整治，未发现黑恶势力线索；开展消防排雷行动和“防风险保平安迎大庆”消防安全执法检查专项行动，对193家单位进行了排查，排查隐患32起，全部整改到位；处理群体性事件和信访问题，矛盾纠纷92次，调处成功率100%；全年没有发生一起安全责任事故，有力保障了辖区内的人民生命财产安全。

【“一圈两场三道建设”】 打造八方、恒华等6个社区15分钟生活圈，新建锦园生鲜等农贸市场3个，新增居家养老等社区服务点7个，新增停车位600个，累计修缮人行道、自行车道8.8千米，家门口就可以满足衣食住行基本生活需求。在八方社区试点建设网上政务、电子认证等多功能智慧社区服务大厅，升级智慧物业系统、引入居家养老远程护管项目，完善居民参与社区治理的数字渠道，推进街区社会治理手段现代化。

【文明创建】 持续开展“望岳十大楷模”评选、望“悦”文化节、文明家庭表彰、文明单位创建巡礼等活动，传递向上向善力量。全年，在国家级媒体报道2次，省主流媒体报道7次，市级媒体报道72次，《党心连民心幸福岳中来》文章登上《长沙晚报》“向祖国汇报”专版，八方社区睦邻养老特色工作在《长沙晚报》头版刊登；在文明创建国检中，街道顺利迎接中央文明委测评组对街道综合文化站等5个项目的测评。在优秀典型推评工作中，卓越社区黄怡祖、八方社区邓玉芝分别获评2019年第一季度、第二季度“长沙好人”。

【调研工作】 1月16日，长沙市委副秘书长、督查室主任李建贵带领市、区蓝天办工作人员到望岳街道调研空气监测小微站，了解小微站点的日常运行情况，并召开座谈会。小微站运营方汇报了小微站运行以来的基本情况，街道、区、市蓝天办分别就小微站日常管理工作中存在的问题和今后工作建议发表了意见。李建贵表示，市机关主要抓好小微站布局的顶层设计，制定工作规范，区、县要利用好小微站监测数据进行分析研判，借助好科技手段助力蓝天保卫战；街道要结合网格化平台做好日常执法和巡查工作；小微站运营方要深刻领会小微站建设的重大意义，抓住“数据精准”“发布报警”“研判分析”“技术培训”几个牛鼻子，不断完善产品和服务，提升竞争力。

【垃圾分类工作】 6月12日，长沙市副市长刘明理调研岳麓区垃圾分类工作。在望岳街道八方小区C区，刘明理一行查看了住宅区生活垃圾分类投放回收设施、八方垃圾分拣中心建设现场及八方建筑垃圾统一回收点，详细了解设备运营方式、垃圾收运时间、回收日时间及工作人员安排等情况。刘明理指出，当前岳麓区垃圾分类的来势不错，要通过宣传发动，重点引导居民养成垃圾分类的习惯，促进垃圾分类常态化；充分调动社会力量参与垃圾分类工作，促进垃圾回收的系统化、资源化；垃圾分类工作的开展要循序渐进、因时因地制宜，在学习其他地区先进经验的同时，积极探索符合区情的垃圾分类模式。

【垃圾分类和“一圈两场三道”建设工作】 7月19日，长沙市委副书记、市长、湖南湘江新区党工委书记胡忠雄到八方小区现场调研推进垃圾分类和“一圈两场三道”建设工作。他强调，要坚持以民为本，强化问题导向，迅速、有效推进垃圾分类处置，保质保量完成“一圈两场三道”建设工作，让居住环境清清爽爽，让城市生活幸福时尚。副市长刘明理、廖建华参加。垃圾分类工作推进以来，八方小区建设垃圾分类资源循环驿站4个、大型垃圾分拣中心1个，发放入户湿垃圾桶7000余个，垃圾分类运作体系初步形成。

【调研工作】 12月4日，湖南省委老干部局局长、省委离退休干部工委书记龚健，长沙市委常委、组织部部长张宏益，市委组织部副部长、老干部局局长、离退休干部工委书记罗玉环一行9人，到望岳街道八方社区调研社区离退休干部党建工作平台暨老年教育基层教学点工作情况。刚投入试运营的八方睦邻综合养老服务中心，每天预约服务的老年人超过40人。八方社区通过资源联动，盘活服务资源，延伸服务触角，建立区域化共建的文化养老、健康养老长效对接机制，提高老年居民的生活质量受到调研组充分肯定。

【核查治欠保支工作】 4月18日，部际联席会议核查组一行到长沙市岳麓区望岳街道岳麓天池二期在建项目实地核查保障农民工工资治欠保支专项工作。岳麓区委常委、常务副区长蔡锋，区人社局局长李学军及望岳街道相关负责人参加。核查组一行强调，按照工作要求，多措并举、综合施策，运用好法律、行政、经济等手段，健全源头预防、责任落实、监管有力的治理格局，落实工资保证金制度，保障农民工合法权益。要建立劳动用工实名制管理机制，落实按月足额支付规定，完善工资支付监控、农民工工资专用账户管理制度，强化劳动保障监察执法，充分发挥劳动争议调解仲裁作用，加大对欠薪违法行为的信用惩戒力度，开展治欠保支普法宣传，确保农民工工资及时支付。

7月19日，长沙市委副书记胡忠雄（右二）调研推进垃圾分类和“一圈两场三道”建设工作

【主题党日活动】 10月18日，望岳街道府后路社区联合长沙市科技局机关一支部开展“不忘初心、牢记使命”主题教育暨机关一支部主题党日活动——营养健康科普进社区。活动聘请高级营养配餐师、国家运动营养师、湖南省营养师工作学会理事、湖湘中医中药慢病防治专科联盟常务理事邹铮老师为社区80多名党员和部分居民群众带来《吃饭是件很美好的事》健康知识讲座。让居民群众充分地认识均衡营养和食疗养生的重要性，充分发挥社区党组织与结对支部区域化党建合作局面，开创结对双方共建共享党建工作新格局，提升党建工作科学化水平。

咸嘉湖街道

【概况】 咸嘉湖街道办事处下辖咸嘉新村、润泽园、西大门、白鹤咀、荷叶塘、银谷国际6个社区，辖区总面积2.88平方千米，2019年街道总人口80435人，其中，户籍人口31297人，流动人口43077人，驻街企事业单位2100余家，办公处所岳麓区望岳路32号。2019年完成街道机构改革工作，下设党政综合办公室、基层党建办公室、城市管理办公室、公共服务办公室、公共安全办公室、网格化综合服务中心、政务服务中心、退役军人服务站、财政所、纪工委、工会、团委、妇联、城市管理执法中队、城市综合维护管理所、劳动保障管理服务站（低保服务站）、咸嘉物业管理有限公司、咸嘉老年公寓等部门和单位，在职工作人员63人。

【经济发展】 继续实施党政干部“两包一联”制度，开展“网格化经济普查暨产业项目服务”大走访活动，全面掌握、分析、研判全街产业发展情况。坚持“聚焦金星路现代服务业商街、做强总部经济、盘活闲置地块、培优商务楼宇”的区域经济发展定位，大力实施“全链条贴心式服务产业项目”行动计划，亲商优商扶商，激励激活经济产业发展和闲置地块建设，来势很好。2019年楼宇企业税收贡献2.1亿元，占比58.3%，增长率22%，其中河西王府井楼宇税收1.28亿元，居全区之首。楼宇产业培育成果丰硕，街道现有规模以上报表企业63家，从业人数近8000人，位列全区第一。2019年新增楼宇企业88家、总部企业3家（壹马装饰、雄淇生物、中电数通）。楼宇企业迁转成效明显，迁转异地企业62家，清退非法企业59家，规范引导企业如实申报纳税32家。2019年，完成区级税收7342万元，其中，基础税收4769万元；完成社会消费品零售总额17.21亿元；完成固定资产投资5.2亿元；到位外资580万美元，外贸进出口总额2300万美元；新增“四上”企业8家、高新技术企业4家，新增商事主体1810家。

【重点工程】 完善项目建设时间清单、任务清单、责任清单，加快续建项目达效，全力维护中央美郡三期和腾信大厦施工环境，按进度完成建设；旭辉·都会山项目2019年6月18日土地摘牌后，7月开始拆迁扫尾和清表，9月开始全面开工建设，12月14日实现预售；推进美麓景园项目拆迁，2019年4月16日发布征收土地方案公告，8月8日全部完成签约腾地，年内已全面启动建设。

【蓝天保卫战】 开展蓝天保卫持久战，对餐饮门店油烟污染、黄土裸露、垃圾焚烧、烟花爆竹燃放等问题实时通报、即时交办、办结销号，全年开展专项整治行动40余次，整治露天烧烤28处、餐饮门店油烟污染24家，整治未安装或未使用油烟净化设施12家，处罚10000元；督促265家需安装油烟净化设施的餐饮单位（门店）全部安装到位，收缴并销毁煤炉23个，处理煤球300千克，处理燃放鞭炮、露天垃圾焚烧、乱烧杂草等问题30余次。

【城市管理】 定期开展以牛皮癣清理为主的“清洁行动”、以纠正违规占道为主的“畅通行动”、以拆违控违、广告标牌整治为主的“靓丽行动”三大行动，全面清理城市管理乱象，全年处理数字化案卷2876起，办结智慧城管督查案119件，整治流动摊贩、店外经营、门前三包、违规围挡等问题1300余件次，拆除新增违章320余平方米，整治违规广告60余处，督办处理不规范垃圾分类200多处；处理违规占道停车546台，罚款5.46万元，城管执法总办案数654件，罚款总计16.82万元。

【扫黑除恶专项斗争】 坚持“有黑扫黑、有恶除恶、有乱治乱、固本强基”原则，以秋风扫落叶之势开展扫黑除恶攻坚战，建立干群联动机制、街所联动机制，畅通群众举报渠道，及时收集社情民意，街道与派出所、各社区协作联动，聚焦征地拆迁、侵吞集体资产、民间借贷等重点领域，开展集中摸排走访和核查；针对重点疑难信访问题和信访积案实行领导包案制，开展毒黄赌问题专项整治；全年发放和张贴各类宣传资料2.4万余份，制作宣传横幅（标语）100余条、固定宣传橱窗（海报）20余块，举办培训会、知识讲座20余次，推进扫黑除恶宣传工作进学校、进社区、进单位、进家庭、进场所，辖区未发现涉黑涉恶案件。

【社会综合治理】 依托基层社区，以网格化建设为基础，进一步筑牢平安防线，全年发生各类刑事案件288起，同比下降2.04%；排查调处各类矛盾纠纷67起，稳妥处理各类群体性、突发性事件；加强专项整治，共采集实有人口信息7898条、实有房屋信息232户、实有单位信息294家、实有车辆信息6560台，办理居住证2290本，更新流动人口信息6175人，整改不规范出租屋和小旅馆15户，行政处罚15人；至2019年年末，有在册刑释解矫人员53名，安置率100%，无重新犯罪，有社区服刑人员15名，无脱管、漏管，无重新犯罪；有重症精神障碍患者9名，无脱管、漏管情况发生。

【安全生产】层层落实安全生产工作责任，联合街道、辖区单位、社区、物业、居民等多方力量，在全市率先成立“众嘉安”应急救援志愿者服务队，织密织牢安全防护网，从源头消除安全隐患；全面宣传发动，全年共组织街道、社区及企事业单位开展应急演练126次，组织各类宣传活动88次，开展应急知识讲座67次；对安全问题抓早抓小，全年开展执法检查167家次，检查生产经营单位136家，排查各类安全隐患169条，行政处罚违章企业7家次，劝离违章生产企业1家，通过从严监管执法，有效震慑企业的违章违规行为。

【网格化管理】按“5+1+2”机构设置进行街道机构改革，在定岗定责基础上，顺利完成人员的双向选择；探索实施“全岗通”服务，74名社区员额管理人员全部实现网格值班、网格考核。建立民情问题收集研判处置机制、网格联席会议制度、工单预警机制，构建网格化管理会商治理服务体系，2019年共走访群众18594户，收集民情问题1013个，处理“12345”热线工单607件，工单量比上年同期下降6.18%，自2018年9月以来持续回访满意率100%。

【“美丽楼道”建设】创新“众筹+自治+共享”模式，筹集“美丽资金”24万余元，完成示范性美丽楼道建设22个。参与主体多元化，组成志愿者队伍12个，订立楼道微公约，每月设立“楼道主题日”，通过“邻里会”有事议事、无事聚会的方式，引导居民自治，参与“美丽楼道”创建的企事业单位有48家，参与居民自治3027人，参与楼道协管值守249户。按照“环境美、安全美、文化美、自治美、邻里美”的“五美”标准，各社区因地制宜，打造党建、家风家训等特色主题楼道；精准研判楼道居民年龄结构、爱好特长、实际需求，实施楼道“微改造”，在教师村引进“银龄餐厅”、咸嘉新村设立“四点半课堂”，实现服务便民精准化。

【党组织建设】落实意识形态工作责任制，细化分解工作任务，压紧压实工作职责，建立责权分明、分工有序、运转有效的意识形态领域工作机制。加强对重点人员和各类阵地管理，定期分析研判意识形态领域形势，把握重要时间节点、重点领域，时刻关注舆论动态动向，引导党员、干部和群众明辨是非，澄清模糊认知，坚决反对和抵制各种错误思潮和负面言论，及时处置应对意识形态领域的风险点和不稳定因素，全年完成各类跟评任务100余条，上报网络舆情600余条，排查、处置重点隐患问题12起。依托党员群众讲习所、“学习强国”等平台，广泛开展“嘉课堂”、微宣讲、微党课、微论坛，推进党的创新理论向行业、小区、楼栋等全域覆盖，全年开展各类理论学习30余场次，市级以上媒体宣传报道60余次，确保党的声音在基层落地生根。在街道辖区挂牌“党员家庭户”2032户、“党员经营户”56家，引导四类党员亮身份、强服务、争先锋，分组织、分区域、分行业兜底管理党员，实现党的工作向社区党员延伸。深化区域化党建联席会、“大工委”和社区“兼职委员”机制，以“三项清单”为主要抓手，2019年新增王府井百货有、爱尔眼科医院2家区域化党建联席会成员单位，街道工委与7家成员单位双向认领62个共建项目，进一步整合资源、凝聚合力，推动多元共治。提高小区党支部覆盖面，新建西大门社区、西城龙庭小区等4个党群服务阵地1600余平方米，优化小区党支部、业委会、物业公司等共同协商议事机制，推动街道、社区由管理型向服务型转变。深入开展“不忘初心、牢记使命”主题教育，确保学习教育支部全覆盖、党员全覆盖，全街“结对帮学”162人、“送学上门”177人、“帮带补学”137人，党组织书记讲党课54堂；聚焦街道重点工作、民生热点，深入开展调查研究，解决民生诉求及问题52个。扎实推进党风廉政建设和反腐败工作，把规矩和纪律立于前，树立高度的责任感，严格按法律法规和政策规定办事，不断提高工作水平和办事效率。

【联谊活动】1月29日，咸嘉湖街道“党建引领网格同心，共建共治共享幸福咸嘉”主题联谊活动在岳麓区机关13栋会议中心举行，街道各级网格长与居民群众一起，用精彩文艺讲述动人故事，表彰和推介在网格工作中的先进典型，向优秀共产党员、先进党组织、明星网格、服务单位等授予荣誉证书、奖牌。湖南财政经济学院党委书记肖湘愚，长沙市委宣传部副部长、文明办主任郭润葵，长沙市妇联党组书记、主席文方，区领导刘亮、胡杰夫、江南、潘旺明、曾高杰、彭首志、陈茂学、李建军等参加活动。

【基层党建工作】 3月6日，湖南省委组织部副部长蔡建和一行到咸嘉湖街道荷叶塘社区调研城市基层党建工作，岳麓区委书记周志凯，岳麓区委常委、组织部部长彭利芝等参加。调研组实地察看了荷叶塘社区公共服务中心、丽臣小区党支部暨老年人日间照料中心等党员服务阵地，了解社区基本情况、党员兜底管理、区域化党建联盟、丽臣小区党群服务站运营模式等工作情况，与街道、社区工作人员代表，辖区企事业单位代表和居民代表共6人依次进行深度访谈。蔡建和对老年人日间照料中心的建设和运行情况给予了肯定与高度评价。

【检查调研“扫黄打非”工作】 7月5日，全国“扫黄打非”办公室案件督办处副处长李泽泓率检查组到咸嘉湖街道荷叶塘社区检查“扫黄打非”进基层示范点运行维护情况，省“扫黄打非”办公室专职副主任后毅、市“扫黄打非”办公室谭旭等一同参加。检查组参观了社区“扫黄打非”宣传长廊和社区公共服务中心，查看了荷香书吧、“成长不烦恼”工作室、“扫黄打非”工作站等阵地，了解“乐活队”“护苗队”“邻聚力队”等志愿者团队和“扫黄打非”特色工作，对社区“扫黄打非”工作台账进行了仔细检查并听取汇报。检查组对荷叶塘社区“扫黄打非”工作给予了肯定，表示希望社区能将日常巡查做细做实，全面覆盖到位，筑牢辖区文化安全防线，全力构建平安和谐社区。

【调研妇女儿童工作】 7月15日，全国妇联书记处书记、党组成员蔡淑敏到咸嘉湖街道荷叶塘社区调研妇女儿童工作，湖南省妇联党组书记、主席姜欣，长沙市委副书记朱建等一同参加。一行人实地察看了荷叶塘社区儿童之家建设和运行情况，蔡淑敏对荷叶塘社区妇联坚持以“六进家”为载体，大胆探索“家家幸福安康工程”的新形式，在实践中形成妇联牵头、教育主导、多方协作、形式多样、资源共享的服务模式给予了充分肯定。

梅溪湖街道

【概况】 梅溪湖街道办事处下辖10个社区（村），总人口10.7万人，总面积20.2平方千米。

【经济发展】 2019年，街道完成区级口径税收4.4亿元（含基础税收1572万元），外贸进出口225万美元，固定资产投资116亿元，社会消费品零售总额9734万元，引进省外境内资金23.85亿元，实际利用外资完成8482万美元。2019年，新增四上企业9家、市场主体862家，新引进楼宇企业32家。在建24个地产项目稳步推进，其中2019年新建7个，完成销售面积67.17万平方米，实现销售额88.79亿元。达美等开发企业累计摘牌土地50.13公顷。亿达健康科技城、绿地·麓湖郡等项目有序推进，区域健康养老产业布局进一步清晰；河西第一高楼长沙金茂大厦、CEO中心等商贸项目逐级拓展，街道产业项目发展进一步完善；引进的马思特、锋荟等26家规模、品牌机构已开张营业，民办教育产业集聚基本形成，凸显文化教育产业特色街区。梅溪湖国际新城二期重点规划的346.67公顷大文旅项目已启动开发建设，梅溪湖象鼻窝森林公园配套项目土地顺利摘牌。

【城市管理】 落实春节期间“烟花爆竹禁燃限放”宣传及巡查；持续督促在建工地落实蓝天保卫战“8个100%”防治扬尘工作，严格督查油烟净化装置使用及散煤禁燃。全年拆除违章建筑42处计1413平方米，处置控违拆违16处，处置规划图斑75处。开展流动摊贩集中整治32次，拆除违规店外招牌、匾额102处，查处建筑工地违章4处、违规渣土运输车辆14辆，控制渣土、扬尘，确保市容环境。乡级河长巡河125次、巡湖40次，对辖区河道、水库、湖泊进行常态化巡查、保洁，清理河道垃圾298余车7200余吨。严格落实森林防火值班值守，全年未发生森林火灾。严格落实河长制、湖长制工作职责，促进工作常态化，水利部暗访督查获得一致好评。

【社会治理】 创新开展“135”网格化社会治理模式，全街道干部每周一、三、五下午下沉网格，实行网格工作周调度制，优化网格化服务和“12345”市民服务热线工作，探索一网兜底解决涉及民生的重点问题、疑难问题和重复工单。全年受理市长信箱和市民热线工单892条，各级网格长收集民情问题1273个，解决群众诉求1396个，办结率100%，满意率99.86%。投资400万元余，建设“智慧梅溪”中心，打造服务群众指挥调度平台。组建网格综合管理员队伍，开展日常问题巡查处置。创新社会治理方式，金茂社区成立“初心联盟”，对群众反映的热点、难点问题和合理诉求，定期协调物业、交通、环境、建设、电力、通信等部门，进行集中“问诊”，解决小区高层住户水压低、地下停车场出入口设置不合理、装修噪音扰民等问题80余个。组织安全隐患大排查和集中整治行动，督促落实企业安全主体责任，全面开展“以案说法、以案警示、以案促改”安全警示教育，对违规违法生产经营活动从严执法。认真落实信访工作，处理回复网上信访件282件，完成中央扫黑除恶专项斗争督办件4件，完成省委第二巡视组交办件2件，完成上级交办的初信初访件3件，化解信访积案22个。

【民生实事】 开展春节“送温暖、促和谐”走访慰问活动，发放慰问金54万余元。制定“2019—2023年社区筹建五年规划”。举办国际社工日主题宣传活动，街道8个社区和8个社工团队签订服务协议。办理灵活就业保险862人次，办理居民医疗保险2830人次，办理社保补贴910人次，新增低保对象6户，临时救助26人，救助精神病人住院3人；带动创业、就业人数354人，召开失地农民再就业、高校毕业生创业、就业援助招聘会4场次，新增就业岗位537个；整合社会治理资源，按照“15分钟便民服务圈”要求，通过综合窗口实现全程帮（代）办，全面实施“就近跑一次”服务，提供“帮（代）办服务”40人次，街道综治民调测评全区排名靠前，禁毒民调测评全市排名第一。

【队伍建设】 开展“不忘初心、牢记使命”主题教育活动，各党组织开展集中学习60余次，开展党员集中教育37批次，共1387人次参加。按“三三制”原则发展新党员8名，党内激励关怀帮扶56人；提升党建科学化水平，新设立社区党支部2个，成立璞丽景园等4个小区党支部，做到党支部小区全覆盖，24个党支部“五化”建设全达标；润龙社区、中海梅溪湖壹号小区书记工作室充分发挥优秀书记传帮带作用，创建阳明山庄社区“邻里亲”美丽楼栋示范点，完成金茂苑小区党群服务站“悦邻驿站”提质改造，795个党员家庭户亮身份、树旗帜、当标杆。街道、社区（村）两级与71个单位党组织形成五大类148个共建项目，促进区域和谐发展，区域化党建共建内涵不断拓展；全力做好“关心下一代”工作，街道“关工委”为岳麓区唯一获评市级“五好关工委”。开展意识形态专题培训4次，开展理论宣讲等活动80余场，排查舆情风险点16个，组织廉政提醒谈话4人，诫勉谈话1人、查办案件1件，给予开除党籍处分1人。深化街道机构改革，1名社区书记、1名部门主要负责人通过竞选走上副科职领导岗位，村（社区）书记平均年龄36岁，70%为本科以上学历，其中研究生学历3人，基层工作者队伍不断优化。开展建党97周年总结表彰暨纪念改革开放40周年文艺会演，开展文明家庭评选、“弘扬新风尚、节俭庆升学”活动，2019年，街道工作开展情况先后被《人民日报》、《湖南日报》、湖南电视台以及中央文明网等10余家权威媒体宣传报道30余次，在岳麓新闻网上稿130余篇，街道政务网站发布信息260余条。

【调研工作】 2019年5月14日，区委书记周志凯率队到梅溪湖街道调研街道经济发展工作，区领导胡杰夫、杨利成、王剑鸣、宁伟豪及区委办、区发改局等相关部门负责人陪同调研。周志凯一行实地参观了亿达科技健康城、润龙社区公共服务中心，详细听取情况介绍并召开座谈会，街道工委书记

5月14日，周志凯（前右二）调研梅溪湖街道经济发展工作

罗勇刚向调研组详细汇报街道经济社会发展情况及扫黑除恶专项斗争工作情况，调研组一行对街道工作有序开展给予充分肯定。周志凯强调，要准确把握全面从严治党的新要求，不断加强党的政治建设。强化政治规矩和政治纪律，对标年初区委、区政府工作决策部署，推动街道经济社会高质量发展。

【调研梅溪湖街道工作】 2019年2月11日，春节过后的首个工作日，区人大常委会主任、梅溪湖街道联点领导胡杰夫带领区人大常委会副主任王剑鸣、林俐俐、曾跃平、江南及区人大办公室主任吕莹等人走访调研梅溪湖街道。在润龙社区，实地察看了社区人大代表工作室、新市民加油站的党建阵地。调研组对社区“强化党建引领，深化社会治理”展示墙给予高度赞赏，充分肯定润龙社区个性化打造“1+4+X”的社会治理模式，并为润龙社区2019年发展规划提出了指导性意见。

【庆祝中国共产党成立98周年】 2019年7月20日，梅溪湖街道组织开展庆祝中国共产党成立98周年表彰大会暨“践行誓言·再起征程”主题活动。街道党工委对2019年度先进党组织、区域化党建共建先进单位、优秀党员志愿者服务团队以及优秀党务工作者和优秀党员进行了表彰，并为他们颁发奖牌证书。活动现场组织党员集体重温入党誓词，激励广大党员积极作为、勇挑重担，再启征程。凝聚创新创业合力，为街道和岳麓区改革创新发展再立新功，以优异成绩迎接新中国成立七十周年。

【“红色经典我演绎革命精神我传承”】 红色经典表演赛岳麓区分赛在梅溪湖西雅中学举行，2019年7月4日，由长沙市文明办、长沙市教育局主办，岳麓区文明办、岳麓区教育局、岳麓区梅溪湖街道共同承办的“红色经典我演绎革命精神我传承”长沙市中小学生红色经典表演大赛岳麓区分赛暨“新时代岳麓好少年”表彰活动在梅溪湖街道西雅中学举行。长沙市文明办副主任杨立平、市文明办未成年人工作处

梅溪湖街道召开庆祝中国共产党成立98周年表彰大会暨“践行誓言·再起征程”主题活动

7 月 14 日，“红色经典我演绎 革命精神我传承表演大赛”在西雅中学举行

处长张晓梅、岳麓区人民政府调研员吴运国等领导出席赛事活动。参赛单位党政负责人、师生代表、2019年第一、二季度“新时代岳麓好少年”、区属各学校文明创建专干、西雅中学师生代表、大赛评委等900余人参加。活动在宣传片“新时代岳麓好少年”中拉开序幕，展示中小学生奋发向上的精神面貌。参加赛级活动的市、区领导为荣获“新时代岳麓好少年”称号的30名学生颁奖。湘仪学校、博才阳光实验小学等8所学校的孩子们为大家表演了精彩的红色经典节目。

【考察学习】 2019年4月12日，浏阳市民宗局副局长彭方带队考察岳麓区梅溪湖街道阳明山庄社区民族团结工作，社区党总支书记、居委会主任钟娟陪同。考察团一行参观了社区着力打造的“五家”平台、三个工作站及一走廊一长廊一文化墙，听取社区依托少数民族服务管理工作站、少数民族法律援助站、少数民族心灵滋养站和“民族一家亲”志愿服务队为居民全方位提供“双向服务”“双创服务”“双创建结合服务”的情况介绍。尤其对社区大学生创新创业实践基地拉祜族茶艺文化基地的工作予以称赞。阳明山庄社区有土家族、侗族、苗族等8个族别共110余少数民族人士，各个民族居民和谐相处，共建共融。近年来，阳明山庄社区认真贯彻执行党和国家的民族方针政策，先后获湖南省民族团经进步模范集体、湖南省少民族团结进步示范点、全国民族团结进步创建示范单位等荣誉。

【考察工作】 2019年12月5日，贵州省贵阳市云岩区信访局考察团100余人在副局长赵鹏鲲带领下先后分两批到岳麓区梅溪湖街道智慧中心，学习交流共建共治共享的社会治理格局、网格化平台建设和服务创新工作。岳麓区信访局副局长鲁爱华、岳麓区网格化服务中心副主任李益红、梅溪湖街道工委副书记彭波陪同参加。考察团参观了岳麓区梅溪湖街道政务服务中心，对中心紧扣“创新岳麓”发展目标，努力做好“服务下沉”文章，通过“互联网+政务服务”，整合社会治理资源，规范简化审批服务事项，优化服务窗口设置，创新服务供给方式，实现居民群众办事“一件事一次办”的工作目标深有感触。在街道网格化综合服务中心，听取了街道以网格为载体，落细落实区委网格化社会治理创新“五篇文章、十项举措”，创新推进社会治理“135工作模

浏阳市委统战部一行考察阳明山庄社区民族团结工作

式”的情况介绍，表示岳麓区以网格为载体，创新推进社会治理“135”工作模式值得学习借鉴。

【区领导调研梅溪湖街道文化教育产业特色街区】 2019年2月27日，岳麓区委副书记刘亮带队，区委办、区委宣传部、区教育局、区文产办、区国土分局、区规划分局一行，到梅溪湖街道进行文化教育产业特色街区专题调研，梅溪湖街道工委罗勇刚书记、办事处程勇主任陪同。调研组实地走访了佳兆业梅溪荟南核、嘉顺苑北核及师大附中教育圈，了解了当前聚集区的物理空间和机构发展情况并与代表机构负责人进行了一对一、面对面的沟通交流，详细询问了机构的学生管理、设备租金、师资配备、消防验收等情况。刘亮对街道后阶段文化教育产业提质发展提出了三点意见：要在街区品质、门店招牌、业态切入方面进行重点提升，设计特色标志，统一文化教育产业特色街区形象LOGO，突出主导、品牌机构；要引导教育机构加强自我管理，规范行业行为，推动成立行业协会，避免恶性竞争；嘉顺苑北核要发挥空间、资源、交通、区位优势，在“规模化运营，产业化集聚，品牌化打造，平台化运作”方面做好文章，推动区文化教育产业特色街区再上一层楼。

天顶街道

【概况】 天顶街道办事处下辖航天、星湖、青山新村、川塘、尖山、燕联、清水、永恒八个社区和永燕新村，总面积20.86平方千米，总人口近7万人。

全年完成区级税收3.77亿元，完成全年任务的155.87%，区级基础税收4857万元，完成全年任务的110.39%；实现社会消费品零售总额18.33亿元，完成全年任务的113.19%，固定资产投资总额47.41亿元，完成全年任务的112.87%；引进楼宇企业60家（其中知名企业有腾讯长沙公司、湘江猎豹移动人工智能公司、壳牌公司等），新增市场主体2365家。

【产业发展】 做实做优“党建+”楼宇工作服务体系，召开优化营商环境企业座谈会，收集企业需求清单，交办至责任办所，每半月进行处理情况反馈和进度跟进，精准服务解决企业发展困难28件，优化营商环境；借势借力助推“二次招商”，打造岳麓区准“税收亿元楼宇”2个，实现金茂ICC（北塔）72家、南塔34家、梅溪湖创新中心100家以上企业签约，创新中心88家企业、锦绣航天21家企业进驻，览秀城123家知名品牌招商。

【项目建设】 完成中电三期、科锐家具、青山15.13公顷储备用地、十万级无菌净化车间项目扫尾清零；航天农贸市场清退、航天学校改扩建、区公卫中心、中心消防站项目拆迁建设稳步推进；华润琨瑜府、梦想枫林湾、长房云时代、金辉优步花园、振业城、天祥水晶湾、高鑫天麓、金科世界城等精品住宅项目有序推进。

【城市管理】 全年组织大小拆违行动30次，拆除违章建筑24处5001平方米，控违10处约359平方米；坚决打好三大攻坚战，开展蓝天保卫战整治行动300余次，查处露天烧烤90处，收缴煤炉170个，督促285家餐饮门店安装油烟净化器，处置不规范垃圾焚烧130起，关闭涉气污染企业12家；开展垃圾分类入户宣传和知识宣讲活动，推进垃圾分类工作，全街9个社区（村）通过市垃圾分类全覆盖验收；强化市容秩序综合整治，开展龙王港河道千米净滩活动，对龙王港流域和农村水环境予以整治。

【创新基层治理体系】 优化基层社会治理模式，推行“坐班制”转“值班制”和员额管理工作，实现进一张门、找一个人、办N件事，便民服务365天不打烊；优化星湖社区“13761”服务路径，整合区域资源，根据居民需求每周开展读书分享会、“婴语课堂”、青少年公益分享会、公益瑜伽理疗课程、老年人旗袍秀等特色活动，携手乐活邻萌公益团队每月举办一期不同主题的星湖说；搭建“百姓说事”平台，构建三方共商机制，不定期召开网格恳谈会、居民议事会等，直面居民需求，“零距离”服务群众，办理或协助办理群众反映的如：开通社区公交、抵制住改商、查封网络直播、督促物业服务及达美溪湖湾地下停车费收缴等具体事项116件，调处矛盾纠纷48起；建立楼栋“星湖壹家楼帮帮”服务网络，开展小区楼栋全面大走访，重点收集党员家庭户、困难户、出租户的诉求和意见并建立台账，做好贴心服务。

【社会大局平稳向好】 推进“放管服”改革和电子政务服务工作，创新“智慧岳麓”网格化管理，全年妥善处置热线工单1514条，满意度99.71%；持续加快燕联、清水、永恒社区和永燕新村安置处遗及信访工作；实现全街所有农安小区电力配套统一移交；办理柏家塘小区一期40栋548户不动产权证，推进柏家塘、黄荆小区141栋1005户和其他农安小区权证办理工作；发放各类各级慰问补助66.5万元，新建星湖、航天两个居家养老服务中心，对柏家塘农贸市场提质改造，打造4个15分钟城市生活圈；打造岳麓区首个禁毒主题公园和航天社区禁毒示范厅；开展金融知识、电信诈骗知识、“校园贷”宣传活动等多项防范和打击非法集资宣传活动，出动宣传车5台，悬挂宣传横幅36条，电子屏幕9个，张贴海报43份，发放宣传资料800余份。开展元宵节专项整治、问题辣条专项整治、“三考”食品安全保障、夜宵店专项整治、食品安全问题联合行动等系列食品安全专项行动，加快对辖区50家门店进行“透明厨房”提质改造，保障辖区居民群众食品安全；加强对公共文化经营场所安全生产、噪音扰民等问题自查自纠，抓好文化体育市场管理，满足群众文化需求；加大无证办学整治力度，摸排无证办学培训教育机构21所，指导办证5所，关停16所，营造和谐平安的教育环境；坚持党政领导带队检查安全生产制度并形成常态；畅通民意表达渠道，引导群众依法依规表达诉求，统筹推进文明创建及其他各项工作。

【基层党建】在全街51个党支部1707名党员中全面开展“不忘初心、牢记使命”主题教育，共提交调研报告3份，开展领导班子专题党课10次，党组织书记专题轮训51次，主题党日活动51次，党员志愿服务活动704人次，为群众解决实际问题118个；认真贯彻落实意识形态工作责任制，组织党工委中心组学习12次，开展“百人千场大宣讲”27次，大型专题讲座9次；严抓党员管理，按“三三制”原则发展新党员9名，培训入党积极分子24名，开展党员信息摸底、在职党员进社区报到、党员积分管理及党员积极亮身份等工作；开展各类督查18次，对5名违纪党员分别给予党内严重警告、党内警告等处分。推进基层党支部“五化”建设，与8家单位双向认领党建共建项目49个，推进基层党建向小区、楼宇、商圈、“两新”组织等领域延伸，实现党群服务全覆盖；打造清水社区红色教育基层示范点、梅溪湖创新中心楼宇党群服务站、盛世东方大院小区党支部等5个示范党支部和10个社区特色“美丽楼道”，创建星湖社区“党建E家，梅邻亲里”党建特色品牌。

【招聘会活动】2019年3月20日，天顶街道举办“春风送岗稳就业，精准扶贫惠民生”2019年春季现场招聘会。参加现场应聘、咨询及培训报名人员475人，其中，127人当场达成培训和就业意向，招聘活动为居民群众在家门口实现就业搭建了平台。除举办专场招聘外，街道办事处还采取线下定期组织招聘，线上长态保持招聘对接机制，借助社区服务中心等阵地为辖区的企业打通用人渠道，输送人力资源让辖区居民适时了解掌握培训、就业信息，促进就业，服务企业。

【向建国70周年献礼活动】进一步激发干部职工爱国、爱党、爱社会主义热情，传承红色基因，凝聚工作力量。2019年9月30日上午，在街道办事处机关大院前坪街道举行“升国旗、唱国歌”庆祝建国70周年活动，街道全体党政领导、机关工作人员、下辖村（社区）主要负责人共百余人参加仪式。街道党工委书记王军在讲话中强调，全街上下要以习近平新时代中国特色社会主义思想为指引，认真学习贯彻习近平总书记系列重要讲话精神，不忘初心、牢记使命，积极推进各项工作，以优异成绩向中华人民共和

9月30日，天顶街道举行庆祝中华人民共和国成立70周年升旗仪式

调整机关临聘人员工作岗位，使机关行政成本得到控制，工作效率不断提高。在区委倡导的每月28日“服务群众日”基础上，街道确定每周一为“街道联点日”，深入开展“大调研、大走访、大排查、大解难、大宣讲”活动，及时化解矛盾问题，全面推进社会综合治理，收集急、难、重点问题47个，逐一协调解决。全年办理道路交通、农林水利、公共设施等网格工单226个，群众满意率达100%。

【调研工作】 2月22日，岳阳市人民政府副市长邱虹率队到坪塘街道学习考察长沙恒大童世界项目开发建设和运营情况。区委副书记、区长周凡，区领导黄军其、王剑，湘江新区发展集团有限公司、区直相关部门、坪塘街道及恒大童世界项目主要负责人陪同考察。

【莲花山村举办升学礼】 8月27日，坪塘街道莲花山村举行励志奖学金发放暨文明升学礼活动，20余名考上重点高中和本科院校的优秀学生参加。升学礼仪式中，学生们为父母敬上一杯清茶并鞠躬致敬，亲子互相倾诉心里话。此次活动倡议家长们带头新事新办，不办酒席、不收红包，给孩子们营造出风清气正、文明节俭的良好风尚，推进莲花山村新民风建设。

【大王山假日酒店正式开业】 11月28日，地处大王山旅游度假区核心腹地的大王山假日酒店正式开业，是度假区开业首家国际品牌四星酒店，总投资5.3亿元，建筑面积3.7万平方米，共有客房280间，由全球领先洲际酒店集团运营管理。

【谢向前获评“中国好人”】 谢向前，男，汉族，1970年11月生，坪塘街道上善助残服务中心主任。2013年，一场突如其来的事故导致谢向前全身60%重度烧伤，治愈后，手、脚功能受限的他，从此落下残障，身残志更坚，2014年7月，谢向前自筹资金成立长沙市上善助残服务中心。5年来，他带领该中心志愿者开展农村残障群体就近就便就业服务、“同心农场——振兴乡村建设”等项目，让数百名残疾人实现家门口就业，持续开展一系列助残、济困等活动，参与人数3万人次，让更多的人走近残障群体、关爱扶持残障群体，也让残障群体走出家门、融入社会。

洋湖街道

【概况】 洋湖街道办事处下辖洋湖村、连山村、蓝天村3个行政村，山塘、白庙子、新生、龙骨寺、白鹭府、金线巷6个社区。街域总面积23.88平方千米，常住人口3.6万余人。2019年，街道坚持征地拆迁与产业发展并举、基层党建与民计民生并举、城市管理与城乡统筹并举、注重当前与着眼长远并举，各项工作实现稳步发展，先后获省级安全生产示范街道、全市经济社会发展综合实力十强乡镇街道、市级文明单位、全区绩效考核一类单位等荣誉。

【项目征拆】 新项目与扫尾项目建设同步推进坚持，确保项目早腾地、早建设。全年启动集体土地新拆项目8个39.5公顷，涉及私房、企业用房286户，至2019年12月31日完成签约280户，拆除建筑物267户（栋），完成腾地21.89公顷，其中联江公园二期30户签约是洋湖征拆向集镇区域纵深推进的分水岭。完成洋湖人才公寓、联江公园配套用地和新生棚户区改造等项目35户34.67公顷的扫尾腾地工作，为项目进场施工创造了有利条件。

【产业发展】 按照区委“产业项目建设年”和“营商环境优化年”要求，加快推进项目提速、产业提质。宜家、卓伯根、龙湖天街、湖南妇女儿童医院等重点项目建设稳步推进，美国艾奕康公司正式开业，宜家家居顺利开门纳客。2019年实现区级税收2.7亿元，增幅73%，其中，基础税收5846万元，增幅145%；完成固定资产投资117.9亿元，增幅35.5%。累计实现商品房销售面积65.17万平方米、销售额81.78亿元，同比增长55.46%，其中住宅销售63.28亿元，商业用房18.5亿元，共产生全口径税收7.49亿元，同比增长124.96%。中盈广场、柏宁广场、湘江时代三大楼宇税收额2.53亿元，同比增长43.75%，湘江时代继续保持税收过亿元楼宇行列，全街综合经济实力不断攀升。

【基层治理】 落实《岳麓区2019年网格化社会治理创新“五篇文章、十项举措”实施方案》要求，以网格化管理为总抓手，深入推进社会治理创新提质。积极推进平安洋湖建设，走访居民群众1800余户，解决具体民情问题

328件，充分发挥二级网格长作用，稳妥化解旷远十八克拉、湘熙水郡及北大资源等楼盘小区业主集体投诉问题；压实安全生产责任，排查整改各类安全隐患2500余处，停产停业10家，警示约谈10次，社会大局和谐稳定。全面落实社区（村）值班制，实行错时上班，引导党员干部进小区、进楼栋、进企业，大力发展“红色物业”，推进社区和物业双方联动发力、抱团发力，实现社区服务与物业服务无缝对接，不断强化社区自治功能和服务功能。

【民生事业】推进“一圈两场三道”建设，不断完善辖区公共配套设施，建成民生项目23个。洋湖和园生鲜市场开业，辖区居民群众生活品质得到进一步提升。长郡双语洋湖实验中学、师大附中博才（湘江校区）正式开学，湘江中学、兴联小学建成，教育配套日趋完善。地铁3号线试运行，潇湘大道南延线建成，路网骨架日趋成熟。积极与区直部门、开发商对接协商，及时调解农民工讨薪事件50余起，帮助26家在建工地项目共1200余名农民工追回工资和工程款1600余万元。

【生态环保】组织专项整治小组，统筹规划渣土、工地、围挡、市政、停车管理等事项，集中开展非机动车乱停乱放专项整治、占道出店经营专项整治、拆违专项整治及门店广告招牌备案整治，清除各类市容问题死角，确保市容市貌更加整洁有序。践行绿水青山就是金山银山的理念，注重提升城市生态品质和整体价值，针对垃圾分类、蓝天保卫战以及环境保护等城市管理难点，开展人居环境专项整治。全面推进垃圾分类工作，制定垃圾分类减量实施方案，细化工作分工，引导居民主动参与垃圾分类。街道备检的6个社区（村）21个小区垃圾分类工作全部通过市检，洋湖和园小区获评全市垃圾分类示范小区。加快推进生态工程建设，做好柏家洲环境整治复绿，国务委员王勇现场视察柏家洲环境整治复绿工程，给予肯定。洋湖湿地公园成功晋升为国家湿地公园，人居环境持续改善。2019年4月23日《人民日报》对洋湖街道环境保护的经验做法进行了报道。

【党的建设】不断完善党组织构架，对住宅小区、商务楼宇等党组织建设精准发力，小区楼栋文化建设稳妥推进，楼宇党建和“两新组织”党建工作力量得到加强。成立柏宁楼宇党委、万厦园丁物业党支部等4家“两新”党支部，打造了7个美丽楼道、6户美丽庭院，完成982户党员家庭户挂牌工作，党员示范带头作用彰显。认真落实党支部五化建设要求，实现37个党支部建设达标，完成率95%。有序推进“区域化党建共同体”建设，与辖区13家单位党组织开展区域化党建，双向认领40个共建项目，开展联席活动40余场次，坚持走访调研全程贯穿，共收集居民群众反馈问题155件，解决问题141件。全面推行“三定四结合”组织生活工作法，即组织生活在组织上定时间、定内容、定规矩，在开展中做到把组织生活与组织体系建设、党员学习教育、党员日常管理、党员作用发挥等四个方面紧密结合，用党建制度烧旺组织生活“大熔炉”，完成对洋湖村党组织软弱涣散问题的整顿工作，构建党员干部密切联系群众新态势。中组部党建研究杂志以《让党内政治生活这个大熔炉真正“热”起来》为题对洋湖街道完善组织生活制度的做法予以推介。

【洪涝灾害救助应急四级响应演练活动】1月13日，由湖南省应急厅主办，洋湖街道承办的“湖南省洪涝灾害救助应急四级响应演练”活动在岳麓区洋湖街道蓝天村有序进行。湖南省应急管理厅救灾处副处长王剑中、长沙市绿洲防灾减灾促进中心负责人苏青

1月13日，省应急厅在洋湖街道举办省洪涝灾害救助应急四级响应演练活动

等现场指导，200余人参与演练。

【**项目开工**】3月26日，映客互娱第二总部项目开工动员活动在长沙洋湖生态新城举行，标志着湖南湘江新区洋湖总部经济区又添“新丁”。长沙市委副书记朱健宣布项目开工。

【**开业仪式**】4月17日，AECOM华中总部在岳麓区洋湖总部经济区柏林地王广场举行开业仪式，标志着世界500强AECOM华中区总部在洋湖总部经济区正式启航。岳麓区委书记周志凯、AECOM集团亚太区首席运营官卢迪生、全球交付服务首席运营官EmilyGepner等人员出席仪式。

【**春季趣味定向越野比赛**】为增强辖区企事业单位之间交流联系，加强工会企业单位的沟通联系，4月26日，春季趣味定向越野比赛在洋湖湿地公园二期举办。此次活动面向街道机关工会委员会、社区（村）联合工委委员会、中盈广场楼宇联合工会委员会、街道辖区内其他企事业单位工会会员，共有48支队伍300余名队员参加。

【**庆祝建党98周年暨“我们的初心”主题活动**】7月1日，洋湖街道举行庆祝建党98周年暨“我们的初心”主题活动，300多名党员集聚一堂，讴歌党的丰功伟绩，纪念中国共产党成立98周年。现场，街道工委对8个先进党组织、3个优秀党员志愿者团队、4个区域化党建共建先进单位、66名优秀共产党员、16名优秀党务工作者进行了表彰，并号召辖区全体党组织和共产党员以受表彰的先进单位和个人为榜样，不忘初心、牢记使命，开拓进取，为“知识岳麓”“创新岳麓”建设贡献洋湖智慧和力量。

【**考察工作**】7月16日，国务委员王勇在省委副书记、省长许达哲的陪同下，考察柏家洲防洪整治项目和防洪设施，指导防汛工作，对柏家洲防洪整治及复绿工作给予肯定。

【**庆祝中华人民共和国成立70周年系列活动有序开展**】10月1日，岳麓区洋湖街道在机关前坪举行了庄严的升国旗仪式，庆祝中华人民共和国成立70周年，祝福伟大祖国繁荣昌盛。随后，街道全体党政班子成员、机关党员干部等200余人集聚一堂，集中收看中华人民共和国成立70周年庆祝活动直播盛况，一同回顾中华人民共和国成立70周年的光辉历程，在这幅波澜壮阔、气势恢宏的史诗巨篇中砥砺洋湖斗志，振奋洋湖精神。

【**宜家家居开业**】11月28日，宜家家居正式开门纳客，湘江新区管委会副巡视员戴中亚，岳麓区委副书记、区长周凡等领导出席开业仪式。开业仪式由宜家长沙商场经理樊鹏聪开场主持，宜家中国区总经理迟言、瑞典驻华使馆参赞倪睿星（Mr. LennartNilsson）分别致辞。

4月26日，洋湖湿地公园开展春季趣味定向越野比赛

学士街道

【**概况**】学士街道办事处下辖7个社区、3个村。有驻街单位25个、大专院校4所。街域总面积42.28平方千米，其中农村面积31.36平方千米。2019年全街总人口约17万人，其中常住人口约7万人，流动人口约10万人。已连续七年跻身全区绩效考核街道类一类单位。

【**经济发展**】2019年，完成固定资产投资43.1亿元，完成全年任务的102.62%，完成限上社会零售品销售总额23.37亿元，完成全年任务的137.47%，新增四上企业10家，新增高新技术企业2家，新增总部企业2家，完成第四次全国经济普查。落户辖区的1983家企业（含园区）中服务业企业占比近35%，高新技术企业逐年增加，产业结构不断优化，经济社会发展稳中向好。

【项目发展】 以“招商引资促乡村振兴”为战略抓手，联动湘江新区经发局、区商务局及长沙文创协会等单位搭建开放、灵活、稳固的招商联络渠道。2019年接洽有投资意向企事业单位50人次，完成签约或入驻企业10家。金霖公司羊肚菌种植、正伟农业智能化大棚蔬菜种植等特色农业发展态势良好，东山湾大堤防渗工程完成土方回填及场地平整，玉江矿坑靶场建成，农趣谷旅游厕所完成主体建设，湘江党建基地建成投入运营，城乡一二三产业融合发展格局已经形成。推出“服务员式”政策服务，协助22个企业申报28个扶持项目，其中申报成功23个，共争取资金242.4万元。深化“一联二帮三到位”的“保姆式”服务模式，重点楼宇入驻率、工商注册率、税收贡献率及企业满意率全面提升，其中，湖南省检验检测园入驻企业23家，入驻率53%。走访辖区用工单位400多家，广泛征集群众就业意向，提供就业岗位2000余个，达成就业意向250余人，实现企业、群众需求双满足。全年铺排重点工程项目9个和征拆腾地扫尾项目7个，项目征拆全面清零。市重大产业项目人工智能科技城（一期一批次）项目征拆按时完成签约、腾地、倒房，并顺利实现挂牌出让；区重大民生项目白鹤安置保障房等项目征拆历时六年再次进场，再创“张榜之日即全面签约清零”的工作速度，为园街经济社会发展提供用地保障。

【综合治理】 完成无害化厕所改造90座。对靳江河流域进行综合整治，完成26处冬修水利工程，其中山塘整治18处，沟渠建设6处，小微水体建设2处。拆除违建大棚房，收回占用农地耕地2公顷，复耕复绿6.67公顷。向农村住户发放垃圾箱，建立垃圾分类处理场及垃圾站3个。制定村民公约，与村民签订移风易俗承诺书，弘扬和倡树文明节俭操办婚丧喜庆事宜的时代新风。强力推进拆违控违。稳妥处理麓山别墅违建舆情问题，妥善处理洋湖创富楼顶加层及联丰村农安小区楼顶夹层问题并依规拆除，拆除左栗线两侧非法小作坊，建成最美“学华梧桐道”。全年共拆除违规建筑1.15万平方米，其中，47处、2620平方米为当年新增，历史违建17处、7738平方米，国土卫片斑图5处、1100平方米。全年接收上级部门下发投诉工单1350条，其中签收“区88712345”转办工单91条，办结89条，满意率100%；签收“市12345”工单1259条，其中有效工单743条，办结701条，满意率99.53%，每月考核成绩均列全区前列。

【社会保障】 开展扫黑除恶专项斗争，摸排并上报各类有效线索11条。持续开展平安巡逻巡防，捣毁传销窝点14处。“小安大爱”云服务安全监管平台不断扩容升级，得到应急管理部宣教中心和市应急管理局高度肯定。申报创建湖南省安全生产示范街道，打造平安街区，坚持在长潭西高速等入城口设卡盘查，严堵疫情蔓延通道，“非洲猪瘟疫情”得到有效抵御。完成透明厨房改造40家，居民群众“舌尖上的安全”得到保障。开展防汛应急演练、汛情险情排查，落实农村地区防汛和城区防涝备战工作，防汛应急响应启动期间全体干部职工坚持守点巡河，实现未跨一堤、未倒一房、未伤一人。

【党组织建设】 紧扣“不忘初心、牢记使命”主题教育“四个围绕”目标，以集中学习、研讨交流、调研走访等形式推进主题教育，收集意见和建议70余条。党工委书记带头以“莫让初心在沉默中迷失”为主题讲党课，26个基层党支部、1000余名党员通过参观红色基地、参加志愿服务活动，开展党建知识竞赛等方式践行初心使命。以“基础工作提升年”为抓手，按照“应建尽建、全面覆盖”原则，新建9个小区党支部（全街共14个），打造学士桥社区九龙领仕汇、学府社区枫华府第和学安社区麓山和苑等3个示范小区党支部。大力培育发展基层新党员，组织29名入党积极分子以“听党课、学党章党规、考理论、大讨论”理论学习班，开展“我的入党初心”党日活动200余次。确定党员发展对象10名，为基层党组织注入新鲜血液。打造区域党建精品。组织召开街道区域化党建联席会第二次集体会议，与9家成员单位双向认领结对共建项目32个，并与成员单位签订共驻共建协议。550余名在职党员下沉基层，11名驻街单位党组织负责人被聘为社区兼职委员。联合组建“青少年科技加油站”“爱心义诊”等党员志愿团队10个。

【社区服务新模式】 学士街道紧扣岳麓区委基层社会治理“五篇文章、十项举措”，聚焦党建引领，坚持深度融合，瞄准“服务下沉”这一小切口，根据街域实际，在全区率先推行“坐班转值班”工作制度。将每个社区细分为若干个小网格，每个网格配备一名“连心长”；对社区员额制管理人员进行全岗培训，培养“一专多能、一岗多责、全岗都通”的社区服务能手；采取“错时上下班”，设置“值班岗”和“走访岗”，通过走访将好政策、优服务“带下去”，将难问题、苦诉求“收上来”，疏通群众心中痛点堵点。以“群众认不认识、楼盘熟不熟悉、情况掌没掌握、问题解没解决”为考核指挥棒，引领社区工作人员主动走出去，服务群众有了实实在在的变化。在“坐班制”转“值班制”工作的探索和实践过程中，街道紧扣一个“转”字，通过转思想、转行动、转作风，实现政风民风改善、干群关系密切、治理效能提升。社区党员干部主动上门走访，排忧解难，有效化解舆情问题。全年共下基层走访6323户，收集意见和建议874条，协调各类问题502个，群众投诉量明显减少，满意率明显提高。《长沙晚报》《长沙通讯》《决策咨询》均作相关报道。

【生活垃圾分类全面启动】 2019年9月7日上午9时，学士街道联合区委宣传部、区文明办、区城市管理和综合执法局、区教育局、湖南中医药大学学士社团联合会、学士街道联丰小学、白鹤博才小学、塘峡小学、睿哲小学等单位在全区率先开启全民生活垃圾分类启动仪式，通过政府宣传引导，让党员干部、居民群众、学生群体加入到全民践行绿色生活队伍中，被中央文明网和省、市、区多家媒体重点报道，营造全民参与的浓厚氛围。为将政府号召迅速变成群众的实际行动，学士街道在辖区人流量大的小区安装“小黄狗”和“多宝鱼”智能垃圾分类回收机9台。辖区建立46000余户家庭落实垃圾分类工作台账，发放干、湿垃圾桶和入户垃圾桶3万余个，在各小区设置专属垃圾分类收集点，生活垃圾分类在全街区实现全覆盖验收。

9月7日，学士街道启动全民生活垃圾分类活动

含浦街道

【概况】 含浦街道办事处下辖九丰村、含泰社区、大坡村、干子村、芝字港村4个村1个社区，共有190个村民小组和31个居民小组，总人口2.49万人。辖区总面积51.17平方千米。

【经济发展】 2019年全街完成区级税收1100万元，完成基础性税收872万元。全街实现工业总产值5.6亿元，规上服务业总产值1490万元；完成社会消费品零售额500万元；完成固定资产投资5亿元。原集体经济相对薄弱的大坡村年收入超过100万元。完成91.25公顷种植结构调整，新增稻田养虾20公顷、绿色蔬菜种植26.67公顷。发展小农户经济，涌现出厚德蔬菜等一批家庭农场。区福利中心加快建设，和邦养老落户大坡村，农村养老产业来势看好。地处九丰村的新桥改造和丰田渡改桥竣工，提质改造农村公路16.4千米。举办“含浦花开·爱满春田”第四届含浦油菜花节，吸引1万余名游客前来赏花踏青，到含浦看油菜花逐渐成为品牌。油菜花节获新华社、《长沙晚报》等多家媒体报道。

【环境整治】 完成全街6601户农户的厕所现状入户摸底调查工作，实现161户旱厕全面“清零”。完成无害化厕所改造2900座，其中，九丰村、干子村两个市级、区级示范村实现无害化厕改“清零”。建成刘家湾小型污水处理厂，实现居民生活污水集中连片处理。开展集镇污水处理厂提质改造，实现集镇污水“全截污、全收集、全处理”。严格落实“河长制”，组织街道、村（社区）两级河长开展常态化巡河，河道保洁实现常态长效，靳江河水质常年保持在三类水质以上。完成靳江河二期整治工程，街域内靳江河抗洪能力明显提升。保护山塘、水库等水体和小微湿地，初步建成大坡村、含泰社区2个小微水体管护示范片区。完成楼席港约2千米样板河建设。严格农村个人建房管理，建立街、村（社区）两级巡查制度，坚持“发现一处拆除一处”，共拆除违法建筑物24处、7500余平方米，拆除国土卫片图斑3处、1300余平方米，拆除“空心房”11栋。扎实推进路边环境整治，拆除道路两厢雨棚1.6万平方米。在全街推行垃圾上门回收和分类投放，全街共投放分类垃圾桶2万个，建成垃圾分拣中心6个，与2018年同期相比垃圾减量30%。2019年，含泰社区获评内五区唯一一个省级美丽乡村示范村，干子村获评省级卫生村，芝字港村、九丰村、大坡村获评市级卫生村。推进“星级庭院”“美丽村落”建设，刘家湾“吉祥村舍”初步建成。发放《庭院房前屋后治乱倡议书》9000余份，庭院治乱理念深入人心。至2019年，街道连续两年获评长沙市乡村人居环境整治四星街道，2019年在内五区十个参评街镇中总得分排名第一。

【公共服务】 全年收集各类意见和建议530个，受理“12345”市民热线工单221条，办结率和满意率100%。坚持街道、村（社区）两级“一周一调度”机制，及时会商解决各类民情问题。开展“问题大排查、服务大提质”活动，村（社区）变坐班制为值班制，干部深入一线，直面群众，解决问题。开展每月主题网格日活动，分别以安全生产大排查、新春走访慰问、扫黑除恶、一帮一结对子、防汛安全督查、安全生产宣传月、七一走访慰问、农村改厕等主题活动，提升服务水平。认真贯彻“大民生、大健康、大卫生”工作理念，全年完成适龄妇女免费“两癌”筛查707人，孕前优生健康检测164对。逐步健全社会基本保障体系建设，加大助残、助孤、助困、助学帮扶力度，2019年完成低保和特困供养审核424户715人，发放救助金326万元；完成城乡居民基本养老保险征缴基金188.52万元（目标任务108万元），完成比例174.56%。推动实体大厅与网上政务服务平台深度融合，完成2838人实名注册“我的长沙”App；全面启用“一网通办”网络办事流程，全街通过“一网通办”办事139件，未出现“红黄牌”。深入推进“扫黑除恶”专项斗争，悬挂标语、横幅50余条，发放资料手册3000余份；开展“问题”和“苗头”双重梳理和摸排，共摸排线索6条。开展矛盾纠纷排查和信访积案化解，调处基层矛盾纠纷成功率100%，全年无一例进京上访，2019年获评长沙市综治工作红旗街道和信访工作“三无”街道。严格落实安全生产“一岗双责”和领导带队检查制度，组织开展安全生产大检查，强力整治各类安全隐患，全年未发生安全生产责任事故。

【乡风文明】 发挥好人模范带头作用，每月推选一名“含浦好人”，许志礼获全国道德模范提名奖，阎茂林获评“湖南好人”，周石冬获评“长沙好人”，周厚德、袁莎获评“岳麓楷模”。举办“第二届含浦文化体育节”，开展“我们的节日”系列主题活动，承办“文化直通车，民心零距离”特色活动，组建村级广场舞、篮球、书法等各类群众协会12个，群众文娱生活日益丰富。逐步壮大含浦新乡贤联谊会，吸纳40多名新乡贤参与家乡建设。注重文明创建工作，九丰村新时代文明实践站加快建设，芝字港村获评省级文明村。大力推行移风易俗，实现红白理事会全覆盖，出台《含浦街道居民操办红白喜事办法》，每月定期发布“红黑榜”公示奖惩情况，节俭办红白喜事成为新风尚。5月20日《长沙晚报》头版对含浦街道乡风文明工作进行了深入报道。

【基层党建】 全面落实书记抓党建责任，街道工委书记调研走访全街20个党支部，全年专题研究部署党建工作18次；制定完善基层党建工作约谈提醒制度，有效传导责任压力；实行党支部“五化”建设指导员制度，明确每名班子成员联系一个党支部，指导员每年完成“六个一”（一堂生动党课、一次志愿服务、一次组织生活、一次谈心谈话、一次走访慰问、一组结对帮扶）任务。严格落实“三三制”党员发展办法，全年发展9名党员，新培养16名入党积极分子。扎实推进“不忘初心、牢记使命”主题教育，收集意见建议35条，解决群众身边的操心事、烦心事10件，形成高质量调研报告3篇。全街范围内开展“百人千场大宣讲”活动20场，邀请党校教师、“五老”讲师团、班子成员对各支部党员进行培训，“下乡党课”覆盖面广、参与度高、效果明显、深受欢迎。精心组织每月“主题党日”活动，认真开展农村党员冬春训，规范党内组织生活，进一步增强党员的党性意识和党性修养。机构改革顺利完成，一批优秀年轻干部走上中层岗位。在全街进一步树立“重实干、重实绩”的鲜明导向，引导全街党员干部后发赶超、争先进位。充分发挥党员在民生项目、环境保护、乡村振兴等街道中心工作中的先锋模范作用。继续强化党群共建，支持工会、共青团、妇联、新乡贤、科协、商会、老干等人民团体和各类群众团体开展工作，促进干群关系紧密连接。提高党管武装工作水平，国防后备力量建设工作成效显著。认真落实党风廉政建设“两个责任”和党政领导“一岗双责”，全面贯彻从严治党的各项工作要求，扎实推进惩治和预防腐败体系建设，不断深化廉政风险防控机制建设，强化权力运行监督制约，努力做到干部清正、政府清廉、政治清明。积极组织街道党员干部学习《中国共产党纪律处分条例》，集中观看廉政警示教育片，进一步增强廉洁自律意识，筑牢思想防线。坚持“零容忍”查处各类违法违纪行为，共查处违反党风廉政建设案件2起。

【第四届含浦油菜花节举行别样婚礼】 2019年3月31日，第四届含浦油菜花节在含浦街道含泰社区揭开帷幕。开幕式上，一段情景歌舞《执子之手》，阐述了一段街头巷尾传颂的美丽故事。1992年4月，许志礼与未婚妻黄翠云在领取结婚证的路上遭遇车祸，未婚妻下肢瘫痪。虽没有一纸婚约，但许志礼将未婚妻接回家中，精心照顾了27年。2018年年底，许志礼夫妇终于领证成为合法夫妻，但上天却欠了他们一场迟到了27年的婚礼。当天，在岳麓区委常委、区委宣传部部长罗予武，长沙市首届“雷锋传人·长沙榜样”杨士泉等现场数百人的见证下，夫妻双方交换戒指完成仪式。为增添乐趣，开幕式现场还设置了传统技艺互动体验区，前来游玩的市民免费领取剪纸、棕编、面人、糖画、手绘脸谱、糖油粑粑等特色礼物或小吃；开辟了土特产售卖专区，确保游客在游玩之余亦能购买品尝到地道原味的绿色食品；贴心准备了旅游手绘地图，花海、美景、交通、知名的土菜馆，广大市民游客可按图寻味乡野美食。

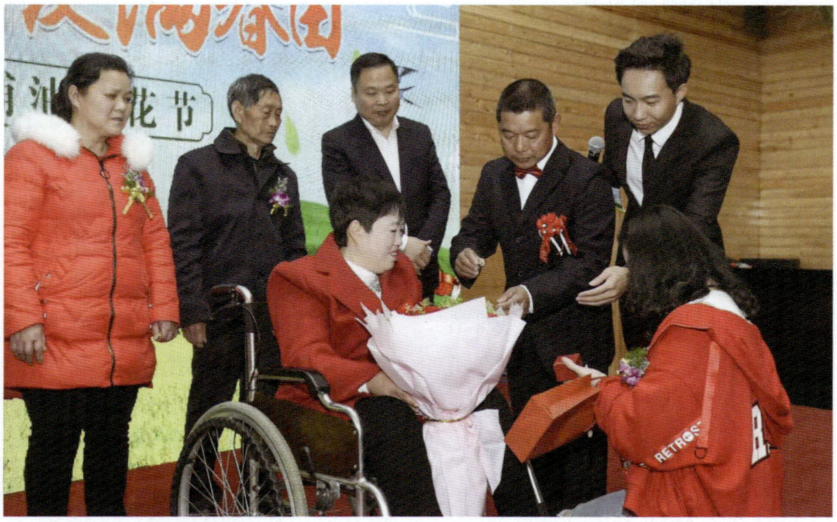

2019年3月31日，在“含浦花开 爱满春田”第四届含浦油菜花节开幕式上，“中国好人”许志礼与妻子黄翠云举行了一场别样婚礼

【第二届“乡村文化体育节”】 5月10日，含浦街道在九丰村铁符坝文化广场举行“乡村文化体育节”开幕式，并以拔河比赛作为开场。10支代表队160余人上演了一场力量、技巧、团结的荣誉之战。最后通过淘汰赛、复活赛、决胜局的三轮激烈角逐，含泰社区队连战连捷，获得第一。该届“乡村文化体育节”还举行了羽毛球赛、农民书法比赛、趣味运动会等形式多样的文化、体育活动，进一步推进全街精神文明建设、凝聚集体团结的力量、增加全民体育健身意识，让群众拥有更多、更实在的获得感和幸福感。

【2019年岳麓区“文化直通车·民心零距离”】 8月31日，“文润千家情满岳麓”2019年岳麓区“文化直通车·民心零距

离”巡演活动走进含浦街道，为含浦街道的广大村民群众奉上文化盛宴。在含泰社区君子文化广场，花鼓戏表演《我们村的喜事多》、民乐合奏《花鼓琴韵》、情景歌舞《邻里之间》等各式各样的演出让大家目不暇接、眼前一亮，参演人员通过不同形式的表演，展现了岳麓区日新月异的发展，让现场群众切身感受到身为岳麓人，不断向上的美好生活。伴随着显示屏播放“中国好人”许志礼和他的妻子黄翠云的一幕幕生活场景，朗诵者深情诵读《承诺》，现场观众不禁为他们27年的坚守不渝而动容。活动现场还邀请到四位含浦街道新乡贤联谊会的成员，秉承着“扶危济困、传递社会正能量”的立会宗旨，推进含浦社会经济发展，乡贤们为即将迎来新学期开学的8名贫困学子送去助学慰问金共16000元。

【“好山好水好人”评选发布活动】 以“好山好水好人”为主题，含浦街道在全街道范围内开展“含浦好人”评选，通过群众公推、村组把关、街道审核的方式，各村（社区）每月推选出一名“含浦好人”，2019年评选“含浦好人”12名。他们中有坚持20年为智力残疾邻居送上一日三餐的周石冬、宁爱华夫妇，有用柔肩撑起一个家的好儿媳袁莎，有照顾两个特殊孩子的好嫂子王金莲，有坚持绿色蔬菜种植的追梦人周厚德，有扎根农村教育34年的农村教师陈小红等，含浦好人们用朴实和执着践行着雷锋精神。

莲花镇

【概况】 2019年，莲花镇下辖11个行政村，1个社区，总人口17367户、50323人。镇域面积11300公顷，其中耕地面积2787.61公顷，农作物播种面积552.60公顷。2019年，莲花镇获评“长沙市第二批特色小（城）镇”“长沙市十佳文旅特色小镇”桐木村获评“中国美丽休闲乡村”，曾家桥村获评省级、市级美丽乡村，五丰村获评市级美丽乡村，新中长村马厂山组、云集村上官冲组和东塘村龙子屋场获评区级“美丽村落”。曾家桥村、五丰村获评省级“两型村庄”，五丰村、新中长村获评市级“两型单位”。桐木—曾家桥村管水治水护水经验获数十家中央及省、市媒体集中推介。

【经济发展】 2019年，完成区级税收477万元，同比增长24.38%；完成基础性税收429万元，同比增长65.32%；完成固定资产投资7.5亿元；实现规模以上工业企业总产值1.70亿元；限额以上商贸业营业额416万元；规模以上服务业营业额1123万元；新增市场主体400家。“小升规”企业2家。

【项目建设】 与独角兽企业满帮集团签约，打造长沙智慧物联港项目，一期征拆腾地面积28.07公顷，涉拆村民69户、195人，实现45天房屋拆除清零，提前22天完成签约，提前35天完成房屋倒地，刷新长沙市农村集体土地项目征拆纪录。打造“特色小镇+研学旅行+现代农业”发展样板，“望山耕读”18.67公顷研学项目开园营业，莲花山花海基地项目启动建设。启动气象公园二期、莲花供电所项目征地拆迁工作；完成110千伏变电站项目规划选址及征拆前期调查工作；切实维护岳宁公路改接线施工环境，协调处理各类遗留问题，指导龙台、龙洞安置小区完成规划选址、方案设计、地质勘探等工作。处理莲花社区及桐木村公交停车场建设租地征地遗留问题。产业发展方面。深耕厚植花卉、苗木、蔬菜、果业4个千亩基地，积极引导向第三产业转型升级，优化产业结构，延伸产业链条，增加产品附加值。圣峰果业2019年实现产值1600万元，爱格花卉2019年实现营业收入5000万元。大力扶持民宿产业发展，莲遇、枕山小院、莲花书栈、风吟谷等品牌民宿发展迅猛。成功举办2019长沙（莲花）新春花市暨岳麓区特色农产品推介会。定期走访驻镇企业，了解问题需求，指导锦陆等6处搅拌场项目完善国土、规划相关手续；指导鹏润、爱格、龙洞、森馨舒等产业项目办理设施农用地及建设用地手续；收集有征地需求的6个重点产业项目基础资料，协调对接，推进农用地转用、征收手续办理，有力助推企业高质量发展。村级集体经济发展方面。大力推广“四型”村级集体经济模式（土地合作型、资源开发型、物业经商型、乡村服务型），制发《莲花镇发展壮大新型村级集体经济实施方案》，支持村级集体经济做大做强。桐木村发展物业经营型经济，村级集体经济年收入达30万元；云集村、东塘村、云盖村以集体建设用地入股产业项目，村级集体经济年收入突破50万元；五丰村成功引进“莲花山滑翔伞基地”、艺术培训学校等产业合作项目，村级集体经济年收入突破

60万元。

【美丽乡村建设】“治水”工作。建立镇、村两级河长制体系。坚持“源头治污、定期治淤、生态治岸、精准治脏、铁腕治违”，精心打造桐木—曾家桥村管水治水护水样板，管护经验获数十家中央及省、市主流媒体集中推介。建设东塘村污水处理工程，健全农村生活污水净化处理体系。完成东塘村生活垃圾热处理项目前期手续。实施2019年度40处冬修水利项目建设。“治房”工作。完成2018年城乡建设用地增减挂钩项目36.37公顷验收、结算送审，启动第二批增减挂钩项目建设，复绿面积30.31公顷。启动2019—2035年国土空间规划编制工作，规范村民建房规划建设，完成云盖等6个村村庄规划编制工作。开展“大棚房”问题专项清理整治行动，拆除“大棚房”13处。“治厕”工作：坚持统一标准、统一施工、统一验收、统一编号，对材料采购和施工过程进行全方位把控，确保质量过硬，验收达标。全年完成1200余座新厕改造，农村169座旱厕实现无旱化改造。“治垃圾”工作。完成6个村生活垃圾分类减量工作，配发分类垃圾桶6539套，配置垃圾清运车35辆，垃圾分类实现全覆盖。完成环卫保洁市场化，建立垃圾分类长效管理机制。启动生活垃圾热处理项目建设，打造“生活垃圾不出镇”样板。“治风”工作。在云集村试点建设新时代文明实践站，打造农村思想文化宣传阵地。制定《莲花镇倡新风反陋习工作实施方案》，践行“婚事新办、丧事简办、其他事项一律不办”。选树表彰第二届“莲花新乡贤”14名，传承乡贤文化、弘扬乡贤精神。鼓励村民积极投入美丽乡村建设，创建“美丽村组”2个、五星“美丽庭院”42户、四星“美丽庭院”78户、三星“美丽庭院”1000户。举办湖南第八届农民工春晚，开展“文化直通车民心零距离”、重阳节文艺会演等系列群众文化活动，倡导文明和谐新风尚。蓝天碧水净土保卫战。对辖区主要道路集中开展植树种草复绿活动，举行植树活动13次，复绿面积9.33公顷，重点打造岳宁大道“百里生态花卉走廊”。常态宣传、全天候巡查秸秆、垃圾露天焚烧和森林防火，查处露天焚烧垃圾秸秆3起。

【社会综合治理】完善社会治理体系。瞄准“地域全覆盖、社情全摸清、服务全方位”目标，搭建便民服务等平台，整合综治、公安、司法等力量。全年梳理回应群众诉求700余件，一线落实300余件惠民实事，一线化解100多起矛盾纠纷。“12345”热线工单满意度99%。平安创建工作。开展禁毒、反邪、预青宣传“进学校、进单位、进家庭、进场所、进农村”活动，覆盖人数超过90%。强化对易肇事肇祸精神病人管控工作，开展全面摸排调查，签订《监护协议》17份，新增在册患者4人。全面开展扫黑除恶专项斗争，发放宣传资料2万余份，甄别处理10条涉黑涉恶线索，赢得中央督导组高度肯定。坚持“打防结合，预防为主”，长效开展禁毒工作，建立吸毒人员台账，抓回失控人员3人，落实中高风险吸毒人员“六包一”管控责任。全力做好信访工作，接待来访群众200余人次，化解信访积案2宗。开展安全生产教育培训，分发各类宣传单2000余份，组织各类安全培训24场，累计受训800余人，全年没有发生一例安全生产责任事故。专项整治行动。开展复杂公共场所和治安乱点隐患排查4次，排查整治乱点4处。围绕烟花爆竹、民办教育、文化娱乐等行业，开展“打非治违”专项行动，排查整改安全隐患90余处。开展黄桥大道两厢环境综合整治，纠治32家无证经营、店外经营等问题。联合公安、城管、治超、交警等力量，对公路“三乱”行为进行专项整治，对违章、超高、超速及砂石撒漏等行为进行全面检查，查处车辆80余台。加强交通安全基础建设，整治安全隐患点30余处，安装护栏1400余米、警示柱600余根、警示标志200余块。抓“戴帽工程”的落实，发放安全头盔2600余顶，宣传资料6000余份，路面劝导800余人次。

【民生保障】按照“应保尽保、分类施保、动态管理、公开公示”的要求，统筹开展助残、救孤、济困、助学等工作，发放各类低保、补贴、补助、救助资金800余万元。积极做好劳动保障工作，完成1.2万余人次的居民养老保险征缴，医疗保险覆盖率100%。举办2019“春风行动”等招聘会，城镇新增就业50人，失业人员再就业70人，农村劳动力转移就业120人。开展“八一”建军节、建国70周年及烈士纪念日等慰问活动，走访慰问重点优抚对象，关心关怀军属军烈，增强社会认同感。完成1万余户高龄老人认证工作，申报4个长沙市特困老人家居适老改造“千人计划”项目。拓改实验五小、双枫中学至集镇公路，有效解决师生出行难问题。全域开展健康促进工作，设立便民服务角，组织健康义诊活动21场次，举办安全急救、合理膳食、爱眼护眼等健康知识讲座42场次。开展土地确权、集体经济组织成员资格认定，颁发确权证10646本，认定农村集体经济组织成员资格11410户45948人。完成松材线虫病防治工作，处理疫木37010株；抓好非洲猪瘟和动物春秋防控工作，扑杀瘟猪1269头，无害化处理3480头。

【队伍建设】 开展“不忘初心、牢记使命”主题教育，严格落实“守初心、担使命，找差距、抓落实”总要求，坚持“四个贯彻始终”，组织主题党日活动117余次，为群众办实事、办好事1802件。主题教育期间，镇领导班子整改问题16个，领导班子个人整改问题134个，普通党员整改问题3496个。持续推进党支部“五化”达标建设，达标率90%。整顿帮扶软弱涣散村（社区）党组织，优化党组织阵地，凸显党建服务基层治理特色，重点打造云集村上官冲组、莲花社区幸福吧屋场党建示范阵地。紧扣村级重要事务，创新“3+X”主题党日活动，倡导党员广泛参与，金华村、东塘村丰富形式过好党员政治生日，莲花社区、五丰村积极探索党员参与民主议事。加强基层干部队伍建设，表彰3个先进党组织、30名优秀共产党员、10名党务工作者和20名党员志愿者。结合春节和“七一”建党节，走访慰问45名困难党员和优秀党员代表。开展“认清黑恶势力、主动检举揭发”主题党日活动，全镇1618名党员签订《党员干部不参与涉黑涉恶承诺书》。开展“猜灯谜、话党建，欢乐闹元宵”系列活动，激发基层党建活力。完成全镇机构改革设置调整工作，整合资源力量，提高办事效率。改革后统一设置6个党政机构（党政综合办公室、基层党建工作办公室、农业农村工作办公室、社会事务办公室、自然资源和生态环境办公室、社会治安和应急管理办公室），4个镇属事业单位（农业综合服务中心、村镇建设综合管理服务中心、政务服务中心、退役军人服务站），1个执法机构（镇综合行政执法队）。优化整合政务服务中心和网格化管理服务中心资源，完善村（社区）一站式服务大厅建设，建设“互联网+政务服务”一体化平台，梳理37项高频办理事项，制作办事指南，完善一次性告知、限时办结等制度；开通帮代办服务，全年帮代办事项2000余件，实现“就近跑一次”，甚至“一次都不跑”。严格落实党风廉政建设工作责任，对涉及重点工程、惠农资金、工作纪律、群众纪律等违纪行为，运用第一种形态教育党员干部20人次，办理案件10起，违纪典型案例在全镇范围内进行通报，强化警示教育效果。

1月20日，湖南第八届农民工春节联欢晚会在莲花镇举办

【湖南第八届农民工春节联欢晚会上演】 1月20日，湖南第八届农民工春节联欢晚会在岳麓区莲花镇长沙市示范性综合实践基地激情上演。来自全省的农民代表共1100余人，欢聚一堂共同迎接即将到来的新春佳节。

【“多彩漫谷缤纷名产”2019长沙（莲花）新春花市】 1月27日，“多彩漫谷缤纷名产”2019长沙（莲花）新春花市暨岳麓区特色农产品推介会在莲花镇爱格设施农艺园正式开幕。现场，不仅有近200万盆鲜花迎春绽放，更有韭黄、糙米、鮰鱼、羊肚菌、特色水果等岳麓农产名品供广大游客、市民选购。

【发放土地确权登记证书】 2月28日，莲花镇党委书记文志龙、镇长黄伟等网格长们进组入户，将农村土地承包经营权证送到农户手中。

【义务植树活动】 3月27日，莲花镇全体机关工作人员到岳宁大道两厢开展义务植树志愿服务活动，莲花镇党委书记文志龙参加。累计在岳宁大道两厢栽种桂花树5000棵，复绿面积达1.33公顷。

【扫黑除恶工作】 4月21日，中央扫黑除恶第16督导组副组长马

7月16日，圣峰果业顺利通过国家水果综合标准化示范区验收

瑞民，带领第三下沉小组部分成员，对莲花镇扫黑除恶专项斗争工作进行专项督导，充分肯定镇扫黑除恶专项斗争工作。

【莲花镇入选第二批长沙市特色小（城）镇】 5月6日，长沙市公布第二批长沙市特色小（城）镇名单，共12个乡镇（产业区域）入选，莲花镇入选。

【圣峰果业顺利通过国家水果综合标准化示范区验收】 7月16日，莲花镇圣峰果业顺利通过国家水果综合标准化示范区验收，并以90.71的高分获评优秀项目。圣峰果业于2017年挂牌“国家级水果综合标准化示范区”，在第九批国家农业标准化示范项目计划中，为长沙市唯一获批项目，实现岳麓区农业标准化示范区零的突破。

【庆祝建军92周年退役军人代表座谈会】 8月1日，在雄壮的国歌声中，莲花镇召开庆祝建军92周年退役军人代表座谈会，镇党委书记文志龙向军人同志们致以节日的问候，共同怀念军旅岁月的荣光，畅谈莲花发展愿景。

【文艺巡演】 8月31日晚，“文润千家，情满岳麓”岳麓区2019“文化直通车、民心零距离”巡演活动莲花镇专场演出，受到群众的热烈欢迎。现场有近2000名群众共享文化盛宴。

【媒体推介】 10月10日，中央网信办、水利部牵头组织人民网、新华网、中国网、央视网、国际在线等多家重点新闻网站编辑记者，到莲花镇开展全国“美丽河湖”网络媒体采访活动。采访团一行实地考察莲花镇小微水体管护情况，镇党委书记文志龙详细介绍了莲花镇在小微水体建设和污水处理等方面所做的工作。

雨敞坪镇

【概况】 雨敞坪镇辖7村1社区，2019年常住人口12113户、36593人，镇域面积77.052平方千米。

【经济发展】 2019年，完成区级税收108万元，为年度任务的108%，区级基础税收83万元，为年度任务的166%，年完成固定资产投资3.6亿元，新增企业及注册个体户294家，新入驻企业3家，新培育“四上”工贸企业1家。完成全国第四次经济普查工作，普查率100%。培育农业产业亮点，在扶持壮大“岳麓韭皇”“果趣谷”等本土品牌的基础上，继续挖掘和培育新的特色品牌，助推农业产业差异化发展。以打造“万亩韭黄”为目标，以湘润、裕成等企业为带动，推进韭黄扩面提质，2019年，韭黄种植面积扩增144.2公顷，种植总面积达365.93公顷。以果趣谷主题创意农庄、三飞农场、湘润农业采摘园等为重点，实行“线上+线下”宣传推介模式，提高本地休闲农业企业知名度，吸引都市人群开展体验式田园旅游，以“民宿+观光+农耕体验+旅游”的模式发展现代休闲农业，2019年接待游客4万人，畅售黄桃、葡萄、西瓜、无花果等本地农产品，产生经济效益700万元。不断优化发展环境，推进绿色有机农业园建设，完成园区渠系整治和小微水体管护示范片区建设工作。推动乡村振兴示范片区建设，完成路边环境整治、示范村立面改造和小塘湾、十亩丘美丽屋场建设。出台《雨敞坪镇农村集体产权制度改革工作实施方案》，完成农村集体经济资产核资、组织成员资格认证工作。盘活闲置学校、旧厂房、老村部等物业设施，用活集体建设用地增减挂钩政策，发展物业经营型、资源开发型经济，提高村级集体经济收入水平。持续开展企业帮扶行动，帮助企业解决基础设施、生产用地、用电等方面的问题17个。

【环境治理】 推进农村“五治”工作，优化农村人居环境。坚决打赢蓝天保卫战，处置焚烧垃圾和秸秆行为50余起，覆盖裸露黄土2000平方米，实现燃煤燃烧点“清零”。调查农村住户厕所8975户，完成旱厕改造291户、无害化卫生厕所改造770户。完成泉宏村、西湖村和雨敞坪社区垃圾分类减量示范村建设并通过验收，8个行政村（社区）全部实现垃圾分类。整治6处农民违法建房，整改卫片图斑2处，拆除违法建筑2000余平方米，复绿复耕0.27公顷。开展大棚房专项整治，拆除违规大棚房4处。推进污水集中处理，完成寺塘片区小微水体整治。完善乡村民约和村规民约，党员带头节俭操办婚丧喜庆事宜，红白理事会主动服务，大力推广使用电子礼炮。

【民生保障】 2019年，村组公路硬化14千米，“白改黑”提质改造23千米。投资200万元对派出所办公楼、户政室、警务室进行提质改造。投资1107万元对集镇污水处理厂进行提质改造，新建主管网1.7千米，修复1.6千米。完成岳宁公路5处互通和24处改路施工。建设全市第一个乡镇级水利信息平台并投入使用，推进水利、综治等一体化管理。推进农田水利建设，筹集资金350万元，完成山塘整治项目81处、渠系疏浚及护砌工程32处、小河坝治理14处。全年受理热线工单242件，办结率和满意率100%。完成特困供养人员失能半失能护理签约工作，配合做好“全国健康促进区”创建工作，建设健康步道2处，创建健康村2个，评选健康家庭23户。组织无偿献血活动2次，超额完成年度任务。100%铺排老年人体检、妇女病查治、“两癌”筛查、新生儿筛查等公共卫生服务工作。调整辖区学校布局结构，组建博才雨敞坪学校，教育资源逐步优化强化。配合完成辖区配套幼儿园摸底工作，严格实行校外培训机构备案管理制度，确保辖区内无无证办学机构。

【社会管理】 以新卯村为试点，探索建立“党建+群众自治”基层社会治理“334”工作机制（三项服务：服务党员、服务群众、服务发展；三张清单：村级微权力、村务公开、村级民主决策；四共模式：共商、共建、共治、共享），促进党群关系融洽，激发群众参与自治，新卯村基层治理经验在全区庆祝建党98周年大会上推广。镇党委组织基层治理经验现场观摩交流会，以点扩面，在全镇推广。开展新时代文明实践活动，设立文明实践基地41个，组建志愿服务队伍34支，全年开展庆元宵、爱护地球、关爱留守儿童、爱心捐款、居民义诊、公益捐书、乡村少年宫暑期实践、慰问百岁老人等活动100余次。推进社会环境和谐，围绕“两会”、建党98周年、中华人民共和国成立70周年等重要节点，多措并举维护大局稳定。开展扫黑除恶专项斗争，摸排上报有效线索3条。全面落实禁毒责任制，加大宣传力度，打造“禁毒宣传百米长廊”，强化人员管控，社区戒毒（康复）人员管控率100%。全年开展安全生产检查154次，排查隐患问题40余个，顺利通过市级安全生产示范乡镇复评验收。

【队伍建设】 增强主责意识，夯实党建基础。严格落实党支部“三会一课”、主题党日、组织生活会和民主评议工作制度，完善支部“五化”建设，支部达标率100%，组织党员冬春训和入党积极分子培训，开展庆“七一”系列活动，推动组织生活正常化、规范化。成立“李应平书记工作室”，开展党员亮身份活动，以点带面推广特色亮点。开展“不忘初心、牢记使命”主题教育，领导干部主动送学，到联点村上党课11次；围绕乡村五治、社会治理开展考察调研，形成调研报告3篇；按照“四个对照”要求，检视问题找差距，立查立改。提高政治站位，严格落实意识形态工作主体责任，全年4次召开党委会议研究部署相关工作，制定《雨敞坪镇领导班子意识形态责任清单》。构建意识形态镇村研判体系，组织召开2次意识形态领域形势分析研判会。围绕学习习近平新时代中国特色社会主义思想抓实理论武装工作，2019年，党委理论学习中心组组织理论学习专题会12次，开展“百人千场大宣讲”27次，举办环保、健康等主题讲座21次，组织意识形态工作专题培训1次。落实从严治党，深化作风建设。深入推进违反中央八项规定精神突出问题治理，开展中共十八大以来纪律处分执行情况回头看。充分运用监督执纪“四种形态”，抓早抓小，严格查处党员违纪违法案件。全年开展监督检查30余次，给予通报批评17人次、给予提醒谈话1人次，形成正风肃纪高压常态，督促镇村干部守纪律、转作风。

【举办第二届“新乡贤”评选活动】 2019年12月4日，岳麓区雨敞坪镇第二届“新乡贤”颁奖典礼在镇“乡贤广场”举行，此次颁奖典

12月4日，雨敞坪镇举办第二届“新乡贤”颁奖典礼

礼由长沙市文明办、中共岳麓区委宣传部主办，中共岳麓区雨敞坪镇委员会、岳麓区雨敞坪镇人民政府承办。评选活动历时两个月，经过举荐、联审、考察、投票、公示等环节，最终邓利雄、杨玉英、宁新奇、周国忠、李新华、史雪超、胡驰名、文滟、李罗安、文建强获评雨敞坪镇“新乡贤”，周三明、周德明、张雪平、刘正明、吴治宇获评雨敞坪镇“新乡贤”提名奖。他们是“创业带富”的80后，是“家风优良”“孝老爱亲”“助人为乐”的好榜样，是“乡村五治”的代言人。

【岳麓区博才雨敞坪学校正式挂牌】2019年5月22日，岳麓区博才雨敞坪学校揭牌仪式在雨敞坪镇原麻田中学开启，岳麓区教育局、雨敞坪镇等相关部门负责人参加仪式。岳麓区博才雨敞坪学校由雨敞坪镇原麻田中学、嵇山中学、青山小学、瓦灰小学四所学校合并而成，自2019年下学期起由湖南师大附中博才实验中学全面接管。该校挂牌促进了城乡教育资源均衡化，让雨敞坪镇的孩子们在家门口也能上好学校、享受优质资源。

【打造文明实践“岳麓样板”】2019年，作为岳麓区唯一的长沙市首批新时代文明实践所试点建设单位，雨敞坪镇按照“1346”模式，即一个主题（乡贤）、三张清单（文明实践阵地、文明实践队伍、文明实践活动）、四大载体（文化站、文化礼堂、图书馆、党小组活动室）、六大抓手（讲、评、帮、乐、庆、育），完成新时代文明实践所展厅及乡贤广场等阵地建设，打造乡贤特色基地9个，设立文明实践基地41个，组建志愿服务队伍34支，开展文明实践活动100余场次。雨敞坪镇新时代文明实践经验做法获中宣部“学习强国”App宣传推介。

附 录

榜上有名

（排名不分先后）

2019年岳麓区获国家（部委）奖励（命名）单位一览表

表1

获奖单位	获奖名称	授奖单位
岳麓山风景名胜区管理局	保护森林和野生动植物资源先进集体	林业和草原局
洋湖湿地公园	国家级湿地公园	林业和草原局
望月湖街道人民调解委员会	“大排查、早调解、护稳定、迎国庆”专项活动表现突出集体	司法部
区检察院	全国检察宣传先进集体	最高人民检察院
区人民法院刑事审判庭	人民法院刑事案件认罪认罚从宽制度试点先进集体	最高人民法院
区人民法院	全国法院司法宣传先进单位	最高人民法院
梅溪湖润龙社区	综合减灾示范社区	应急管理部
岳麓高新区湖南继善高科技有限公司	大深度高精度广域电磁勘探技术与装备技术一等奖	科技部
赛恩斯环保股份有限公司	冶炼多金属废酸资源化治理关键技术发明二等奖	科技部
长沙市岳麓区圣峰果业有限公司	国家水果综合标准化示范区	农业农村部
新贵养殖场	水产健康养殖示范场	农业农村部
湖南省星海农副产品开发有限公司	水产健康养殖示范场	农业农村部
西湖街道	湖南省文明单位	省文明委
区教育局	湖南省文明单位	省文明委
区委组织部	全国基层党建宣传示范单位	人民网·中国共产党新闻网
区人民法院	优秀直播法院	中国法院国际互联网络
望月湖卫生服务中心	中国社区卫生协会培训基地	中国社区卫生协会
望月湖卫生服务中心	神经系统疾病专病社区队列研究表现突出	中国疾病预防控制中心营养与健康所
岳麓山风景名胜区管理局	中国菊花展览会标准展台竞赛金奖	第十三届中国菊花展览会组织委员会
	中国菊花展览会白菊赛竞赛银奖	
桔子洲街道湖大社区	2019全国社区网络春晚优秀组织奖	中国社区发展协会、志愿服务联合会、志愿服务基金会

2019年岳麓区获国家（部委）奖励（命名）个人一览表

表2

所在单位	获奖人	获奖名称	授奖单位
上善助残服务中心	谢向前	中国好人	中央文明委
含浦街道干子村	许志礼	全国道德模范提名奖	中央宣传部
西湖街道省肿瘤医院	李　赞	中国好人	中央文明委
区人民法院	刘　群	全国维护妇女儿童权益先进个人	全国妇联
区环保局	谭星明	长江入河排污口现场排查工作（第一批）表现突出人员	生态环境部
含浦街道　含泰社区	向茂林	湖南好人	湖南省文明委
区人民检察院	王　俐	全国检察宣传先进个人	最高人民检察院
区人民法院	冯　芳	优秀直播法官	中国法院国际互联网络
区文旅体局	谈　红	全国2019年太极拳公开赛总决赛女子甲组传统武式太极拳一等奖	中国武术协会
区残联	陈文圳	轮滑赛金奖3、银奖2	中华人民共和国第十届残疾人运动会暨第七届特殊奥林匹克运动会组织委员会
	李腊梅	田径赛金奖1、铜奖2	
	刘　立	盲人柔道金奖	

2019年岳麓区获省（厅局）奖励（命名）单位一览表

表3

获奖单位	获奖名称	授奖单位
区检察院	全省先进基层检察院	湖南省人民检察院
区检察院	全省检察机关公益诉讼先进单位	湖南省人民检察院
区委组织部	全省组织工作先进集体	省委组织部、省人社厅
区妇联	2019湖南省宣传工作先进单位	省妇联
区财政局	全省财政税收法制工作绩效评价先进单位	省财政厅
区税务局	湖南省税务系统基层党建工作示范点	省税务局
区税务局	湖南省税务系统“四合”示范单位	省税务局
区税务局	湖南省税务系统“五化”先进党支部	省税务局
麓山景区	2019年宪法进宾馆（景区）先进单位	省文化和旅游厅、司法厅
长沙众益农业开发有限公司	湖南省现代农业科技园	省农业农村厅

续表 3

获奖单位	获奖名称	授奖单位
区司法局望城坡司法所	全省司法工作表现突出单位	省司法厅
咸嘉湖街道荷叶塘社区	全省和谐社区建设示范社区	省民政厅
桔子洲街道	湖南省五四红旗团支部（总支）	共青团湖南省委
桔子洲街道学堂坡社区	湖南省五四红旗团支部（总支）	共青团湖南省委
岳麓街道湘桥社区	湖南省综合防灾减灾示范社区	省应急管理厅
望月湖街道岳龙社区	湖南省老年教育学习体验基地	湖南省教育厅
湘江新区农商行	湖南省农村信用社等级考核先进单位	省农村信用社
湘江新区农商行	湖南省农村信用社绩效考核先进单位	省农村信用社
区委党校	全省党校行政学院系统科研示范单位	省委党校
区公安分局网保大队	在全省微改革微创新大赛中“重点区域态势感知与管控系统”项目荣获银奖	省公安厅
坪塘街道大爱无疆	湖南省先进社会组织	省人社厅、民政厅
坪塘街道大爱无疆	湖南省第四届青年志愿服务项目大赛金奖	共青团湖南省委
坪塘街道上善助残服务中心	“青春志愿行，湘聚 Y—30”湖南省第四届青年社会组织公益创投大赛金奖	共青团湖南省委
梅溪湖街道润龙社区	湖南省多功能残疾人社区康复综合服务示范站	省残联
岳麓街道	省计划生育基层群众自治先进乡镇街道	省计生协会
桔子洲街道	省计划生育基层群众自治先进乡镇街道	省计生协会
桔子洲街道	全省计生协工作先进集体	省计生协会
岳麓街道麓山南路社区	省计划生育基层群众自治先进村居	省计生协会
咸嘉湖街道荷叶塘社区	2019 年全省计划生育基层群众自治先进村居	省计生协会
区检察院	长沙市文明单位	长沙市文明委
梅溪湖街道	长沙市文明单位	长沙市文明委
坪塘街道	长沙市文明单位	长沙市文明委
洋湖街道	长沙市文明单位	长沙市文明委
坪塘街道太平村	长沙市文明村镇	长沙市文明委
岳麓街道云麓园社区	长沙市精神文明建设优秀单位	长沙市文明委
望月湖街道岳龙社区	长沙市文明社区长沙市垃圾分类示范社区长沙市青年之家	长沙市文明委
区文化馆	长沙市文明单位	长沙市文明委
区政协	市政协反映社情民意信息工作一等奖	市政协
区委宣传部区文化旅游体育局	庆祝中华人民共和国成立 70 周年“欢乐潇湘”全省群众文艺会演，歌舞《分类效应》荣获一等奖	省委宣传部、省文化和旅游厅
区文旅体局	全国太极拳赛（湖南站）三等奖	省体育局

2019 年岳麓区获省（厅局）奖励（命名）个人一览表

表 4

所在单位	获奖人	获奖名称	授奖单位
区人民法院	舒秋膂	湖南省审判业务专家	省高院
区司法局坪塘司法所长	彭勇栋	全省司法工作表现突出个人	省司法厅
麓山景区	陈　琴	湖南省红色旅游五好讲解员	省文化和旅游厅
区司法局公共法律服务管理科	刘宁益	湖南省司法为民好榜样	省司法厅
区税务局	赵　琳 雷芳娜	在湖南省国地税征管体制改革专项工作中立三等功	省税务局
区税务局	李　杰 喻　龙 贺伍定	在湖南省国地税征管体制改革专项工作中获得嘉奖	省税务局
含浦街道干子村	周石冬	孝老爱亲“长沙好人”	市文明委
洋湖街道山塘社区	吴启元	长沙市文明家庭	市文明委
区文旅体局	谈　红	全国太极拳公开赛（湖南站）武式太极拳女子 D 组一等奖	省体育局
区审计局	瞿楚亮	武式太极拳男子 E 组三等奖	省体育局
区老干部	刘国珍	武式太极拳女子 E 组二等奖	省体育局
服务中心	周建敏	武式太极拳女子 E 组三等奖	省体育局
区湖湘文化交流协会	武立辉	武式太极拳男子 C 组二等奖	省体育局

2019 年岳麓区获省（厅）以上奖励文章一览表

表 5

所在单位	作者姓名	文章标题	报刊名称
区委宣传部		《湖南长沙：我和我的岳麓》荣获“我爱我的祖国”微视频、摄影作品大奖赛微视频三等奖	中宣部“学习强国”学习平台 中宣部宣传舆情研究中心
区委宣传部		长篇报告文学《深杉“候鸟”汪思龙》获评全省优秀社科读物	省社科联
麓山景区	陈　琴	《让红色故事款款流淌，我与岳麓山共成长》全国征文优胜奖	中国旅游报社
区政协		《高质量谱写社会治理创新的“岳麓篇章”——岳麓区基层社会治理工作调研报告》优秀调研成果一等奖	省政协

续表 5

所在单位	作者姓名	文章标题	报刊名称
区政协	洪　艳	《习近平总书记关于社会主义协商民主重要论述的思想内涵与实践价值》获理论研究优秀论文二等奖	省政协
区委党校	冯　莹	《加强岳麓山国家大学科技城产业注入的调查与思考》获全省党校行政学院系统理论年会二等奖	省委党校
区委党校	黄林峰	《岳麓区区域化党建的实践与启示》获全省党校行政学院系统理论年会二等奖	省委党校
区委党校	周清华	《深化供给侧改革 推动岳麓经济高质量发展》获全省党校行政学院系统理论年会二等奖	省委党校
区委党校	雷　航	《产业园区优化营商环境的实践研究》获全省党校行政学院系统理论年会二等奖	省委党校
区委党校	李双成	《长沙产业结构转型升级调查研究报告》获长沙市党校行政学院系统理论年会一等奖	省委党校
区委党校	黄林峰	《岳麓区区域化党建的实践与启示》获长沙市党校行政学院系统理论年会三等奖	省委党校
区人民法院		《司法改革创意海报》获全省法院新媒体大赛视觉设计类一等奖	省高院
区人民法院		视频《生活需要章法》获全省法院新媒体大赛视频类三等奖	省高院
区人民法院	张　帅	撰写的《审判中心视域下公诉变更制度的异化与复归——以司法场域运行为视角》获第十四届“中国法学家论坛征文奖”一等奖	中国法学会
区人民法院	李金城	撰写的《“疑罪从无”案件的说理标准探究——基于聂树斌案再审案件文书引发的思考》获全省法院第十六届理论研讨会优秀奖	省高院
区人民法院	李金城	撰写的《民事窜货纠纷的司法应对研究》获第十二届“中国崛起法治论坛”三等奖	中部崛起法治论坛组委会
区人民法院	陈湘桃 彭松林	《撰写的〈监察法〉颁布后职务犯罪案卷移送方式探究——以“审判中心主义”为研究背景》获全国法院系统第三十届学术讨论会优秀奖	最高人民法院
区人民法院	舒秋膂	撰写的《“以言取效”：多元调解中“打破僵局”的路径选择——基于哈贝马斯“交往行为理论”的反思》全省法院第十六届理论研讨会三等奖	省高院
区人民法院	陈湘桃 彭松林	撰写的《〈监察法〉颁布后职务犯罪案卷移送方式探究——以“审判中心主义”为研究背景》获全省法院第十六届理论研讨会三等奖	省高院
区人民法院	许振兴	《内幕交易罪案件违法所得裁判规则之探究——兼论域外法律实践及借鉴》获第十二届“中部崛起法治论坛”二等奖	中部崛起法治论坛组委会
区人民法院	赵云冲	《公诉机关指控内容变更合理性之司法应对——以 H 省 C 市法院涉公诉变更案件为样本》获全省法院第十六届理论研讨会三等奖	省高院
区人民法院	龙志宇	撰写的《论认罪认罚从宽制度的完善——以企业法人犯罪为视角》获全省法院第十六届理论研讨会三等奖	省高院

李　杰
李万安
李蜜心（女）
杨正龙
周　立（女）
范　璐（女）
郑明方
禹明华（女）
禹海慧
胡　斌
饶　艳（女）
唐湘辉（女）
徐　平（女）
盛文硕
彭志军
曾　斌
谢　芳（女）
释演法
谭　旭
魏志波

区政协工作部门
办公室
主　　任　范　璐（女）
副 主 任　成应时（2019.4止）
副 主 任　杨　凡（女，2019.8任）
委员学习联络委员会
主　　任　徐　平（女）
副 主 任　陈正文
提案委员会
主　　任　刘红艳（女）
经济科技和外事委员会
主　　任　盛文硕
农业农村和人口资源环境委员会
主　　任　杨正龙
文教卫体和文史委员会
主　　任　周铁军（2019.4任）
社会法制和民族宗教委
主　　任　张　伟（2019.4任）

中共长沙市岳麓区纪律检查委员会

区纪委监委

区委常委、纪委书记、监委主任
李雪龙（2019.4任）
区纪委常务副书记、监委副主任
万　千
区纪委副书记、监委副主任
张晨阳
许文杰（2019.11止）
喻寄宏（2019.12任）
区纪委常委、监委委员
刘　波（女）
张卫名
赵权峰（女）
区纪委常委
黄继承
区纪委常委、区委巡察办主任
喻春晓（女）
区监委委员
谢力兵
皮广林

区人民法院

党组书记、院长
张　帅
党组副书记、副院长
胡　忠
副 院 长　谌晓宇
党组成员、副院长
罗中东
党组成员、工会主席
李亮球
党组成员、政治部主任
罗开颜（女）
党组成员、执行局局长
张卫东
审判委员会专职委员
曹　祥
熊　瑛（女，2019.5止）
谢　澍（2019.5任）

区人民检察院

党组书记、检察长
谢　勇
党组副书记、副检察长
唐悦喜
党组成员、副检察长
廖剑聪
副检察长　周叶芝（女）
党组成员　夏　忠
党组成员、政工室主任
陈晓东
区纪委派驻兼职纪检组长
段　敏（女）
检察委员会专职委员
卜雪凡（女）
检察委员会专职委员
彭　君

长沙市岳麓区人民政府

区委副书记、区长
周　凡
区委常委、常务副区长
蔡　锋
副 区 长　潘旺明（2019.9止）
李　舜（女）
谭应林
刘雄辉
张永久
王　剑
王海潮（2019.9任）

区政府办公室
区政府党组成员、区政府办主任
蒋志国
区政府办副主任
罗 纯（女，2019.8任）
杨 懿（女）
许 博
舒 平
钟昭华
席文诗
谭 言（2019.3任）
林 渊（2019.8任）
区纪委监委驻政府办纪检监察组长
刘 娜（2019.3任）
区政府督查室主任
王 兴（2019.8任）

区发展改革局

党组书记、局长
彭 浩（2019.4任）
党组成员、副局长
周华平
李 莉（女）
周 明
党组成员、纪检组长（派驻）
谭 楠（女，2019.8任）
党组成员、工会主席
虢习全
党组成员、总经济师
谢 承

区教育局

党委书记、局长
李 鸿
副 局 长 周利群（女）
雷 亮
黄瑾辉（女）
区纪委监察委驻区教育局纪检监察组组长
黄 海
区人民政府主任督学
李晓丽（女）

岳麓区科学技术局

党组书记 曹成文（2019.4任）
局 长 余亚锋（2019.12任）
党组成员、副局长
冯江霞（女）
党组成员 欧阳李欢
杨 伟

区工业和信息化局

党组书记 殷智勇
局 长 谢 俊
副 局 长 龙 波
冯 熙（女）
党组成员 叶 剑

区民族宗教事务局

局 长 刘志军（2019.4任）
副 局 长 曾志勇（2019.4任）
虞蓓蓓（女，2019.4任）

岳麓区民政局

党组书记、局长
李思远（2019.4任）
党组成员、副局长
黄奇刚
周 沫（女）
党组成员 张振华
陈汉先

长沙潇湘园管理处

管理处书记、主任
李扬波
管理处副主任
刘 婷（女）
梁荣伟
李 宇（女）
许名贵
黄 婵（女）
刘特珍

岳麓区司法局

党组书记 肖 健
党组副书记、局长
李明清（2019.4任）
党组成员、副局长
周 益
陈治国
党组成员 周友良
夏弟华
副 局 长 陈丽娟（女，2019.4任）
党组成员、政工室主任
倪 伟（女）

区财政局

党组书记、局长
王 洋
党组副书记、副局长
喻林辉（女）
党组成员、总会计师
汪树德
党组成员、区纪委派驻区财政局纪检组长
刘艳群（女）
党组成员、副局长
李应怀（女）
党组成员、区国库集中支付中心主任
雷素平（女）
区国有资产事务中心主任
贺越强（女，2019.4任）

区财政预决算（投资）评审中心主任
程　艳（女）
区财源建设协调事务中心主任
周　专
区财政事务中心主任
刘　婵（女，2019.7止）
汤　律（女，2019.8任）

湖南湘江新区农村商业银行股份有限公司

党委书记、董事长
黄立新
党委副书记、行长
危志成
纪委书记、监事长
周松柏
党委委员、副行长
陈　盛
黄铁强

区人力资源和社会保障局

党组书记、局长
李学军
党组成员、副局长
李　晔（女）
康景阳
崔　凯
党组成员、纪检组长
肖　虎（2019.11任）
党组成员　朱能文

岳麓区住房和城乡建设局

党组副书记、局长
杨　军
党组书记　卞劲松（2019.3任）
副局长　郭忠祥（2019.4任）
党组成员、副局长
杨映红（女）
曾向阳（2019.3任）
付烈山
赵耀方（女，2019.3任）
朱潇健
总工程师　黄雅玲（女，2019.3任）
党组成员　彭海波（2019.3任）
向　军（2019.3任）
黄　程（2019.3任）

区住房保障服务中心

党组书记、主任
曹志武（2019.3任）
党组成员　文伟林
党组成员、副主任
张智权（女）
李治祥

城市房屋征收和补偿管理办公室

主　任　李　磊
副主任　郑明方
黄　浩

区城市建设开发公司

经　理　彭　浩（兼任）
副经理　彭晔凯
龙立新
李喜明（女）
章　谦（女）

区交通运输局

局　长　程继华
副局长　凌长庚（2019.4止）
陈　萍（女）
文双红（女）
左　丹
党组成员　魏拥军

区水利局

党组书记、局长
谢茂华
副书记、副局长
谭　敏
副局长　刘时香（女）
总工程师　宾建光
党组成员　孙荣来
陈志良
区水旱灾害防御中心主任
文　亮（2019.8任）

区农业农村局

党组书记、局长
张献文
党组副书记、副局长
刘　潮（2019.3任）
党组成员、副局长
郭双献（女，2019.8止）
周　辅
农办副主任
彭海军
党组成员　聂其来（2019.11止）
农业综合技术服务中心
主　任　刘　潮（2019.7止）
刘永全（2019.8任）
动物卫生监督所所长
谢荣志

区商务局

党组书记、局长
谢英姿（女）
党组副书记、副局长
周定友
党组成员、副局长
申利荣（女）

党组成员　杨海兵
副 局 长　林　渊（2019.9止）
　　　　　樊　勇（2019.10任）

区文化旅游体育局
党组副书记、局长
　　　　　李玲艳（女）
党组书记　邓浩宇（2019.3任）
党组副书记、副局长
　　　　　付杜娟（女）
党组成员　黎中华
　　　　　陶季君
　　　　　李启国
党组成员、副局长
　　　　　赵洪卫
　　　　　鲁　婷（女，2019.3任）
文化市场综合执法局副局长
　　　　　胡常红
图书馆长　杨　娟（女）
文化馆长　盘易安

区卫生健康局
党组书记、局长
　　　　　钟贵荣
纪检组长　黄　海
党组成员　蔡振宇
　　　　　彭上红
　　　　　康　勇
副 局 长　徐　进（女）
　　　　　李国华
　　　　　周　燕（女）

区审计局
党组书记、局长
　　　　　张武强
党组成员、副局长
　　　　　吴　文
　　　　　李　盼
党组成员、副科级纪检员
　　　　　喻亿平
党组成员、总审计师
　　　　　王　霞（女）
政府投资审计中心主任
　　　　　刘小曲（女）

岳麓区退役军人事务局
党组书记、局长
　　　　　刘　勇
党组成员、副局长
　　　　　周　庆
　　　　　张红光

区应急管理局
局　　长　周　波
党组书记　徐　勋
副 局 长　徐　纹（女）
　　　　　尹异凡
党组成员　邓德辉
　　　　　臧全冠
总　　工　李建钢
政工室主任
　　　　　刘　婵

区市场监督管理局
党组书记　李　季（2019.3任）
党组副书记、局长
　　　　　晏应龙（2019.3任）
党组副书记、副局长
　　　　　冯林彬（2019.3任）
　　　　　沈建明（2019.3任）
　　　　　谭建军（2019.3任）
党组成员、副局长
　　　　　邓　敏（2019.3任）
　　　　　黄　文（2019.3任）
　　　　　谭　葵（2019.11止）
　　　　　戴世文（2019.3任）
　　　　　伍　进（2019.3任）
　　　　　文国良（2019.3任）
　　　　　谭德明（2019.3任）
　　　　　颜铁坚（2019.3任）
党组成员　袁　蕾（2019.3任）
　　　　　李建红（2019.3任）
　　　　　覃　亮（2019.3任）
副 局 长　张　健（2019.3任）
副科级纪检员
　　　　　杨辉宇（2019.3任）
市场监管综合执法大队长
　　　　　彭志军（2019.3任）

区统计局
党组副书记、局长
　　　　　邓爱武（女）
党组副书记、副局长
　　　　　刘宏宇
党组成员、副局长
　　　　　李　耀（女）
　　　　　石　锋（女）
区统计普查中心主任
　　　　　曾　敬（女）

长沙市岳麓区城市管理和综合执法局
党委书记、局长
　　　　　周　永
党委委员、副局长
　　　　　余新跃
党委委员　邹永忠
　　　　　尹新生
区纪委驻派纪检组长
　　　　　邹品德
副 局 长　刘味珍
　　　　　晏海元（2019.8任）

岳麓区城市管理综合执法大队

党委书记、大队长
周　永
党委副书记、教导员
吴　君
党委委员、常务副大队长
李凌云
党委委员、副大队长
朱　斌
李　玉（2019.8任）
彭　咸
陈　为（2019.8任）
党委委员　刘　畅
宋长辉

行政审批服务局

党组书记、主任
刘双知（2019.3任）
党组副书记、副局长
刘孙成
党组成员、副主任
吴　广
谭水清
党组成员　李哲鹏
区数据资源中心
主　　任　葛建武

区信访局

党组书记、局长
廖　曦（2019.4任）
党组副书记
周国界（2019.7止）
党组成员、副局长
鲁爱华（女）
刘　忠
程宇标
党组成员　黎　明

区医疗保障局

党组书记、局长
吕　瑛（女，2019.3任）
党组成员、副局长
李朝东（2019.3任）

区机关事务中心

主　　任　彭国宏
副 主 任　刘定见
邓志勇
欧阳均

岳麓区征地服务中心

主　　任　黄　硕
副 主 任　李　伟（女）
黄　海
李　敏（女）
代惠琼（女，2019.7止）

岳麓区金融事务中心

主　　任　罗　纯（女）

区公共工程建设中心

党组书记、主任
杨桂华（女）
党组成员、副主任
张立清
王芝萍（女）
党组成员
王　颖
伍国裕

区现代服务业发展中心

主　　任　龚　常
副 主 任　周　旋（女）

麓山控股集团

党委书记、董事长
黄　兴
党委副书记、总经理
李　曼（女，2019.4任）
纪检组长　闵志群
副总经理　谢　力
周育林
雷　凌（女）

区市政设施维护中心工作

主任、党组副书记
单旭红
党组书记　梁　鼎（2019.3任）
副主任、党组委员
周　锋
徐国泉
曾国军
潘文军
曾世凡

岳麓区市容环境卫生维护中心

主　　任　周　宇（2019.3任）
副 主 任　周雨成
李　军
宋　芳（女）

区园林绿化维护中心

党组副书记、主任
谢立华
党组书记　戴铁华
党组成员、副主任
周　哲
陈代辉
陈金祥
唐金花（女）

岳麓区总工会

区人大常委会副主任、区总工会主席
　　　　华　良（2019.11止）
　　　　张　淳（2019.12任）
常务副主席
　　　　钟贵荣
副 主 席　王莲霞（女）
　　　　王德生

共青团岳麓区委员会

书　　记　谈玉璜（女，2019.8止）
　　　　魏镇男（女，2019.8任）
副 书 记　魏镇男（女，2019.8止）

区妇女联合会

主　　席　刘　湘（女）
副 主 席　李　红（女，2019.8任）

区残疾人联合会

理 事 长　毛远志
副理事长　周海宁（女，2019.8任）

区工商业联合会

区政协副主席、主席（会长）
　　　　卜茂荣
党组书记、第一副主席（副会长）
　　　　罗国良（2019.5止）
　　　　李学军（2019.12任）
副主席（副会长）
　　　　赵　俊（女）
党组成员、副主席（副会长）
　　　　刘　成
党组成员　邓余良

岳麓公安分局

区政府副区长、区公安分局党委书记、局长
　　　　谭应林
党委副书记、政委
　　　　刘志敏
党委副书记、常务副局长
　　　　佘朝晖（2019.2任）
党委副书记、副局长
　　　　丁鹏飞
党委委员、纪委书记兼副政委
　　　　杨明军
入境支队副支队长（履行副局长职责）
　　　　唐　江
　　　　周辉煌
党委委员、副局长
　　　　苏强军
　　　　谢展翅
　　　　张　勇
党委委员、副局长兼政工室主任
　　　　万　蓓

长沙市生态环境局岳麓分局

党组书记、局长
　　　　陈志勇
党组副书记、副局长
　　　　杨　彪
党组成员、副局长
　　　　刘熙靖
党组成员　甘建文
　　　　陈跃辉
党组成员、总工程师
　　　　胡　晓

区自然资源和规划分局

党组书记、局长
　　　　卢泽洪
党组副书记、副局长
　　　　夏小兰（女）
党组成员、副局长
　　　　张志伶
　　　　黄　腾
　　　　张　翔
　　　　苏宇林
　　　　易　擎

区消防大队

党委书记、政治教导员
　　　　潘　磊
党委副书记、大队长
　　　　喻伟锋
党委成员、助理工程师
　　　　徐效陵
党委成员、岳麓大队参谋
　　　　张宇环
党委成员、麓山门消防救援站指导员
　　　　金丽青
党委成员、石岭塘防救援站指导员
　　　　杨松坤
党委成员、五星防救援站指导员
　　　　黄金洲

长沙市岳麓区税务局

党委书记、局长
　　　　杨　军
党委副书记、副局长
　　　　井晓宇
党委委员、副局长
　　　　易礼文
　　　　陈建强
　　　　欧清香（女）
　　　　陈雄伟
　　　　彭文凯
　　　　廖　玮
　　　　丁　胜
　　　　赵道军
　　　　李　明
党委委员、纪检组长
　　　　李正强

以习近平新时代中国特色社会主义思想为指导，全面贯彻党的十九大和十九届二中、三中、四中全会精神，深入落实习近平总书记关于坚持和完善人民代表大会制度重要思想，坚持党的领导、人民当家做主、依法治国有机统一，持续聚焦“三大攻坚战”、高质量发展、社会治理、民生保障，依法履职、守正创新、务求实效，在奋力建设“知识岳麓”“创新岳麓”高质量发展中彰显新作为谱写新篇章。

一、坚持党的领导，坚定制度自信，准确把握政治方向

常委会是党领导下的重要政治机关，更要旗帜鲜明讲政治。

实现党的全面领导。深刻理解把握习近平新时代中国特色社会主义思想，深入学习贯彻习近平总书记关于坚持和完善人民代表大会制度的重要思想和对地方人大及其常委会工作的重要指示精神。主动落实中央和省、市、区委以及全国人大、省人大、市人大常委会决策部署要求，将符合人民期盼，属于人大职权范围内的事项抓出成效，把党的领导贯穿到人大工作全过程、各方面，自觉将人大常委会监督议题、手段及方式主动向区委报告。

有序发展人民民主。毫不动摇地坚持和巩固、完善和发展好人民代表大会制度，继续有序组织人大代表、各领域公民参与到人大常委会的会议、视察调研、执法检查、专题询问、听证评估、工作评议等各项工作中来，有效落实和保障人民当家做主。

持续推进依法治国。贯彻落实党的十九届四中全会精神，监督宪法法律在我区的正确贯彻实施，支持“一府一委两院”依法行政、依法监察、公正司法，构建全面依法治区的法治体系、支持政府优化职责体系、完善依法行政的治理体系。

二、坚持依法履职，坚定务实监督，精准服务中心大局

常委会始终围绕岳麓发展大局中的重点领域正确监督、务实监督。

强化经济运行程序监督。审定“十三五”规划调整执行报告，审定国民经济和社会发展计划，及时听取计划执行情况的报告，适时审议决定计划调整。加强对财政全口径预算决算的监督，强化审计问题整改落实，注重发挥预算联网监督系统辅助功能。听取和审议国有资产管理运营工作。

强化“三大攻坚战”跟踪监督。开展“民族团结进步行”活动，视察龙山、浏阳等精准扶贫项目，加强对口帮扶与精准脱贫项目进程的监督，助力打赢脱贫攻坚战。定期听取审议政府债务工作情况报告，督导有序化解政府债务存量。围绕预算管理监管，加强政府购买服务监督。持续加强对水污染防治、黑臭水体整治，特别是龙王港治理监督。开展《中华人民共和国固体废物污染环境防治法》实施情况的执法检查，进行垃圾分类工作专项评议，助力打赢污染防治攻坚战。

强化社会发展精准监督。开展农村“五治”专项评议，开展水利建设三年行动计划专项评估。继续开展“项目建设岳麓行”活动，围绕大科城、园区、片区，紧盯产业发展开展监督，助推重大招商和重大项目建设进度。紧盯营商环境改善，开展全区营商环境工作专题询问；紧盯全区文旅产业的发展，开展《中华人民共和国旅游法》实施情况的执法检查；调研《宗教事务条例》贯彻落实工作情况。

强化民生保障持续监督。围绕健康中国战略实施，视察并听取全面取消以药养医、健全药品供应保障制度落实情况。听取和审议环境状况、生态湿地规划专项工作报告。继续关注社区提质改造工程，视察老旧小区加装电梯实施情况。

强化监察司法专项监督。持续开展“司法公正行”活动，围绕基层治理工作进行监督，推动基层治理体系和治理能力现代化。加强对社区矫正工作的监督，开展《中华人民共和国人民警察法》实施情况的执法检查。对区人民法院多元化纠纷解决机制、区人民检察院未成年人保护工作和区公安分局扫黑除恶工作开展专题调研。适时听取区监察委员会专项工作报告。

三、坚持优化服务，坚定主体地位，精准保障履职行权

常委会将继续在代表履职能力、履职机制、履职方式上下功夫，为高质量做好人大工作提供动力源泉。

深化“双联”活动。继续将“双联”工作作为人大常委会的经常性、基础性工作抓紧、抓实，积极听取代表意见建议，及时研究解决代表履职中遇到的困难和问题。组织代表定期接待群众，建好、用好代表活动室。

强化建议督办。强化建议督办机制、领办机制、跨年度滚动办理机制的落实，发挥专门委员会在建议办理中的作用，突出问题导向，促进建议办实、办成，实现代表建议办理从“被满意”到“真满意”转变。

细化服务保障。继续做好代表履职培训工作，组织专题培训和专家讲座，切实提高代表政治素质和依法履职能力。出台并实施代表履职活动经费使用管理办法，实施代表履职补贴制度、无固定收入代表误工补助制度，增强代表活动的经费保障。开展两年一次的代表评选和建议办理评选表彰，大力宣传推介优秀代表、优秀代表建议。

四、坚持守正创新，坚定初心使命，精准提升能力水平

常委会将围绕“两个机关”“四型人大”，以“五大建设”为抓手，统筹推进和提升常委会各项工作。

担负制度建设职责使命。全面梳理规范常委会现有各项规章制度，制定并实施《区人大代表约见本级国家机关负责人暂行办法》《区人大常委会评估水利建设三年行动试行办法》。建立完善各专门委员会工作规则。

夯实队伍建设基础工程。充分发挥常委会党组、机关党组、机关党支部和街镇人大工委的作用，巩固主题教育成果、省委巡视整改成果，持续加大政治、作风、廉政建设力度，建设政治可靠、人民满意、履职担责的两级人大组织。

加强街镇人大协同联动。督促街镇人大依法监督，做好代表联系、服务保障、管理工作。强化上下联动，协同推进人大各项重点工作。

充实人大智库建设体系。结合常委会工作需要，邀请法律、金融、医疗、规划、环保等相关领域专家加入，不断健全完善岳麓人大智库体系。充分发挥好专家智库和法律顾问团队的作用，为人大常委会开展执法检查、专题询问、专项评议以及专项监督提供法律保障和智力支持。

强化信息化服务功能。完善预算联网监督的方式方法，持续推进人大信息化进程，加强网络安全建设，加强网络领域意识形态工作掌控，弘扬人大正能量。

各位代表！乘风好去，长空万里，直下看山河。我们要有置身大历史的荣光，更要有创造大历史的豪情。让我们紧密团结在以习近平同志为核心的党中央周围，在区委的坚强领导下，奋发进取，聚力前行，为加快建设“知识岳麓”“创新岳麓”而努力奋斗。

政协长沙市岳麓区委员会常务委员会工作报告

——在政协长沙市岳麓区第五届委员会第五次会议上

长沙市岳麓区政协主席 袁精华

（2020年1月9日）

各位委员，同志们：

我代表政协长沙市岳麓区第五届委员会常务委员会，向大会报告工作，请予审议，并请列席同志提出意见。

2019年工作回顾

2019年是中华人民共和国成立70周年，也是中国人民政治协商会议成立70周年。一年来，在中共岳麓区委的坚强领导下，区政协常委会坚持以习近平新时代中国特色社会主义思想为指导，认真贯彻中共十九大和十九届二中、三中、四中全会精神，突出团结和民主两大主题，紧紧围绕区委、区政府中心工作，充分发挥专门协商机构作用，全面履行政治协商、民主监督、参政议政职能，在建言资政和凝聚共识上双向发力，政协事业取得新进展、新成效，为推动全区经济社会发展作出了积极贡献。

过去的一年，常委会把握时代要求，强化使命担当，重点抓好思想政治建设和协商民主建设。

一、坚持党对政协工作的全面领导，在加强政治建设上迈出新步伐

坚持旗帜鲜明讲政治，把党的领导贯穿政协工作各方面和全过程。一是提升政治站位，坚决落实“两个维护”。坚持人民政协作为政治组织的根本属性，在任何时候任何情况下都始终保持政治定力，把好政治方向，积极引导全区各级政协组织和广大政协委员进一步树牢“四个意识”，坚定“四个自信”，坚决做到“两个维护”。二是坚持政治原则，自觉接受区委领导。中共岳麓区委对政协工作高度重视，区委常委会议6次专题研究政协工作，组织召开区委政协工作会议，对新时代全区政协工作作出具体部署。区政协始终坚持在区委领导下开展工作，严格落实请示报告制度，及时请示汇报重要工作、重要活动和重要事项。三是突出政治引领，切实加强政协党的建设工作。认真学习贯彻中共中央和省委、市委关于加强新时代人民政协党的建设工作的文件精神，认真贯彻落实区委《关于加强新时代人民政协党的建设工作的实施意见》，坚持以政治建设为统领，全面推进政协系统党的建设。

二、学习贯彻习近平新时代中国特色社会主义思想，在强化理论武装上取得新成效

坚持把习近平新时代中国特色社会主义思想作为统揽政协工作的总纲。通过集中学习与经常学习相结合、专题辅导与学习研讨相结合、领导领学与干部自学相结合，持续深入学习习近平新时代中国特色社会主义思想，引导全区各级政协组织和广大政协委员不断增进对中国共产党和中国特色社会主义的政治认同、思想认同、理论认同、情感认同。全年共召开政协党组理论中心组学习10次，党组会议、主席会议集中学习24次，举办常委会议专题讲座4次。扎实开展“不忘初心、牢记使命”主题教育，结合政协实际，把习近平总书记关于加强和改进人民政协工作的重要思想作为主题教育的重要学习内容，使主题教育既实现了中央提出的具体目标，又更好地体现了政协特色。以深入学习习近平总书记的重要讲话为重点，认真组织开展中央政协工作会议精神的宣讲工作，在及时组织政协常委会议专题学习的基础上，由区政协领导同志带队，分成三个小组，组织各界别开展学习座谈，深入各街（镇）政协联络组进行现场宣讲。积极参与省市政协开展的理论研讨征文活动，组织委员提交理论研讨成果8篇，其中洪艳委员撰写的《习近平总书记关于社会主义协商民主重要论述的思想内涵与实践价值》获评省政协理论研究优秀论文二等奖。

三、加强政协协商民主建设，在发挥专门协商机构作用上实现新提升

认真贯彻落实中共十九大关于协商民主建设的新部署新要求，努力提升协商民主的质量和水平。一是规范协商机制。坚持区委、区政府、区政协共同研究制定年度协商计划的工作机制，提高政协协商和民主监督的权威性和计划性；坚持专委会协商、界别协商联动机制，加强对界别协商工作的组织领导和具体指导；坚持调研先行的协商机制，创新开展协商前的话题讨论，进一步拓展协商议政的深度和广度。二是丰富协商形式。积极搭建协商平台，认真组织协商活动，形成以全体会议协商为龙头，以主席会议专题协商为重点，以对口协商、界别协商、提案办理协商为常态的多层次协商议政格局。三是保证协商频次。紧扣全区经济社会发展的重点问题和人民群众关心关注的热点问题，围绕全区总部企业引进与发展、农村人居环境整治工作等开展主席会议专题协商4次，组织指导界别协商8次。

在切实抓好思想政治建设、重点加强协商民主建设的同时，常委会有序有效地推进各项工作。主要体现在以下四个方面：

（一）紧紧围绕中心大局，助力高质量发展卓有成效

坚持围绕中心、服务大局的工作导向，充分发挥政协优势和作用，聚焦区委、区政府中心工作履职尽责，切实为岳麓高质量发展献计出力。一是精心组织重点调研。按照区委部署要求，围绕“加强社会治理创新工作”认真开展重点调研。通过实地走访、交流座谈和学习考察等方式，组织实施多层次、多维度、多渠道地调查研究。坚持目标导向和问题导向相结合、立足当前与着眼长远相结合、外地经验与本区实践相结合，在深入分析研究、广泛征求意见的基础上，形成了《高质量谱写社会治理创新的“岳麓篇章”》的调研报告。区委常委会议专题听取区政协关于重点调研工作的情况汇报，对报告提出的意见建议进行了认真研究，并对落实有关意见建议作出安排部署。该调研报告得到省市政协的充分肯定，获评省政协优秀调研报告一等奖。二是认真组织专题视察。紧紧围绕区委、区政府工作重点，先后对湘江饮用水水源地保护、区社会福利中心建设、岳麓高新区产业培育等工作开展主席会议专题视察8次，为委员知情明政、凝聚共识作出了积极努力，为推动相关工作、促进区域发展提出了务实管用的意见建议。各界别、各街（镇）政协联络组紧扣岳麓区情，结合自身实际，发挥特色优势，组织委员开展视察活动60多次。三是扎实组织议政建言。充分运用大会发言等重要平台作用，切实调动委员参政议政的积极性。区政协主席会议对大会发言工作进行专题部署、广泛动员，委员们精心选题、深入调研，围绕我区创新发展和民生改善等重要议题建睿智之言、献务实之策。在本次大会中，全区政协组织和政协委员共提交大会发言材料32篇。四是积极参与中心工作。全区各级政协组织和广大政协委员积极投身岳麓发展建设主战场，主动服务中心大局，彰显政协担当作为。按照区委统一安排，区政协主席会议成员深入基层、深入一线，联楼宇、抓项目，解难题、促发展，4位副主席分别参与大科城王家湾片区、人工智能科技城、莲花物联港等重点项目征拆建设工作，推动和促进所联项目相关工作的顺利进行。按照区委网格化管理工作的要求，区政协机关干部和广大政协委员深入实际、深入群众，积极化解矛盾纠纷，切实帮助群众排忧解难，促进了社会大局和谐稳定。

（二）始终坚持履职为民，助推民生福祉持续改进

坚持人民政协为人民的价值取向，把不断满足人民对美好生活的需要、促进民生改善作为重要着力点，认真倾听群众意见和呼声，积极反映群众愿望和诉求，协助党委政府不断增进民生福祉。一是深入开展民主监督。围绕人民群众的操心事、烦心事、揪心事，不断加强和改进民主监督工作，倾情服务民生改善。认真学习贯彻中共中央和省委、市委关于加强和改进政协民主监督工作的文件精神，协助区委制定《关于加强和改进人民政协民主监督工作的实施意见》，推动民主监督工作有章有序进行。组成3个专项民主监督小组，围绕服务营商环境优化、民生实事工程建设，重点就行政审批服务、社区提质提档后续管理维护、物业管理“四个职责”落实情况等开展专项民主监督，务实提出批评性、建设性意见建议20多条，有力助推了相关工作的落实和改进。充分发挥“微监督”作用，受理委员“微建议”29件，办结25件，助力解决群众关切的“微困难、微问题”。

二是务实开展提案工作。认真落实“区委书记、区长批办重点提案”制度，持续开展优秀提案评选工作，充分发挥重点提案和优秀提案的引领示范作用，推动提案办理工作水平的整体提升。在确定的10件重点提案中，区委书记周志凯、区人民政府区长周凡共批办领办4件重点提案。书记、区长带头批办领办，分管副区长领衔主办、经常督办，相关单位积极承办，提案办理工作更有力度、更富成效。区政协五届四次会议以来共立案、交办并办复提案98件，切实发挥了政协提案服务民生的重要作用。三是积极反映社情民意。不断拓展反映社情民意信息工作的网络体系，完善信息征集、报送和反馈机制，有效发挥了社情民意信息的“直通车”优势。一年来，共收集社情民意信息110多条，全国、省、市政协共采用22条，其中《关于治理城区光污染的建议》等4篇信息被全国政协内刊采用，《应重视农村精神病人的诊断治疗问题》等18篇信息被省市政协内刊采用，其中11篇得到市委市政府领导批示，为促进相关民生问题的解决发挥了积极作用。我区反映社情民意信息工作获评全市政协系统一等奖。

（三）持续深化主题活动，委员主体作用充分发挥

坚持把“争当‘六好’委员、建设美丽岳麓”主题活动作为发挥委员主体作用的有效载体和重要途径。通过深化活动主题、创新活动方式，进一步把主题活动引向深入。一是不断丰富活动内涵。突出把“争当‘六好’委员、建设美丽岳麓”主题活动，与争做“懂政协、会协商、善议政”的政协人相结合，与争做“有责任、有担当、有情怀”的政协人相结合，与争做“守纪律、讲规矩、重品行”的政协人相结合，不断深化和拓展主题活动的丰富内涵，进一步激发了委员队伍的生机与活力。二是有效推进活动开展。组织召开“争当‘六好’委员、建设美丽岳麓”主题活动推进会议，6个先进集体、10名优秀委员作了交流发言和经验介绍，进一步浓厚了主题活动氛围，生动展示了政协组织和政协委员服务全区经济社会发展的突出成效，形成了点面结合、持续推进的工作格局。三是坚持典型示范引领。开展“六好”委员评选活动，评选“六好”委员54名，进一步增强委员履职的责任感、荣誉感，激发了全区政协委员履职尽责的饱满热情。全年共推动解决人民群众关心关切的利益问题200多个，联系帮扶困难群众500多名，举办公益慈善活动40多次，捐款捐物共计150多万元。省市新闻媒体多次报道我区政协组织和政协委员开展主题活动的情况，进一步宣传了委员事迹，扩大了政协影响。

（四）始终坚持固本强基，政协履职能力明显加强

注重打基础、建机制，增活力、强能力，切实加强自身建设，不断提升政协工作的整体水平。一是加强常委会建设。优化常委会会议规则，完善常委会学习制度，研究制定《区政协常委会会议制度》《区政协常委会学习制度》，切实把政协常委会建设成为政治坚定、开拓进取、团结合作、真诚包容、务实清廉的领导集体。各位常委会组成人员在调查研究、议政建言、发扬民主、团结合作等方面，发挥了示范带头作用。二是打造过硬委员队伍。建立健全委员经常性学习制度，坚持委员外出学习培训机制，着力提高委员政治把握能力、调查研究能力、联系群众能力、合作共事能力。组织50多名政协委员及政协工作者赴清华大学研修学习。开展撰写提案和社情民意信息等履职能力培训20多次。严格落实委员履职考评制度，进一步增强委员履职的责任心和主动性。三是强化基层基础作用。按照区委统一部署，顺利推进政协机构改革，专委会设置配置更加优化，专委会在调研视察、协商议政、团结联谊等方面的重要作用进一步凸显。坚持以“四个一”活动（开展一次专题调研、撰写一篇大会发言、提交一份集体提案、组织一次界别协商）为抓手，界别工作更加活跃有序、务实有效。强化街（镇）政协联络组的联络、服务功能，进一步发挥委员在参政议政、建言献策等方面的积极作用。四是提升机关工作效能。坚持从严从实要求，不断加强机关作风建设，着力打造一支政治过硬、作风优良、充满活力的政协干部队伍。加大岳麓政协公众号等新媒体信息平台建设，充分运用“政协云”平台效应，加大宣传引领力度，更好展示新时代政协形象。积极参与市政协庆祝人民政协成立70周年系列活动，组织承办长沙市第三届“同心杯”篮球赛，进一步增强了政协机关的凝聚力和组织力。

各位委员，同志们，这些成绩的取得，得益于中共岳麓区委的坚强领导，得益于区人大常委会和区人民政府的大力支持，得益于全区各部门各单位的积极配合，得益于各级政协组织、政协

各参加单位和广大政协委员的忠诚履职，凝聚着各位老领导、老同志的深切关怀。在此，我代表区政协常委会向大家表示衷心的感谢和崇高的敬意！

在肯定成绩的同时，我们也清醒地认识到工作中存在的差距和不足。如界别优势和作用发挥还不够充分，双向发力工作的力度和深度还有待进一步加强，委员履职的主动性和积极性还需进一步提高，等等。区政协常委会将高度重视，认真研究，切实加以改进。

2020年工作部署

2020年是全面建成小康社会和"十三五"规划收官之年。今年区政协工作的总体要求是：以习近平新时代中国特色社会主义思想为引领，深入学习贯彻中共十九大和十九届二中、三中、四中全会精神，认真贯彻落实区委经济工作会议精神，坚持团结和民主两大主题，充分发挥好专门协商机构作用，把助推岳麓高质量发展作为工作主线，把加强思想政治引领、广泛凝聚共识作为履职工作的中心环节，努力把人民政协制度坚持好、把人民政协事业发展好，为实现新时代党的历史使命凝心聚力，为建设"知识岳麓""创新岳麓"献计出力。

一、坚持党的全面领导，永葆人民政协事业正确政治方向

中国共产党的领导是中国特色社会主义最本质的特征，也是人民政协这一制度安排和政治组织最本质的特征。要始终坚持把党的全面领导作为政协必须恪守的最高政治原则，进一步坚定政治立场，提升政治站位，把牢政治方向。要加强思想政治引领，始终把习近平新时代中国特色社会主义思想作为政协一切工作的根本遵循，深入学习贯彻习近平总书记关于加强和改进人民政协工作的重要思想，不断推动党的创新理论学习往深里走、往心里走、往实里走。继续坚持区政协党组理论学习中心组带头学，主席会议和常委会议集中学，政协委员和机关干部全员学，切实提高学习的系统性、针对性和实效性，不断巩固团结奋斗的共同思想政治基础。认真贯彻执行中共中央和省委、市委、区委的决策部署，切实担负起把党的决策部署和对政协工作的要求落实下去、把方方面面的智慧力量凝聚起来的政治责任，始终做到与中共岳麓区委在思想上同心同德、目标上同心同向、行动上同心同行。

二、牢牢把握新方位新使命，更好发挥专门协商机构作用

推动人民政协这一具有中国特色的制度安排更加成熟更加定型、发挥好专门协商机构作用，是新时代人民政协的新方位新使命。要认真贯彻落实《中共中央关于新时代加强和改进人民政协工作的意见》精神，进一步明确人民政协作为专门协商机构的职能责任，拓展协商内容，丰富协商形式，健全协商规则，培育协商文化，提高协商能力，努力使专门协商机构"专"出特色、"专"出质量、"专"出水平。要紧扣党政工作的重点、社会治理的焦点、群众生产生活的难点，探索开展网络议政、远程协商、基层协商，更加灵活有效地开展各种协商活动。围绕科创经济培育发展、公共文化建设、公共法律服务和重点提案办理等工作开展专题协商；围绕加强财税建设、"儿童友好型"城区建设、人民陪审员制度实施情况等工作组织界别协商；重点对城市垃圾分类和老旧社区提质改造等工作进行专项民主监督，在监督中支持和促进相关工作的推进和落实。

三、全面忠实履行政协职能，全力服务全区改革发展大局

充分发挥人民政协智力密集、联系广泛、渠道通畅的优势，深刻把握高质量发展的时代命题，认真履行职责职能，为全区改革发展大局贡献智慧和力量。深入开展调研视察。紧扣建设"知识岳麓""创新岳麓"战略目标，围绕产业发展、社会治理、民生改善等工作重点，组织引导委员深入基层、深入实际开展调查研究。按照区委要求，认真组织开展"社区干部'坐班制'转'值班制'工作"的重点调研。同时，围绕重点产业项目建设、龙王港流域综合治理、农村环境综合整治、幼儿教育发展等工作开展专题视察活动。创新推进提案工作。坚持把提质增效贯穿于提案工作的全过程。更好把握提案数量与质量的关系，更加严格立案审查，更加注重提案质量。不断深化批办领办制度，持续开展提案跟踪督办，创新开展提案办理跟踪达效视察，促进提案成果转化，切实把提案办理的过程变成解决问题、推动发展、改善民生的过程，努力为全区经济社会高质量发展增添新动力。切实做好反映社情民意信息工作。加大工作指导力度，加强与政协委员、政协界别和街（镇）联络组的沟通联系，召开反映社情民意信息工作推进会议，通过调研、座谈、研讨、培训等形式，进一步提高反映社情民意信息工作的质量和水平。

四、广泛凝聚思想共识，努力汇聚岳麓高质量发展强大合力

人心是最大的政治，共识是奋进的动力。要切实加强双向发力工作，把广泛凝聚共识、汇聚各方力量摆在更加突出的位置。通过视察考察、专题调研、协商监督等履职活动，切实引导广大委员体察新变化、感受新成就、领悟新思想，广泛凝聚听党话、跟党走、与党一起奋斗的政治共识。积极搭建平台，不断改进服务，大力支持各民主党派、工商联、无党派和新的社会阶层人士参与政协履职活动，充分发挥人民政协团结统战的优势作用。加大面向社会传播共识的力度，组织委员利用自身影响力主动发声，宣传阐释党和国家的重大决策部署。建立健全委员联系界别群众制度，协助党委政府做好协调关系、理顺情绪、化解矛盾的工作，引导群众正确对待改革发展中的困难和问题，努力找到最大公约数、增进最大共识度、形成最大正能量。巩固“一网站、一微信、一平台”的新媒体矩阵，努力做好政协宣传工作，讲好政协故事，传播政协声音，树立政协形象，为积极营造岳麓优良的发展环境贡献政协力量。

五、大力弘扬务实创新精神，不断推动政协工作提质增效

政协是党和国家一线工作的重要组成部分。只有坚持守正创新、提质增效，全面增强履职本领，才能更好担当“一线”使命，彰显“一线”作为。强化委员责任担当。要创造委员履职尽责的良好环境，引导广大政协委员切实增强为国履职、为民尽责的情怀，以模范行动展现新时代政协委员风采。组织部分委员赴高校开展提升履职能力的学习培训，提升协商民主专业能力，建设高素质委员队伍。加强和改进委员联络服务，进一步完善委员履职评价和激励机制。大力推进学好用好“政协云”工作，提高信息化服务水平，拓展委员网上履职的综合服务功能。深入推进主题活动。努力打造高质量、有特色、有实效的主题活动品牌，更好发挥委员在政协工作中的主体作用。切实做好结合文章，把“争当‘六好’委员、建设美丽岳麓”主题活动，与深入推进政协各项履职工作相结合，与推动基层社会治理创新相结合，组织引导广大政协委员自觉投身凝心聚力、决策咨询、协商民主、国家治理第一线的具体实践，切实做好党的政策宣传者、群众利益维护者、社会和谐促进者。突出政协机关建设。建立健全政协党的建设、履职尽责、组织管理、内部运行等各方面制度，努力形成权责清晰、程序规范、运行有效的工作体系。持续巩固“不忘初心、牢记使命”主题教育成果，推动“两学一做”学习教育常态化制度化。坚持政治坚定、本领过硬、作风优良的标准，从严要求、从严教育、从严管理，深入推进一流机关建设。积极组织委员开展丰富多彩的文化体育活动，不断深化以“和谐、凝聚、向上”为核心内容的政协文化建设。

各位委员，同志们，置身伟大时代，投身伟大事业，人民政协大有可为。让我们紧密团结在以习近平同志为核心的中共中央周围，坚持以习近平新时代中国特色社会主义思想为指导，在中共岳麓区委的坚强领导下，同心同德，群策群力，锐意进取，奋发有为，努力开创我区政协工作新局面，为全面建设“知识岳麓”“创新岳麓”接续奋斗、再立新功！

岳麓区重点民生实事工作自评报告

岳麓区为民办实事考核办公室

（2019年12月29日）

2019年，岳麓区重点民生实事项目共24个，其中省定任务9个，市定任务15个。年末，24个指标均已完成。其中，省考项目中新增城镇就业完成8097人，完成率110.92%；新增农村通自来水人口完成7700人，完成率100%；减少义务教育大班额已完成100%；农村及城镇低保适龄妇女“两癌”免费检查完成2086人，完成率101.26%；孕产妇免费产前筛查完成9949人，完成率209.45%；提高困难残疾人生活补贴和重度残疾人护理补贴发放标准完成率100%；提高农村低保标准和救助水平完成率100%；改（新）建农村户用厕所完成6067座，完成率433.4%；推行“一村一辅警”完成50个，完成率100%。市考项目（15项15个指标）。新改扩建公办幼儿园完成2所，完成率100%；全面启动区县（市）社会福利中心建设完成1个，完成率100%（经报市政府同意，含浦社会福利中心项目2019年为启动建设）。社区居家养老服务中心完成4个，完成率100%；敬老院照料护理区完成1所，完成率100%；新改建农村公路完成60公里，完成率120%；建设小微水体管护示范片区（全市行政村、社区小微水体管护全覆盖）完成1处，完成率100%；免费实施新生儿多种遗传代谢疾病筛查完成10875人，完成率184.32%；对全市0~6岁儿童眼睛及视力筛查保健，建立健康电子档案完成40878人，完成率120.23%；对全市6~18岁青少年眼睛及视力筛查保健（建立健康电子档案）完成10.5万人（已完成98所中小学全部学生的筛查），完成率100%；建设标准化村（社区）综合文化中心完成5个，完成率100%；完成城镇棚户区改造和老城区有机更新完成1700户，完成率100%；新建全民健身工程完成40处，完成率100%；新建智慧健身驿站完成3处，完成率100%；新增体育公园完成，完成率100%；新增公园（不包含体育公园）完成3个，完成率100%；提质改造小餐饮“透明厨房”完成600家，完成率100%。

“一圈两场三道”建设。全年完成28个“15分钟生活圈”，建设市定项目38个，配置项目32个。建设停车场16个，停车泊位5307个；新建农贸市场3个，新建生鲜门店9个，提质改造农贸市场1个；改造自行车道8条75.2公里；改造人行道10条58.5公里；改造历史文化步道3条3.5公里。

推进措施及特色亮点。结合城市功能布局，选定望岳街道3号生活圈和桔子洲街道1号生活圈作为示范生活圈进行重点建设，将英才园生鲜市场、后湖市场2个农贸市场、后湖生态停车场以及麓山南路文化步道、杜鹃路自行车道等“两场三道”项目作为精品打造，在全区起到示范和标杆作用。深入挖掘岳麓亮点、持续打造岳麓品牌。对于农贸市场建设，逐步建立起生鲜农贸市场、社区生鲜门店、小区生鲜配送终端“三级生鲜供应体系”，特别是在2个示范农贸市场中，试点安装智慧生鲜市场系统，消费者可通过第三方支付应用（例如和包支付）轻松实现闪付，不断满足城市居民快捷化、信息化消费需求。

全区以社区公共服务中心、居家养老服务中心和社区文化活动中心为载体，形成社区、社会组织、社工三社联动的社区服务特色和“老有所养、老有所医、老有所乐”的居家养老特色，做到服务零距离、服务全天候、服务高标准。西湖街道龙王港社区，围绕“医”食住行，聚焦科教文颐，从提质社区生活要素和提升群众

事项	考核项目		计量单位	工作目标	累计完成工作量	完成工作进度(%)	备注
18		新改建农村公路	公里	50	60 公里	120%	
19		建设小微水体管护示范片区(全市行政村、社区小微水体管护全覆盖)		1	在玉华山示范组新建散户污水处理点，安装智能型城乡污水净化再生器，集中处理 19 户农户生活污水；对桐木河罗冲桥至黄陵桥进行河岸绿化，砍青除杂；对桐木河巡检湾段破损河堤用松树桩进行生态坡护砌；组织人员对辖区小微水体进行砍青、扫障、清淤，恢复各类小微水体的蓄水功能和自然连通。莲花镇桐木片区小微水体示范片区建设基本完成	100%	
20		免费实施新生儿多种遗传代谢疾病筛查	人	5900	10875	184.32%	
21		对全市 0~6 岁儿童眼睛及视力筛查保健，建立健康电子档案	人	3.4 万	40878	120.23%	
22		对全市 6~18 岁青少年眼睛及视力筛查保健，建立健康电子档案	人	10.5 万	已完成 98 所中小学全部学生的筛查	100%	
23		建设标准化村(社区)综合文化中心		5	目前已有 5 个标准化村（社区）综合文化服务中心建设已全部完成	100%	
24		完成城镇棚户区改造和老城区有机更新	户	1700	1700	100%	
25		新建全民健身工程		40	全部安装到位	100%	
26		新建智慧健身驿站		3	全部安装到位	100%	
27		新增体育公园					
28		新增公园(不包含体育公园)	个	3	3 个新增公园的建设任务已全部完成	100%	
29		提质改造小餐饮“透明厨房”	家	600	600 家	100%	

注：“★”表示省考核项目　　　　填报日期：2019 年 12 月 29 日

2019年度特色亮点工作情况

【深入推进岳麓山国家大学科技城建设】 着力破解项目建设、环境整治、科创经济等难题，大科城推委会、岳麓科创港相继投入使用。省委杜家毫书记先后于4月18日、10月19日两次视察调研，并给予了高度肯定。省委改革办于11月13日，对大科城开展专题调研充分肯定了工作经验和成效。在全省"不忘初心、牢记使命"主题教育第48期简报上，岳麓区作为攻坚克难典型示例被广泛宣传推介。岳麓山国家大学科技城活力日益迸发，现已拥有国家和省部级重点实验室100余个、园区孵化平台26个，众创空间60余个。新增科技型企业3000余家，26所名校湖南校友会整体入驻。中南大学科技园研发总部获"国家级孵化器""省级众创"示范平台等称号。

【区域经济蓬勃发展】 岳麓区以"产业发展年""营商环境优化年"为抓手，区域经济蓬勃发展。宜家家居、卓伯根中国区域总部等高端商业亮点纷呈，湖南金融中心成功入选省级服务业示范集聚区，湘江基金小镇全面投入使用。岳麓高新区人工智能科技城、中国计量院长沙基地等相继落地开工，24品购物中心、沃尔玛等商业网点陆续开业。成功举办"福满岳麓·和包随行""璀璨新岳麓 最美夜长沙"大型购物消费节，经济发展日新月异。

【产业招商】 岳麓区产业招商卓有成效，成功引进壳牌湖南区域总部、英国BP石油、五矿证券、腾讯、招商银行、碧桂园湘江智谷·人工智能科技新城等一大批"世界500强"企业。其中：投资100亿元的湘江智谷·人工智能科技城是长沙市与碧桂园集团联手打造的产城融合示范项目，首开区面积1026亩，致力打造人工智能创新研发平台、成果转化平台及高端应用平台，引进全球领先的人工智能研发团队和企业进驻。岳麓区以法治护航营商环境，开展了"法治岳麓"营商论坛"公、检、法、司四长麓山夜话"等一系列有社会影响力的活动，《人民日报》以《岳麓区"减证便民"让群众真正实现少跑腿》、中国新闻网以《打好优化营商环境组合拳，长沙岳麓区依法保护企业权益》《用法治为营商环境护航，湘江法商荟公益平台起航》、《湖南日报》以《岳麓区贴心营商环境获好评》等广泛宣传推介。

【积极创新基层治理】 推行基层治理"五篇文章、十项举措"，创新实施社区干部"坐班制"转"值班制"，实现工单满意度连续7个月排名中心城区第一，工作经验得到《人民日报》宣传推介。举办首届"岳麓楷模"选树工作，全市首届"雷锋传人、长沙榜样"先进事迹首场报告会，"岳麓山下、好人满城"全市首列"好人号"地铁专列发车仪式、区校共建大学生道德高地学雷锋志愿服务等品牌活动亮点纷呈。

【创建"美丽楼道"】 建设列为党建引领基层治理十项举措之一，集中打造一拼有整洁、温馨、有温度的"美丽楼道"，着力破解老百姓身边的"关键小事"，让党建在家门口发力、幸福在家门口升级。同时，积极壮大岳麓党建"朋友圈"，区域化党建工作与15家成员单位双向认领了107个共建项目。《光明日报》《湖南日报》《中国组织人事报》等媒体先后专题推介岳麓区党建工作经验。

【岳麓区特色产业加速崛起】 岳麓高新区成功举办2019年全国检验检测机构开放日活动、第十一届中国第三方实验室论坛暨展览会。岳麓高新区获批国家技术标准创新基地（长株潭)国家级平台，湖南省制造业创新中心（智能网联车联检测），"岳麓检验检测"品牌价值加速提升。

【生态环境持续改善】 后湖综合整治项目被中央电视台《壮丽70年 奋斗新时代——共和国发展成就巡礼》专题推出，后湖后湖国际艺术园已成为全市宜居宜业的生态治理示范品牌。后湖水环境治理经验得到生态环境部推介，人民日报、新华社、中央电视台、光明日报、湖南日报、湖南新闻联播等中央及省市主流媒体进行广泛宣传报道，得到杜家毫、许达哲、胡衡华、胡忠雄等省市主要领导的高度肯定。

【深入开展扫黑除恶工作】 4月19日至22日，中央扫黑除恶第16督导组对岳麓区进行督导，深入到街镇、社区实地进行督导，给予高度评价。此外，以基层“零上访”“零事故”“零安全”为指针，广泛深入推进“三零”社区创建工作，创新基层社会治理工作理念，做到贴近实际、特色鲜明、亮点突出。

【岳麓区开展小微水体治理】 莲花镇依托桐木现代农业公园，以桐木河为中心轴，积极探索小微水体管护的根本途径，打造桐木片区小微水体管护示范片区。该片区共有居民162户，总人口630人，河道长2.54公里，山塘12口，渠道5条，总计1.95 公里。通过综合整治，实现“无垃圾、无违建、无损毁、无污染、无淤积”的目标，成为当地一道亮丽风景线。“小微水体‘五治’”是该片区小微水体管护的主要经验。“源头治理”就是从农户生活、畜禽养殖等污水着手，建设无害化厕所50座、污水集中收集处理一体化设施2座、改造污水处理厂2座、人工湿地1处，形成立体化污水收集处理体系，同时，全面退出规模化养殖，着力改善水陆环境，建立农户—水田—塘坝—沟渠—河道立体化农村污水处理系统。“淤积治理”就是结合秋冬修水利，定期开展清淤，恢复蓄水保水畅水功能。“生态治岸”就是岸坡生态软化治理，建设示范山塘6 口、生态渠道1.2公里、生态河道2.1公里。“精准治脏”就是全面消除黑臭水体，开展常态化保洁，全面改善水体环境。“铁腕治违”就是彻底清理各类违规建筑物和设施，整治各类非法企业，关停“散、乱、污”企业，守护好水好风光。

【开展居家养老服务】 全区以社区公共服务中心、居家养老服务中心为载体，形成社区、社会组织、社工三社联动的社区服务特色和“老有所养、老有所医、老有所乐”的居家养老特色，做到服务零距离、服务全天候、服务高标准。比如，西湖街道龙王港社区，围绕“医”食住行，聚焦科教文颐，从提质社区生活要素和提升群众生活品质两方面着手，打造一个乐享、幸福的生活家园。望岳街道八方社区以“三个圈”建设为发力点，形成以“党建”+“自治”基层工作新格局的“服务圈”，宜居宜业的“便民圈”，“文养”+“医养”+“乐养”的全方位“文化圈”。咸嘉湖街道坚持一体化共享、精细化管理、多元化服务、信息化互联，全力打造15分钟医养e+养老生活圈。梅溪湖街道金茂社区以建好家门口的党支部、规范社区建设、完善文化阵地建设、健全服务功能、加强网格化管理五个方面为切入点，打造志愿服务“互助圈”，办事便捷“温暖圈”，社区服务多样化“共享圈”，居民基本需求不出社区“生活圈”，实现了社区服务全覆盖的“幸福圈”。

【推进“一圈两场三道”】 岳麓区在全区范围内深入开展“15分钟生活圈”惠民服务月系列活动，共举办活动19场，直接参与市民群众达10余万人，“共建共享，便民惠民”的生活圈建设理念在全区逐渐成为普遍共识。制定《岳麓区15分钟生活圈建设项目财政补助办法》，将公共服务中心、居家养老服务中心和综合文化服务中心等项目纳入奖补范围，年初累计投入财政补助资金达1015.5万元。结合城市功能布局，选定望岳街道3号生活圈和桔子洲街道1号生活圈作为示范生活圈进行重点建设，将英才园生鲜市场、后湖市场2个农贸市场、后湖生态停车场以及麓山南路文化步道、杜鹃路自行车道等“两场三道”项目作为精品打造，在全区起到示范和标杆作用。深入挖掘岳麓亮点、持续打造岳麓品牌。比如，对于农贸市场建设，逐步建立起了生鲜农贸市场、社区生鲜门店、小区生鲜配送终端“三级生鲜供应体系”，特别是在2个示范农贸市场中，试点安装智慧生鲜市场系统，消费者可通过第三方支付应用（例如和包支付）轻松实现闪付，不断满足城市居民快捷化、信息化消费需求。2019年，人民网、中国新闻网、《人民日报》、《湖南日报》、《长沙晚报》等报纸、网络媒体和政法频道、湖南都市、湖南经视、湖南公共频道等电视媒体累计宣传报道岳麓区重点民生实事工作和“一圈两场三道”建设180余次，不断扩大全区重点民生实事工作和“一圈两场三道”建设工作在群众中的知晓度和参与度。